Encuentros

¡Apúntate! 2

Método de español

Die folgenden aufgelisteten Angebote sind nicht obligatorisch abzuarbeiten. Die Auswahl der Übungen und Übungsteile richtet sich nach den Schwerpunkten des schulinternen Curriculums.

Thema / Lernziel	Grammatik	Methodentraining	Seite

LECTURA:
TIEMPO DE ESCARCHA (facultativo)

ANEXO

Symbole und Verweise:

	Partnerarbeit		Kettenübung
	Gruppenarbeit		Schreiben
	Hörverstehen		Spiel
▶▶	Hinweis auf *Resumen*		Sprach-mittlung
P	Portfolio		
	Hinweis auf Methodentraining oder Besonderheit		
DELE	*Diploma de Español como Lengua Extranjera*		
GH 1|3	Verweis auf Grammatikheft		
▶ 2|7	Verweis auf Übung im Cuaderno de ejercicios		

Bei den mit dem Zusatz *facultativo* versehenen Teilen des Buches handelt es sich um ergänzende Angebote, die im Unterricht bei Bedarf ausgelassen werden können.

¡HOLA Y BIENVENIDOS!

Wählt eine oder mehrere Aufgaben aus und testet, was ihr von ¡Apúntate! 1 behalten habt. Viel Spaß!

■■■ COMUNICARSE

 1 a Haz preguntas a tu compañero/-a. Él / Ella contesta.

¿Qué tal?

¿Cómo se escribe tu nombre en español?

¿Dónde vives?

¿Cómo te llamas?

¿Cuántos años tienes?

¿Tienes una mascota?

¿Y tu número de teléfono es?

¿Qué hora es?

¿Y tu asignatura favorita es?

¿A qué hora comes?

¿Qué vas a hacer el fin de semana?

¿Dónde está tu libro de español?

¿Qué desayunas durante la semana?

¿Tienes hermanos? ¿Cómo se llaman?

¿De qué color es tu camiseta favorita?

¿Dónde haces tus deberes?

 b Haz dos preguntas más a tu compañero/-a.

1|1

■■■ VOCABULARIO

2 a ¿Quién hace la serpiente de palabras más larga? | Wer bildet die längste Wortschlange?
Der letzte Buchstabe eines Wortes ist der Anfangsbuchstabe eines neuen Wortes.

goma – animal – lápiz – zapato

 b Escribe frases divertidas con tus palabras.
Ejemplo: El animal de goma tiene un lápiz en el zapato.

3 a Copia el cuadro en tu cuaderno. Después escucha y complétalo.

1|2

	años	asignaturas favoritas	color favorito
Fátima	[•••]	[•••]	[•••]
Antonio	[•••]	[•••]	
Gabriela	[•••]		
David			

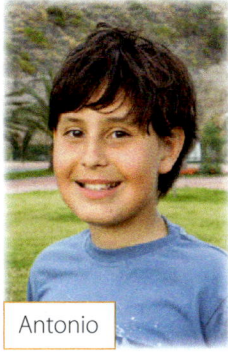

Fátima   Antonio   Gabriela   David

b Elige a uno de los chicos y escríbele un e-mail.

4 a Lee las frases. Tu compañero/-a dice falso o verdadero.

1 En Alicante no hay playas.

2 En Alicante hay un castillo que se llama castillo de Santa Elena.

3 La Explanada de España es una calle en el centro de Alicante.

4 La horchata es una bebida típica española.

5 El desayuno típico de Costa Rica es una hamburguesa con patatas fritas.

6 El loro es un animal de Costa Rica.

7 Las piñatas son típicas de España.

8 En España los chicos están en el cole desde las 9 de la mañana hasta las 5 de la tarde.

b Ahora escribe tú dos frases. Tu compañero/-a dice falso o verdadero.

A JUGAR

5 Jugad en grupos de tres.
▶ 1|1   **A** mira las soluciones en la página 214.
    B y **C** juegan.

Completa:
Elena llega [**...**] cine.

Conjuga
el verbo **ir**.

¿Qué hora es?

Conjuga el verbo
decir.

El plural de
el horario, **el cine**,
el hospital

Completa:
Manu tiene un perro
[**...**] un gato.
Mi asignatura favorita es
Geografía [**...**] Historia.

El nombre de dos bebidas

Completa:
¿[**...**] no compramos una
entrada para el fútbol?

En español:
15   **31**   **44**
   67   **100**
    22

Completa:
Javi [**...**] activo,
pero hoy [**...**] cansado.

Dein Hund ist im Wohnzimmer,
er darf aber nicht dort sein.
Was sagst du ihm?

Hoy es el cumpleaños de
tu amigo, ¿qué le dices?

El imperativo
de **salir**
y de **tener**

El nombre de
estas frutas

Tres ciudades en España

Spielregeln:

Jeder Spieler braucht neun Spielsteine, z. B. Münzen.
Wählt abwechselnd eine Aufgabe und legt für jede
richtige Antwort eine Münze auf das Feld.
Wer zuerst drei Felder in einer Reihe belegt, hat gewonnen.

[...] ≠ feo [...] ≠ malo [...] ≠ interesante	No encuentras tu libro. Pregunta a tu compañero/-a.	Tres cosas que no son sanas 
Compras pan en la [...]. 	Dos asignaturas del cole son [...] y [...].	Du sagst, dass du Hunger hast.
El artículo de **sol**, **agua**, **problema**	Du sagst, dass es sehr warm ist. 	Quieres ir a la playa. ¿Qué le preguntas a tu padre / madre?
La forma femenina de **el médico**, **el profesor**, **el tío**, **el abuelo**, **el hermano**	Conjuga el verbo **querer**.	El hijo de tu tía es tu [...].
Completa: Vamos [...] preparar una macedonia.	El plural de **este libro** y **ese cuaderno** 	Completa: La silla está [...] el armario y la mesa. 

EL CAMPAMENTO DE VERANO

¡ACÉRCATE!

1|3
1|4

Elena

El campamento me gusta porque me encantan los animales y aquí hay muchos. ¡Además, puedo montar a caballo! Mañana vamos a hacer una excursión a Tuy. Mola, ¿no?

En Galicia

Alina

En mi cabaña somos cuatro chicas: Elena, Bea, Mar y yo.
Las tres tienen 13 años, como yo, y Bea y Mar son hermanas. A mí me gusta mucho nadar y a las tres también les gusta mucho. ¡Voy a pasármelo muy bien aquí!

Nuria

Me encanta estar aquí porque en casa siempre estoy sola con mis padres. En el campamento comemos siempre todos juntos. Hay un ruido tremendo porque todos hablan a la vez. Pero hoy hay pescado y el pescado no me gusta nada.

Tuy

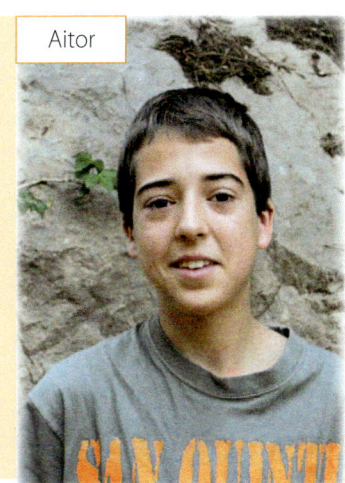

Aitor

Me llamo Aitor, tengo 14 años y soy de San Sebastián. Mis compañeros son Scott de Londres, Pablo de Lisboa y Juanjo de Cáceres. Nos encanta el fútbol y queremos participar en el torneo del campamento. ¡Vamos a ganar!

Hola chicos ¿os gusta jugar al balonmano?

A mí no. Yo no juego.

A nosotros sí, ¡nos encanta! ¿Jugamos un partido?

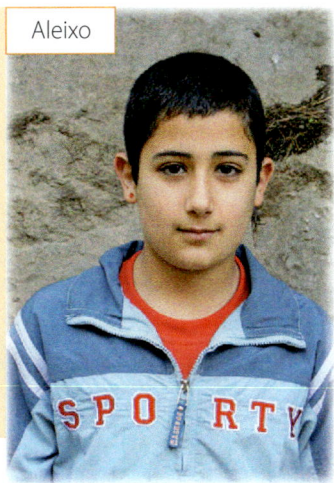

Aleixo

Yo soy de aquí, de Pontevedra y dos de mis amigos también están aquí. A mí no me gusta mucho practicar deporte, pero no importa. Aquí puedo hacer muchas cosas, por ejemplo me gustaría aprender a bucear.

■■■ **COMPRENDER**

 2|1
2|2

1 a Lee las frases: ¿quién es?, ¿quiénes son?

1. Es de San Sebastián.
2. Quieren participar en el torneo del campamento.
3. Tienen 13 años.

4. No le gusta el pescado.
5. No le gusta practicar deporte.
6. Le gusta el campamento porque hay muchos animales.

b Formula una frase sobre los chicos del campamento. Tu compañero/-a dice quién es.

 2 a Buscad las ciudades en el mapa de España:

1. Tuy
2. Cáceres

3. San Sebastián
4. Pontevedra

Ejemplo: Tuy está en Galicia.

b Buscad más información en el **Pequeño diccionario** (p. 147). | Suche den Eintrag zu den vier Städten im **Pequeño diccionario** und nenne je zwei Informationen, die du interessant findest.

3 Escucha y corrige las frases falsas.

1|5
DELE

¡ACUÉRDATE!

 2|3 **4 a** Cuenta: ¿qué (no) te gusta?

A mí me gusta No me gusta No me gusta nada	practicar deporte / jugar al fútbol / al balonmano nadar / bucear / montar a caballo / hacer una excursión a [•••] chatear / escribir [•••] / leer [•••] / escuchar cedés de [•••] los perros / los gatos / [•••]
A mí me gustan No me gustan No me gustan nada	visitar a mis amigos / a mis primos / a [•••] pasear / salir con [•••] / charlar con [•••] ir al [•••] / a la [•••] los domingos / las películas con [•••] / las clases de guitarra / [•••] el pescado / el chocolate / [•••]

b Busca información en el texto, p. 12/13: ¿qué les gusta a los chicos en el campamento?

> A Elena **le** gusta montar a caballo.

> A Alina [•••].

PRACTICAR

2|4 **5** Completa con me, te, le, nos, os, les ▶▶ Resumen 2, p. 20

– ¿[•••] dejas el libro?
– Claro.

– Mira, Ana [•••] escribe un mensaje[1].
– ¿A quién? ¿A Pablo?

1 el mensaje *die SMS*

– ¿[•••] gusta jugar al balonmano?
– Pues, preferimos nadar.

– [•••] encanta el fútbol y queremos ver el partido.

– ¿No [•••] gusta el pescado?
– No, ¡no [•••] gusta nada!

– A los dos [•••] gusta mucho leer, ¿verdad?

 6 Haz preguntas a tu compañero/-a. Él / Ella contesta.

> ¿Te gusta jugar al fútbol?

> Sí, me gusta mucho.   Sí, me encanta.
> No, no me gusta nada. Prefiero [•••].

A   ¿QUÉ ESTÁS HACIENDO?

1|6
1|7

A Elena y a sus compañeras les encanta la vida en el campamento. Los monitores son simpáticos y los otros chicos también. Bueno, casi todos. Pero hay otras cosas que no le gustan mucho a
5   Elena.
Por ejemplo, hay un juego en el campamento que se llama «Puntomanía»: los chicos que ordenan su cabaña y hacen las camas pueden ganar puntos. Todas las mañanas los monitores pasan
10   por las cabañas: ¿tu cabaña está limpia? Entonces tu grupo gana cinco puntos. ¿Ayudas en la cocina? Entonces tu grupo gana otros cinco puntos …
Después de dos semanas el grupo que tiene más puntos es el «campeón del campamento» y gana
15   una excursión a un parque de atracciones. Por eso, todos los chicos ayudan en la cocina, ponen la mesa, limpian el comedor y friegan los platos. Pero hoy Elena quiere jugar al balonmano y no pasar toda la tarde en la cocina. ¡Ella está
20   de vacaciones!
Además Elena y sus compañeras tienen cuatro vecinos, «los cuatro fantásticos», como dicen ellas. Después de la cena siempre van a la cabaña de las chicas para charlar un rato. Uno de ellos, Aitor,
25   siempre le toma el pelo a Elena o le pregunta: «Elena, ¿en qué estás pensando?» La verdad es que Elena está pensando en cosas que no quiere contar, por ejemplo: «¡Este Aitor es un pesado!» Los chicos – también las compañeras de Elena – hablan todo el
30   tiempo de fútbol y de otros deportes. Para Elena ellos sólo tienen una cosa en la cabeza: fútbol, ¡nada más!

Por fin su amiga Sarah llama por teléfono.
Sarah: Hola, Elena. ¿Qué tal el campamento?
35   **Elena:** Bien … Y tú, ¿qué tal?
Sarah: Muy bien, vengo de la plaza y en diez minutos viene Esteban. Oye, ¡qué ruido hay ahí!, ¿qué estás haciendo?

Elena: Es que estoy en la cocina. ¡Estoy fregando
40   platos!
Sarah: ¡Tú! Chica, ¿qué te pasa?
Elena: Bueno, es para ganar puntos para un juego del campamento.
Sarah: ¿Y los chicos del campamento?
45   **Elena:** Hay uno al que no aguanto, ¿sabes? Se llama Aitor, es de San Sebastián, tiene 14 años y es un pesado. Todo el día está diciendo tonterías y contando chistes. ¡Me cae mal! Y, para colmo, siempre está donde yo estoy: estoy leyendo algo
50   en la biblioteca, él también. Estoy escribiendo un e-mail en el ordenador, él también. ¡Estoy hasta las narices!

Sarah: Tranquila, chica, ¡no es para tanto! En diez
55   días estás otra vez aquí y ya no hay más Aitor, ¿vale?
Elena: ¡Menos mal!

3|1
3|2

■■■ **COMPRENDER**

 1 a Copia el cuadro en tu cuaderno y busca la información en el texto: ¿qué le gusta a Elena?, ¿qué no le gusta?

✚ Le gusta / Le encanta	▬ No le gusta
la vida en el campamento	ayudar en la cocina
[•••]	[•••]

b ¿Qué actividades del campamento (no) te gustan a ti?

■■■ **VOCABULARIO**

2 a «Ayudar en casa», ¿qué quiere decir? Busca en el texto expresiones y haz una red de palabras en tu cuaderno.

 6|12

[•••] ——— ayudar en casa ——— [•••]

b A Elena no le gusta mucho ayudar en casa. Formula una pregunta de la madre. Tu compañero/-a inventa una respuesta.

Elena, ¿puedes [•••], por favor?

Lo siento, mamá, pero no puedo, tengo que [•••].

■■■ **DESCUBRIR**

3 a Wie wird das gerundio gebildet? ▶▶ Resumen 4, p. 20

Estoy fregando.

¿Qué estás haciendo?

Estoy escribiendo un e-mail.

b Was drückt estar + gerundio aus?

■■■ **PRACTICAR**

3|3
4|4
4|6

4 Describe: ¿qué están haciendo los chicos?

5 Stelle etwas pantomimisch dar.
Deine Mitschüler/innen raten, was du machst
und bilden einen Satz wie im Beispiel.

Estás leyendo un libro.

6 Escucha y completa las frases con una forma del verbo venir. ▶▶ Resumen 1, p. 20

1. Hola, Sarah, ¿de dónde [•••]? – De la piscina.
2. ¿Por qué [•••] sin tu mochila?
3. ¿Dónde está Paco? – Mira, allí [•••].
4. ¿Quiénes son? – Son Esteban y Sarah, [•••] para charlar un rato.
5. Ya podemos empezar, [•••] con todo.
6. [•••] de la plaza, y ya no quiero salir.

7 ¿Qué haces durante las vacaciones? Utiliza una forma de todo/-a. ▶▶ Resumen 3, p. 20

[•••]	el día	*ir* al / a la [•••]
	los días	*cuidar* los animales
	la semana	*montar* a caballo
	las mañanas	*jugar* al / a la [•••]
	…	*ordenar* [•••]
		ayudar a [•••] / en [•••]
		…

8 Completa con me, te, le, nos, os, les. ▶▶ Resumen 2, p. 20

1. Elena: «Este Aitor es un pesado, siempre [•••] toma el pelo.»
2. Aleixo: «Chicos, [•••] voy a contar una historia de Galicia.»
3. A los chicos [•••] encanta el juego Puntomanía.
4. A Elena no [•••] gusta ayudar en casa.
5. No, ver la tele no [•••] gusta, preferimos practicar deporte.
6. Sarah: «Elena, ¿qué [•••] pasa?

■■■ ACTIVIDADES

9 Escribe en tu cuaderno un final para el texto **A**, p. 15.
Empieza con: «En ese momento entra Aitor en la cocina …».

■■■ ESCUCHAR

10 a Escucha y contesta: ¿qué pasa?

b Escucha otra vez y contesta las preguntas.

1. ¿Cuántos puntos tiene Aitor?   3. ¿Qué dice Elena sobre Aitor y el fútbol?
2. ¿Y Elena?

c Explica en alemán. | Erkläre einem Freund, der kein Spanisch spricht, was du verstanden hast.

B EL MONEDERO[1] DE ELENA

1|10
1|11

Hoy los chicos van a hacer una excursión a Tuy, una ciudad en la frontera[2] con Portugal. A las nueve y media casi todos los chicos están en el autobús con sus mochilas, sus chaquetas y sus
5 móviles. Los monitores miran la lista de los chicos: ¿dónde están Paolo y Juanjo? Y Mar tampoco está. Pues, los chicos están todavía buscando sus cosas y, además, no tienen ganas de subir[3] al autobús. ¿Y Mar? Ahí viene, como siempre es la última. En
10 el autobús Mar sólo ve un asiento[4] libre al lado de Verónica, una amiga de Aitor. También hay un asiento libre al lado de Mauricio, el monitor, pero allí … ¡mejor no! Menos mal que Elena dice: «Mar, ¡ven aquí! Aquí hay un asiento para ti.»

15 Por fin la excursión puede empezar. La estrella[5] del viaje es Aleixo, el chico de Pontevedra. Sabe mucho sobre la región y le encanta contar cosas: «Os voy a contar algo sobre Galo: Galo es el hijo de una bruja[6], es muy travieso y siempre roba[7] las
20 cosas de los chicos. Cuando estás en Galicia, siempre tienes que decir: ¡Desconjuro![8] para no perder[9] tus cosas,» les explica Aleixo a sus compañeros. A todos les gusta la historia pero no le creen. «Déjate de cuentos[10],» le dice Elena mientras
25 le escribe un mensaje a Sarah.

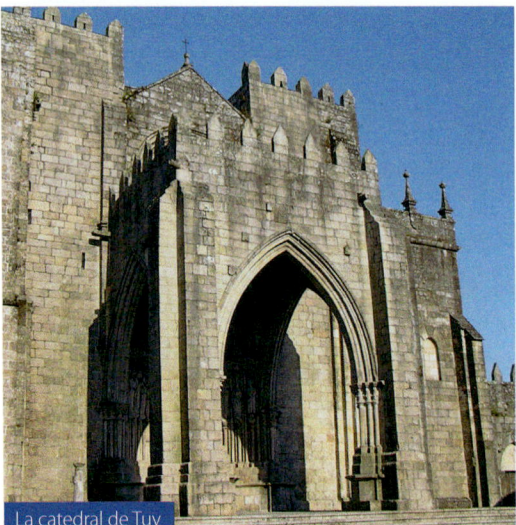

La catedral de Tuy

En Tuy los chicos pasean por las calles de la ciudad, visitan un museo, suben a la torre de la catedral[11], toman un montón de fotos y después quieren ir a la heladería que está al lado del río. Elena también,
30 pero … ¿dónde está su monedero? Elena busca por todas partes: en su chaqueta y en su mochila, pero el monedero no está.

«¿Ves, Elena? Es Galo, el hijo de la bruja que tiene ahora tu monedero. Para encontrar tu monedero,
35 tienes que decir ¡desconjuro!,» dice Aleixo. «Las brujas no existen y ese Galo tampoco existe. Es sólo una historia para niños pequeños,» le contesta Elena muy triste porque no tiene su monedero. «Vamos a buscar todos juntos,» dice Mauricio, el monitor,
40 «Elena y Aleixo, volved al museo para preguntar. Paolo, Juanjo y Aitor pueden buscar por la calle y yo voy con Mar a la catedral.» «No te preocupes[12],» dice Aitor, «seguro que vamos a encontrar tu monedero.» «Bueno», piensa Elena, «este Aitor y sus amigos,
45 seguro que no van a encontrar mi monedero porque van a hacer tonterías y nada más.»

A las cuatro de la tarde los chicos vuelven al autobús … sin el monedero. Durante el viaje todos los chicos están contentos menos Elena. Todos
50 escuchan a Aleixo y sus historias, sólo Elena mira por la ventana. «Y ahora, ¿qué hago? ¿Una semana más sin monedero y sin dinero? ¿Qué va a decir mamá?»

1 el monedero *das Portmonee*
2 la frontera *die Grenze*
3 subir *hier einsteigen*
4 el asiento *der Sitz, der Platz*
5 la estrella *hier* der Star
6 la bruja *die Hexe*
7 robar *stehlen*
8 ¡Desconjuro! *Wort, um einen Zauber abzuwehren*
9 perder *verlieren*
10 ¡Déjate de cuentos! *Erzähl keine Geschichten!*
11 la torre de la catedral *Turm der Kathedrale*
12 No te preocupes. *Mach dir keine Sorgen.*

■■■ **COMPRENDER**

1 Corrige las frases.

1. Los chicos hacen una excursión a Pontevedra.
2. El monitor se llama Manuel.
3. Aleixo es un chico que no habla mucho.
4. Galo es un amigo de Aleixo.
5. Elena deja su monedero en el autobús.
6. A las cuatro de la tarde los chicos están en la heladería.
7. Aitor encuentra el monedero de Elena en la calle.

■■■ **ACTIVIDADES**

2 Lee los textos **A** y **B**: ¿qué final de la historia prefieres? ¿Por qué? Puedes utilizar:

Yo prefiero Me gusta No me gusta	el texto **A**/**B** porque es	interesante. divertido. tonto. aburrido. diferente. (poco) probable[1].

1 (poco) probable *(wenig) wahrscheinlich*

A

Claro que Elena no cree en las historias de Aleixo. Pero bueno, por qué no, piensa Elena y dice *¡desconjuro!* De repente, Mauricio, el monitor, descubre algo al lado de la puerta del autobús y pregunta: «Elena, ¿éste no es tu monedero?»

B

De repente Aitor dice a Elena: «Oye, Elena, mira debajo del asiento de Mar: ¿no es tu monedero?» Elena toma su monedero, dice gracias a Aitor y luego piensa que este chico a veces es muy pesado, pero a veces también puede ser bastante simpático.

■■■ **APRENDER MEJOR**

 7|1
8|2

3 a **Schlüsselwörter in einem Text finden**
Lee el texto y apunta en tu cuaderno las palabras clave de la historia:

> ¿quién?
> ¿con quién?
> ¿dónde?
> ¿cuándo?
> ¿cómo?
> ¿por qué?

P

b Utiliza las palabras clave de **a** para escribir un resumen en tu cuaderno.

Destreza
Die Inhaltsangabe einer Geschichte ist immer kurz. Wenn du also die Zusammenfassung eines Textes schreiben möchtest, solltest du nur die wichtigsten Dinge nennen. Überlege dir Antworten auf folgende Fragen: Wer? Mit wem? Wo? Wann? Wie? Warum?

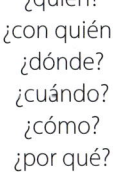

RESUMEN DE GRAMÁTICA

GH 5|1 **1 Los verbos | Die Verben**

	jugar	venir	poner
[yo]	**jue**go	**vengo**	**pongo**
[tú]	**jue**gas	**vie**nes	pones
[él / ella]	**jue**ga	**vie**ne	pone
[nosotros/-as]	jugamos	venimos	ponemos
[vosotros/-as]	jugáis	venís	ponéis
[ellos / ellas]	**jue**gan	**vie**nen	ponen

a Welche anderen Verben kennst du, die die 1. Person Singular ähnlich bilden wie venir und poner?

GH 6|2 **2 El pronombre de complemento indirecto | Das indirekte Objektpronomen**

Estar aquí	**me**	encanta.
¿No	**te**	gusta el fútbol?
La profe	**le**	pregunta mucho.
Hacer deporte	**nos**	encanta.
¿Qué	**os**	gusta del campamento?
También	**les**	gusta mucho.

Miguel **me** escribe un e-mail.
*Miguel schreibt **mir** eine E-Mail.*

a Vergleiche die beiden Sätze: wo steht im Spanischen das Objektpronomen?

GH 7|3 **3 Los determinantes todo y otro | Die Begleiter todo und otro**

	♂		♀	
singular	tod**o** otr**o**	**el** día libro	tod**a** otr**a**	**la** tarde silla
plural	tod**os** otr**os**	**los** días libros	tod**as** otr**as**	**las** tardes sillas

⚠️ Quiere tomar **otro** zumo. –
Prefiere **el otro** zumo.

¿Quieres otro zumo?

GH 9|4 **4 Estar + gerundio | Die Verlaufsform**

Ahora	estoy estás está estamos estáis están	habl**ando** aprend**iendo** escrib**iendo**	con Pedro. el texto para mañana. un e-mail.

habl**ar**:	habl**ando**
aprend**er**:	aprend**iendo**
escrib**ir**:	escrib**iendo**
⚠️ leer	Elena está **leyendo**.
⚠️ decir	Aitor está **diciendo** tonterías.

a Welche ähnliche Zeitform gibt es im Englischen?

cultativo · facultativo · facultativo · facultativo · facultativo · facultativo · facultativo · facultativo · facultativo

El campamento de verano | ¡Anímate!

1

¡ANÍMATE!

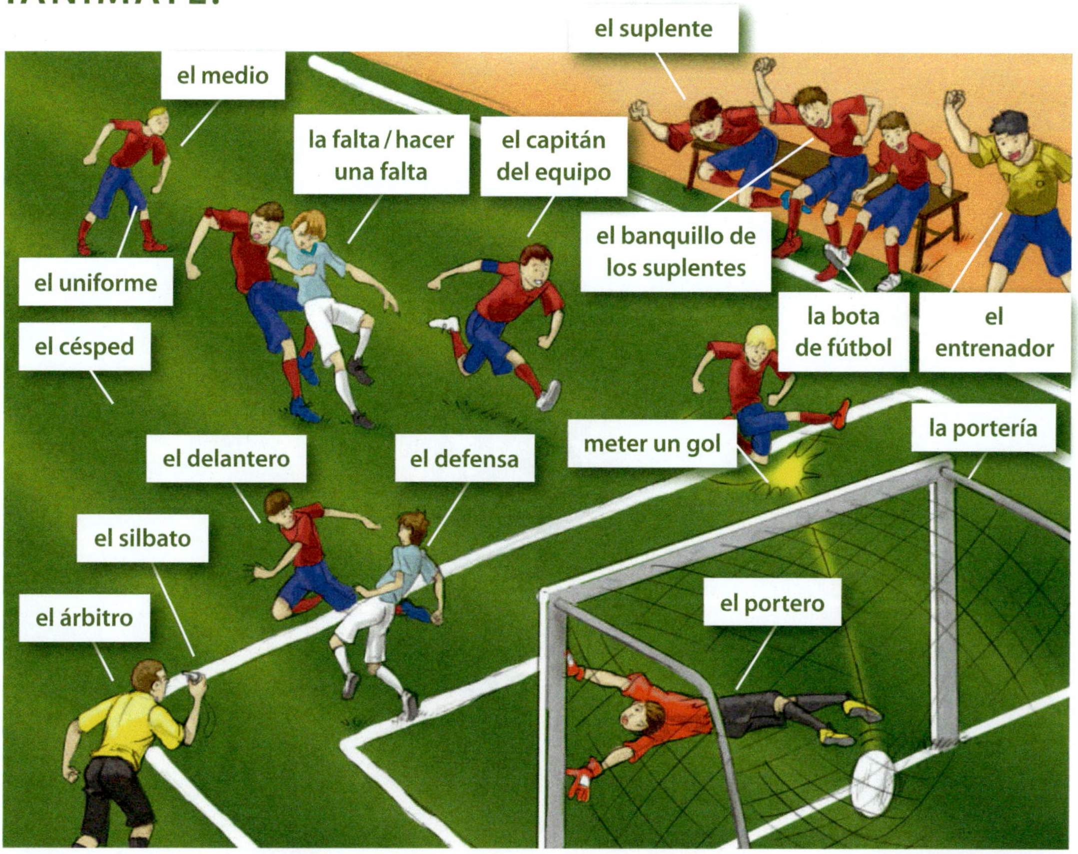

el suplente

el medio

la falta / hacer una falta

el capitán del equipo

el banquillo de los suplentes

el uniforme

el césped

la bota de fútbol

el entrenador

la portería

el delantero

el defensa

meter un gol

el silbato

el portero

el árbitro

El equipo «Pontevedra»

1 : 3
PONTEVEDRA   CELTA

2 : 2
PONTEVEDRA   LTLIX

2 : 0
PONTEVEDRA   CELTA

1 Schau dir die Zeichnung an. Welche Aufgabe haben el delantero, el defensa und el portero?

2 a Mira la foto y escucha. ¿Quiénes son Quique, Marco y Antonio y qué hacen en el equipo?

1|12

b Escucha otra vez. | Was bedeutet im Fußball empatar und perder?

1|12

EL PRIMER DÍA

¡ACÉRCATE!

1 Escucha cómo va Aitor al instituto y busca en el plano.

1|13

Aitor es nuevo en Alicante y hoy es el primer día de instituto.

Madre: ¿Por qué no quieres ir conmigo en coche? ¿Cómo quieres ir al insti? ¿¿En bici??

Aitor: Tranquila, mamá, no te preocupes. El insti está por aquí cerca, ya
5   sé el camino. Voy a ir a pie.

A las nueve menos cuarto Aitor está en la Avenida Adolfo Muñoz Alonso y tiene que preguntar a un señor.

Aitor: Disculpe, ¿usted sabe dónde está
10   el instituto San Vicente?

Señor: Sí, mira, es muy fácil: cruza esta avenida, sigue la calle Maestro Latorre todo recto y después coge la segunda calle a la derecha.

15 **Aitor:** ¡Muchas gracias!

Aitor cruza la avenida, sigue todo recto y coge la segunda calle … ¡pero a la izquierda! Ya son las nueve menos diez y Aitor tiene que preguntar a unos chicos.

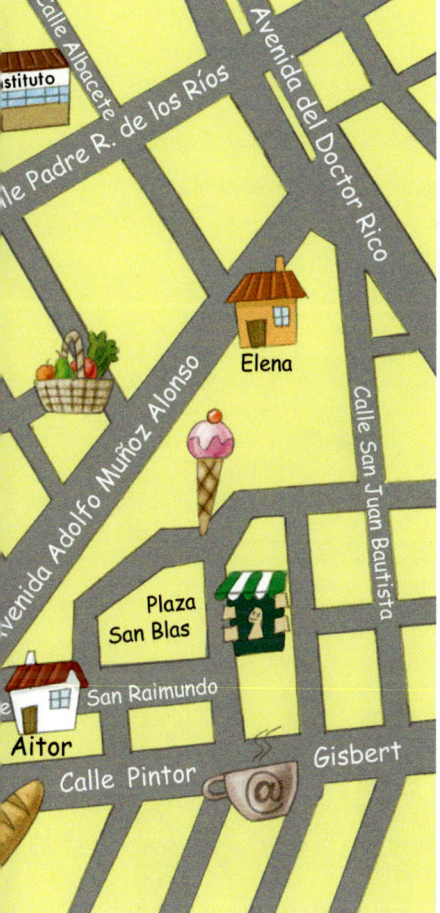

20 **Aitor:** ¿Sabéis dónde está el instituto San Vicente? ¿Está lejos? ¿Hay que coger el bus?

Chico: No, ¡qué va! Está muy cerca de aquí, a pie son cinco minutos.

Chica: Mira, ¿ves el semáforo allí? Ve por esta calle, todo recto, hasta la calle Cuenca y allí a la izquierda. ¿Está claro?

25 **Aitor:** ¡Creo que sí!

Aitor: Mi primer día de insti – ¡el primero! – y casi llego tarde. ¡Qué palo! ¡Un momento, por favor!

Portero: ¿Qué esperas chico? Llegas muy tarde. Por poco no entras.

Aitor: Sí, ¡lo siento! Uf … y ahora, ¿dónde está mi aula?

■■■ **COMPRENDER**

▶ 10|1
11|2

2 a Relaciona los dibujos con las expresiones.

1. cruzar la calle
2. todo recto
3. a la derecha
4. a la izquierda
5. la segunda a la derecha
6. la primera a la izquierda

1|14

b Escucha: ¿adónde va Elena después del instituto?

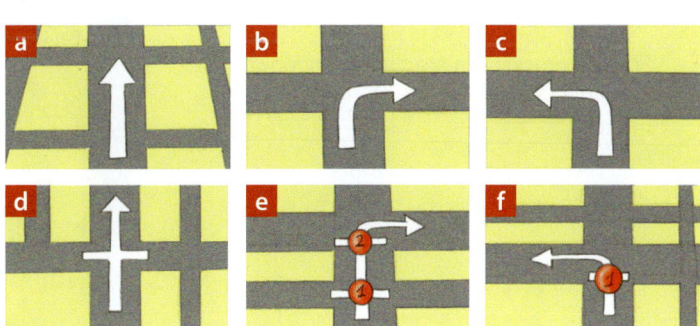

■■■ ¡ACUÉRDATE!

3 Completa el texto con el imperativo de los verbos en singular y en plural. Javi vuelve a casa y encuentra un mensaje de su madre:

Javi, [•••] (*ayudar*/tú) a tu padre con la comida y [•••] (*fregar*/tú) los platos después, por favor. La fiesta de Cristina es en el parque, a las cinco. [•••] (tú/*salir*) de casa a las cuatro y [•••]
5 (tú/*coger*) el bus hasta la Plaza San Blas. Allí va a estar Rafa. [•••] (vosotros/*comprar*) dos botellas de zumo de naranja, después [•••]
(vosotros/*cruzar*) la calle e [•••] (vosotros/*ir*) por la avenida hasta el semáforo. Allí [•••]
10 (vosotros/*coger*) la calle a la derecha. El parque está en esa calle. Y, por favor, [•••] (vosotros/*volver*) temprano porque mañana tenéis que ir al instituto. ¡Pasadlo bien![1] ¡Adiós!

1 ¡Pasadlo bien! *Viel Spaß!*

■■■ PRACTICAR

4 a Apunta en tu cuaderno las expresiones de las páginas 22/23 que necesitas para explicar el camino.

b Estás en el instituto San Vicente y quieres ir a [•••]. Mira el plano (páginas 22/23) y explica el camino a tu compañero/-a. Él/Ella dice adónde vas.
Ejemplo: Primero voy todo recto hasta el parque, allí cojo la calle a la derecha, [•••].

5 Jugad con un dado y formad frases. | Die gewürfelte Zahl bestimmt das Fortbewegungsmittel. ▶▶ Resumen 3, p. 30

Para ir	a al a la	[•••]	hay que	(1) coger el avión[1]. (2) coger el tren[2]. (3) coger el bus.
A Al A la		[•••]	puedes	(4) ir en coche. (5) ir en bici. (6) ir a pie.

1 el avión *Flugzeug*
2 el tren *Zug*

Para ir a Costa Rica hay que tomar el avión.

■■■ ESCUCHAR

6 a ¿Qué frase dices a qué persona?
▶▶ Resumen 1, p. 30

1. Para ir al centro ustedes tienen que ir todo recto.
2. ¿Usted sabe dónde hay un kiosco por aquí?
3. ¿Vas a la Explanada? Tienes que coger el bus.
4. ¿Sabéis dónde está la Plaza San Blas?

1|15

b ¿Con quién habla Javi? Escucha y relaciona las frases con las personas. ▶▶ Resumen 1, p. 30

■■■ BÚSQUEDA DE INFORMACIÓN

7 Formad grupos y buscad información sobre el castillo de Santa Bárbara, por ejemplo, en internet.

A   UNA SORPRESA

■■■ ACTIVIDAD DE PRELECTURA

1   Mira la foto e inventa qué dice Aitor y qué dice Sarah.

1|16
1|17
«Oye, perdona, ¿sabes dónde está el aula 13?» En el pasillo del instituto, Sarah mira al chico que está delante de ella. Aitor está perdido: es nuevo en Alicante, es su primer día en el instituto y está
5 buscando su clase. «¡Qué simpático el tío!», piensa Sarah. Ella le explica todo y se va deprisa a su aula porque tiene muchas ganas de ver a sus compañeros. Es la primera vez que se van a ver después de las vacaciones. Además, van a recibir
10 el horario nuevo. El día empieza bien: en las dos primeras horas tienen Educación Física, en la tercera, Inglés y en la cuarta y en la quinta, Matemáticas.

Después del deporte, Elena y Sarah se duchan y se
15 ponen la ropa.
Sarah: Hay un chico nuevo en la clase de Rafa, ¿sabes?
Elena: ¿Y qué te parece? ¿Es majo?
Sarah: Sí, parece muy simpático.

20 Esteban y Javi ya están esperando a las chicas en la cafetería. Por fin vienen, se sientan con ellos y Elena empieza a contar: les cuenta sus aventuras, se queja de los chicos en el campamento de verano y habla y habla sin parar.

¿Qué pasa? ¿Por qué os ponéis así?

¿Por qué nos ponemos así? ¡Es que hablas hasta por los codos!

Bueno, … ¡es que tengo tanto que contar!

25 Sarah se levanta para comprar un agua. En la cola empieza a hablar con un chico. Un chico alto, de pelo castaño, ojos castaños … de unos 14 años. De repente Elena se pone roja como un tomate.
Esteban: ¿Qué te pasa Elena?
30 **Elena:** Allí …, allí …, mirad, el chico que está al lado de Sarah. No, eso es demasiado, ¡me voy!
Javi: Elena, por fa, espera …
Pero ya es tarde, Sarah vuelve y presenta al chico: «Este es Aitor, es de San Sebastián y es nuevo en el
35 insti. Se llama como tu amigo del campamento, Elena. ¡Qué casualidad!» Y Aitor le dice a Elena: «Hola, Elena, tú aquí … me alegro mucho, ¿qué tal? ¿No te acuerdas de mí?»

■■■ COMPRENDER / APRENDER MEJOR

2 a   Contesta las preguntas y apunta las respuestas
12|1   en tu cuaderno.
1. ¿Con quién habla Sarah en el pasillo?
2. ¿Qué piensa Sarah del chico?
3. ¿De quién se queja Elena en la cafetería?
4. ¿Por qué se pone roja Elena?
5. ¿Qué hace Sarah?
6. ¿Qué dice el chico?

b   Lee otra vez las preguntas de **a**, pero ahora sólo apunta palabras clave como respuesta. Después resume el texto.

Destreza
Die wichtigsten Informationen eines Textes kannst du mündlich leichter wiedergeben, wenn du sie vorher aus dem Text herausfilterst. Notiere sie als Stichpunkte auf einzelne Kärtchen. Ordne sie gemäß der Reihenfolge des Textes und gib den Text knapp mit deinen eigenen Worten wieder.

3 a Relaciona los pronombres con las formas verbales.    ►► Resumen 2.1, p. 30

se nos os se me te	vamos acuerdas pongo levanta duchan ponéis

b ¿Qué dicen o qué hacen? Utiliza los verbos de **a** y formula frases.   ►► Resumen 2.1, p. 30

«No, no [•••] la chaqueta.»

Las chicas [•••].

Rafa [•••] tarde.

«¿No [•••] de mí?»

«¿Por qué [•••] así?»

«¿[•••] ya?»

■■■ ¡ACUÉRDATE!

► 12|2   **4 a** ¿Qué hora es?

1|18   **b** Escucha y contesta las preguntas.

1. ¿Qué hora es?
2. ¿A qué hora llega el bus?

3. ¿Qué hora es en Tenerife?
4. ¿A qué hora empieza la película?

■■■ PRACTICAR

 5 Haz una pregunta con un número ordinal como en el ejemplo. Tu compañero/-a contesta y hace

► 14|8   otra pregunta. ►► Resumen 4, p. 30

Ejemplo: ¿Cómo se llama el primer día de la semana?

el [•••] día de la semana   la [•••] comida del día
el [•••] mes del año   la [•••] asignatura que tenemos hoy
el [•••] profe que vemos los lunes en clase   la [•••] letra del alfabeto
la [•••] persona singular / plural del verbo *ponerse*   •••

12|3
13|4
13|5

6   Completa las frases con las formas correctas de los verbos reflexivos.   ▶▶ Resumen 2.1, p. 30
1. Nosotras siempre [•••] (*alegrarse*) de ir a Alicante.
2. [•••] (yo / *levantarse*) temprano para no llegar tarde al instituto.
3. A ella no le gustan las sorpresas. ¿No [•••] (tú / *acordarse*)?
4. Elena [•••] (*ponerse*) su vestido rojo.
5. Vosotros siempre [•••] (*quejarse*) de los exámenes.
6. Después de la clase de Educación Física, los chicos [•••] (*ducharse*).
7. El día de un examen [•••] (nosotros / *ponerse*) muy nerviosos.

7   Haz preguntas a tus compañeros con verbos reflexivos. Ellos / Ellas contestan.   ▶ ▶ Resumen 2.1, p. 30
Ejemplo:

> Daniel, ¿te acuerdas del primer día de instituto?

> Laura y Tim, ¿os acordáis del primer día de instituto?

Frage deine Mitschüler/innen,
1. ob sie sich an den ersten Schultag erinnern.
2. wie ihre Haustiere heißen.
3. um wie viel Uhr sie am Wochenende aufstehen.
4. worüber sie sich freuen.
5. wann sie heute nach Hause gehen.
6. was sie am Sonntag anziehen.

8   A jugar. | Vier Schüler/innen stellen sich in eine Ecke des Klassenzimmers. Die anderen erfragen nacheinander die Formen der reflexiven Verben, z. B. «La tercera persona singular del verbo ducharse». Wer die Form als Erste/r nennt, darf eine Ecke weiter. Wer als Erste/r alle vier Ecken durchlaufen hat, hat gewonnen.   ▶▶ Resumen 2.1, p. 30

■■■ **ESCUCHAR**

 1|19
DELE

9   Valentina, una amiga de Elena, está enferma[1] y por eso no tiene el horario nuevo.
Ella llama a Elena. Escucha y apunta las respuestas en tu cuaderno.   ▶▶ Resumen 4, p. 30
1. ¿Cuántas horas de Inglés tienen?
2. ¿Qué asignatura tienen en la tercera hora?
3. ¿Qué asignatura tienen en la cuarta hora?
4. ¿Qué asignaturas tienen las últimas dos horas?
5. ¿Cuántas horas de clase tienen los chicos mañana?

1 enfermo/-a *krank*

■■■ **VOCABULARIO**

10 a Relaciona. A veces hay varias posibilidades.

▶ 13|7   **Ejemplo:** sentarse a mi lado

sentarse	a	mí
acordarse	con	los amigos
empezar	de	las vacaciones
quejarse	para	mi lado
levantarse	en	los chicos
alegrarse		contar
ir		la sorpresa
		hablar
		comprar un agua
		los exámenes
		pie
		coche

b Un día en el instituto: escribe cinco frases con las expresiones de **a**.

■■■ **ACTIVIDADES**

11 Después de las clases vas a casa. En la calle hay una chica que no habla alemán.

▶ 14|10   Prepara el diálogo con tu compañero/-a.

> Das Mädchen sagt auf Spanisch, dass sie nach Hause muss und den Weg nicht weiß. Sie sagt, dass sie neu in der Stadt ist.

→ Du fragst, woher sie kommt.

> Sie sagt, sie ist aus Spanien, aus Valencia, aber sie wohnt jetzt hier, weil ihre Eltern hier arbeiten.

→ Du fragst sie, wo sie wohnt.

> Sie wohnt in [...] und fragt, ob das weit ist.

→ Du antwortest, dass es ziemlich weit ist, aber du wohnst ganz in der Nähe. Du schlägst ihr vor, gemeinsam mit dem Bus zu fahren.

> Das Mädchen bedankt sich.

12 a ¿Qué piensan / dicen los chicos? Escribe la historia en tu cuaderno.

b ¿Cómo puede continuar la escena de la cafetería? Escribe el final de la historia en tu cuaderno.

B   10 CONSEJOS PARA ESTUDIAR EN CASA

¿Tienes que estudiar para un examen? ¿O tienes que aprender el vocabulario nuevo para la clase de Español? Estudiar no es siempre fácil. Aquí tienes unos consejos que te pueden ayudar.

1 Estudia en un lugar tranquilo. ¿No tienes una habitación para ti? Entonces habla con tus padres para encontrar el lugar ideal en tu casa.

2 Preocúpate de[1] tu ambiente de estudio: ¿tienes suficiente luz[2]?, ¿tu silla es cómoda? Abre a veces un poco la ventana.

3 Antes de empezar a estudiar, prepara todas las cosas que necesitas: libros, cuadernos, lápices, apuntes, etc.

4 Para preparar un examen, estudia todos los días media hora.

5 Haz un plan de estudio: ¿qué quieres o tienes que estudiar cada día? ¡Cumple con tu plan!

6 Haz una pausa de diez minutos después de una hora de estudio, así recuperas[3] tu energía.

7 Ten metas[4] concretas, por ejemplo: «Hasta el próximo martes estudio todos los verbos reflexivos de la unidad 2».

8 Termina una tarea antes de empezar otra actividad. Después puedes salir con tus amigos.

9 ¡Cuidado con el móvil! Desconecta tu móvil cuando estudias porque con los mensajes y las llamadas no te puedes concentrar.

10 Desconecta también el internet. Chatea y escribe e-mails fuera de[5] tu horario de estudios.

---

1 preocuparse de *sich kümmern um*   3 recuperar *zurück bekommen*   5 fuera de *außerhalb von*
2 suficiente luz *genügend Licht*   4 la meta *das Ziel*

■■■ VOCABULARIO / COMPRENDER

16|1
16|2 **1 a** Lee el texto y busca las siguientes palabras. | Überlege, was die Wörter bedeuten könnten. Was kann dir helfen, sie zu verstehen?

1. el consejo   3. cómodo/-a (l. 9)   5. la tarea (l. 25)
2. el lugar (l. 4)   4. ¡Cumple con tu plan! (l. 17)   6. desconectar (l. 28)

b Utiliza hay que + infinitivo para resumir los consejos.

■■■ ACTIVIDADES

 2 ¿Qué consejos preferís? ¿Qué otros consejos para estudiar conocéis? Preparad un cartel con cinco
16|3 consejos para la clase.

RESUMEN DE GRAMÁTICA

GH 12|7 **1** **Las formas de cortesía** usted y ustedes | **Die Höflichkeitsformen** usted **und** ustedes

Disculpe, ¿**usted** sabe dónde está el instituto?
¿Perdón, señores, **ustedes son** de aquí?

2 **Los verbos** | Die Verben

GH 10|5 **2.1 Los verbos reflexivos** | Die reflexiven Verben

Yo	**me**	**levanto**	temprano.
¿Por qué	**te**	**levantas**	a las cinco de la mañana?
Elena	**se**	**levanta**	siempre a las siete.
No	**nos**	**levantamos**	muy tarde.
¿Ya	**os**	**levantáis**	?
Los chicos	**se**	**levantan**	para ir al instituto.

Yo **no**   me levanto tarde.

Konjugiere das Verb irse.

GH 11|6 **2.2 Los verbos con cambio de vocal** e → i | **Die Verben mit Stammvokaländerung** e → i

seguir

[yo]	**si**go
[tú]	**si**gues
[él / ella / ud.]	**si**gue
[nosotros/-as]	seguimos
[vosotros/-as]	seguís
[ellos / ellas / uds.]	**si**guen

! **si**guiendo

GH 12|8 **3** **La construcción impersonal** hay que + inf. | **Die unpersönliche Konstruktion** hay que + Inf.

Para ir a Costa Rica, **hay que**   **tomar**   el avión.

GH 13|9 **4** **Los números ordinales** | Die Ordnungszahlen

♂	♀	
el **primer**	la primer**a**	
el segund**o**	la segund**a**	
el **tercer** día	la tercer**a** hora	
el cuart**o**	la cuart**a**	
el quint**o**	la quint**a**	

Worauf musst du beim Benutzen der
Ordnungszahlen achten?

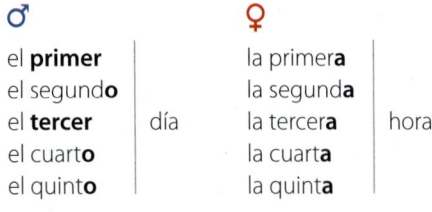

El primer chico
de la lista es…

¡Yo! Yo soy
el primero.

cultativo ·facultativo · facultativo · facultativo · facultativo · facultativo · facultativo · facultativo · facultativo

El primer día | ¡Anímate!

2

¡ANÍMATE!

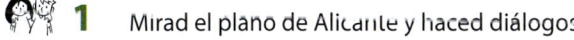

1 Mirad el plano de Alicante y haced diálogos.

Estás	y quieres ir a …
en la Plaza de Toros	la Plaza Luceros.
delante del Banco de España	la biblioteca.
en el Mercado Central	la playa.
en la Plaza Canalejas	el instituto Jorge Juan.

2 Inventad otros diálogos.

UNA EXCURSIÓN

¡ACÉRCATE!

1|20

Javi y sus amigos quieren ir en bici hasta Aspe, el pueblo de los abuelos de Javi que está cerca de Alicante. Hace buen tiempo y hace sol.

Esteban: Chicas, allí vienen Aitor y Rafa …
Sarah: ¿Y dónde está Javi?
Elena: Pues mira, viene detrás de ellos.

Esteban: Javi, ¿falta mucho para llegar?
Javi: No, ya casi llegamos. ¿Ves la torre de la iglesia?
10   Allí está el pueblo …
Esteban: Muy bien, pero por aquí no podemos pasar.

Elena: Uf, ¡qué calor hace! Ya no puedo más ….
5 **Javi:** Sí, es verdad, hace mucho calor y además, creo que va a llover. ¿Ves esas nubes? Mi abuelo siempre dice que entonces va a haber tormenta.

Aitor: ¿Qué le pasa a Elena?
Sarah: Quiere saber cuándo llegamos. Pregunta si no podemos hacer una pausa.

arriba

el cielo · la montaña · la nube

el horizonte

el bosque

la torre de la iglesia

el árbol

abajo

15 **Aitor:** Elena, ¿estás mal? ¿Qué te pasa? ¿Te duele algo? ¿Estás enferma?
Elena: Sí, tengo calor, tengo un dolor de cabeza terrible, me duelen las piernas y, mira, creo que tengo algo en el pie.

20 **Abuela:** Es Javi … dice que están muy cerca, pero que Elena no puede seguir: tiene algo en el pie y cree que tiene que ir al médico. Pregunta si no puedes ir a buscar a la chica en coche.

■■■ **VOCABULARIO**

▶ 18|1
18|2
18|3

1   Describe la foto. Puedes utilizar:

Arriba		Cerca		
A la izquierda		Detrás		hay un/a [●●●].
En el centro	hay [●●●].	Delante	del / de la [●●●]	está el / la [●●●].
A la derecha	puedes ver [●●●].	Al lado		
Abajo				
En el primer plano¹				
Al fondo²				

1   en el primer plano *im Vordergrund*
2   al fondo *im Hintergrund*

■■■ COMPRENDER

 2 a Ordena las frases. Las letras forman una palabra.

I	Entonces Javi llama a sus abuelos.
U	Los chicos están cerca del pueblo, pero no pueden pasar por un camino.
E	Javi y Rafa van con sus amigos en bici al pueblo de sus abuelos.
C	En el cielo hay muchas nubes y Javi dice que va a llover.
N	Javi pregunta si el abuelo puede ir a buscar a Elena.
S	Elena está mal y no puede seguir.
X	Elena está bastante cansada porque hace mucho calor.
Ó	Javi habla con su abuela y le dice que Elena tiene que ir al médico.
R	Aitor quiere saber si Elena está enferma.

b Escribe cinco preguntas sobre el texto en tu cuaderno. Tu compañero/-a contesta.

■■■ VOCABULARIO

▶ 19|4
19|5

3 a Completa los mapas mentales en tu cuaderno.

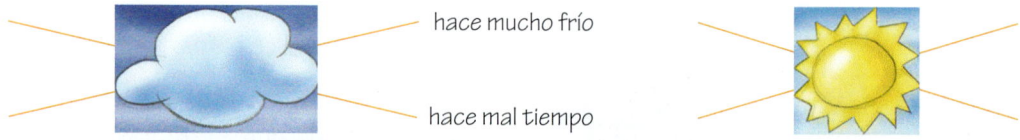

hace mucho frío

hace mal tiempo

1|21
DELE

b Escucha y contesta: ¿quién va a salir hoy y adónde?, ¿quién no puede salir?, ¿por qué?

Señora Ruiz / Madrid

Juan / San Sebastián

Elena / Alicante

■■■ ESCUCHAR

 1|22

4 a Escucha: ¿en qué orden hablan los chicos? Apunta los números en tu cuaderno.

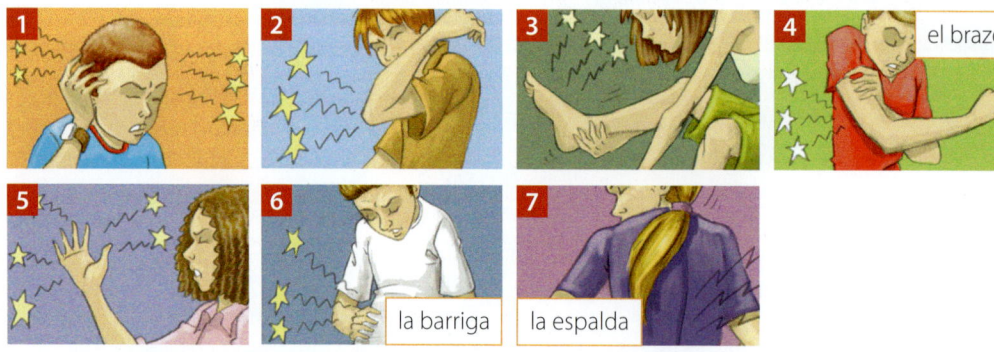

el brazo

la barriga

la espalda

 b Haz preguntas a tu compañero/-a. Él / ella contesta como en el ejemplo.
Ejemplo: ¿Por qué no vas en bici? – Porque me duelen las piernas.

¿Por qué (no) [•••]?

> *ir* en bici   *jugar* con nosotros al balonmano
> *venir* a clase   *comer* algo   *volver* a casa
> *ir* al médico   *llevar* la mochila   *escribir* en tu cuaderno

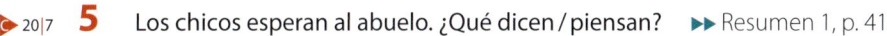

■■■ PRACTICAR

▶ 20|7 **5** Los chicos esperan al abuelo. ¿Qué dicen / piensan? ▶▶ Resumen 1, p. 41

Javi		
Rafa	dice	
Aitor	piensa	
Elena	contesta	que …
Sarah	cree	
Esteban		

6 Sarah tiene visita de amigos de Hamburgo que no hablan español. Ella traduce para los chicos. ▶▶ Resumen 1, p. 41

Preguntan	si …
Quieren saber	cuándo …
	dónde …
	cómo …
	por qué …

Können wir morgen alle zusammen einen Ausflug machen?

Wann treffen wir uns (quedar) morgen? Mittags oder nachmittags?

Gibt es hier in der Nähe eine Eisdiele?

Wo wohnen deine Freunde?

Warum können wir nicht zum Strand gehen?

Wie heißt die Burg in Alicante?

A ¡HA TENIDO SUERTE!

1|23
1|24

Mientras los chicos esperan, Rafa y Aitor ayudan a Elena. Rafa está en el grupo de socorristas del instituto y ha aprendido muchas cosas sobre primeros auxilios. Unos minutos después el
5 abuelo llega en el coche y Sarah y Elena se van con él. Los otros chicos siguen a pie y llevan las bicis de las chicas, pero cuando llegan a casa no hay nadie. ¿Dónde están los abuelos y las chicas? ¿Qué ha pasado?

10 «Hola, señora, ¿usted no ha visto a mis abuelos?» pregunta Javi a la vecina que mira por la ventana de su casa. «Se han ido todos al médico, pero me han dejado la llave de la casa,» contesta ella.

Los chicos van a la cocina, beben toda el agua
15 que encuentran en la nevera y después esperan a las chicas y a los abuelos delante de la casa. Por fin vuelven y Elena sale del coche. Ella lleva un vendaje impresionante y una muleta, pero ya está sonriendo otra vez.
20 «El médico dice que he tenido suerte, no es nada, sólo me he torcido el pie derecho. Pero no puedo volver en bici a Alicante.»
«¿Ya has avisado a tu madre?» pregunta Javi.
«No, todavía no he podido hablar con ella, pero le
25 he dejado un mensaje. Seguro que no puede venir porque hoy se ha ido a Valencia y creo que todavía no ha vuelto. Ahora no sé qué hacer.»

«No pasa nada.», dice la abuela, «¿No queréis pasar la noche aquí? Tenemos sitio para todos. Las chicas
30 duermen en la habitación pequeña y para los chicos podemos montar la tienda de campaña en el jardín. ¿Qué pensáis? No habéis dormido nunca fuera, ¿verdad? Y seguro que mañana la madre de Elena tiene tiempo para venir. Pero primero tenéis
35 que preguntar a vuestros padres.»

En este momento suena el teléfono de Elena:
Elena: Es mamá, creo que ahora sí se ha asustado.
Madre: Hija, ¿qué has hecho? ¿Qué te ha dicho el médico?
40 **Elena:** No te preocupes, mamá, esta mañana he tenido un accidente con la bici, pero ya hemos estado en el hospital. Sólo me he torcido el pie. Por eso queremos dormir aquí en casa de los abuelos de Javi. ¿Puedo?

45 **Sarah:** Elena, ¿qué te ha dicho tu madre?
Elena: Pues, que puedo pasar la noche aquí. Oye, Esteban, ¿ya les has escrito un mensaje a tus padres?
Esteban: No, he llamado por teléfono y ¡vaya
50 bronca que me han echado! Dicen que seguro que hemos sido imprudentes, pero también dicen que puedo dormir aquí.

■■■ COMPRENDER

1 a Estas frases son un resumen del texto. Busca primero las partes que van juntas.

21|1

1. Cuando Elena vuelve del médico,
2. Los otros chicos siguen a pie
3. Menos mal que pueden pasar la noche
4. Rafa es socorrista,
5. Elena se ha torcido el pie,
6. Por fin el abuelo viene
7. En casa de los abuelos no hay nadie

h. en casa de los abuelos.
f. y no puede volver en bici a Alicante.
a. lleva un vendaje impresionante.
i. a la casa de los abuelos.
b. por eso puede ayudar a Elena.
d. porque todos se han ido al médico.
e. y las chicas se van con él.

b Ordena las frases y escribe el resumen en tu cuaderno.

■■■ DESCUBRIR

2 a Copia el cuadro en tu cuaderno. Después completa con las formas del pretérito perfecto que hay en el texto.

-ar	-er / -ir	irregulares
[•••]	(ella) ha tenido	(usted) ha visto
[•••]	[•••]	

b Nenne zu jedem Partizip den Infinitiv und formuliere eine Regel: Wie bildest du die Partizipien der regelmäßigen Verben?
▶▶ Resumen 3, p. 41

■■■ PRACTICAR

DELE **3** Completa con una forma de haber. ▶▶ Resumen 2, p. 41

1. **Javi:** ¿[•••] (vosotros) visto a Elena hoy?
2. **Sarah:** Yo sí, esta mañana [•••] (nosotras) ido juntas al insti.
3. **Esteban:** Y esta tarde [•••] (yo) ido con ella al médico.
4. **Javi:** ¿Otra vez [•••] (ella) tenido que ir al médico?
5. **Esteban:** Sí, pero no es nada. Y tú, ¿dónde [•••] estado esta tarde?
6. **Javi:** [•••] tenido que esperar en casa a mis abuelos, [•••] (ellos) llegado esta tarde.

4 Cuenta y utiliza el pretérito perfecto. ▶▶ Resumen 2, p. 41
🔴 21|2

esta tarde / *ayudar*

esta mañana / *salir* temprano

esta tarde / *ir* a la piscina

hoy / *encontrar*

todavía no / *ordenar*

hoy / *llamar*

esta mañana / *levantarse* tarde

esta mañana / *recibir*

5 a La madre de Elena vuelve a casa. Formula las respuestas de Elena. Utiliza el pretérito perfecto.
🔴 22|3
22|4
También puedes utilizar: ya, todavía no ▶▶ Resumen 2, p. 41

Hola, hija, ¿qué tal? ¿Qué has hecho esta tarde?

escribir el texto para mañana
llamar a Sarah
dormir un rato
ver un poco la tele
leer un poco
hacer los deberes

escuchar música
fregar los platos
poner la mesa
jugar con mi periquito
ordenar mis cedés
charlar un rato con la vecina

Einige Partizipien sind unregelmäßig!

b ¿Y tú? ¿Qué has hecho hoy / esta mañana / esta semana? ¿Qué no has hecho todavía hoy?

DELE
▶ 23|6

6 a Completa con las formas correctas de los verbos. Utiliza el presente.

Padre: Chico, ¿qué te pasa? ¿Por qué [...] (volver/tú) ya?

Javi: Me [...] (doler) la cabeza y no [...] (poder/yo) hacer deporte.

5 **Padre:** Pues, ¿por qué no [...] (dormir/tú) un rato? Y después [...] (poder/tú) ir conmigo al aeropuerto[1].

Javi: ¿Al aeropuerto?

Padre: ¿No [...] (acordarse/tú)? Esta tarde

10 [...] (volver) la tía Vera y tus primos Ana y

Carlos. Mira, vamos al aeropuerto, después a casa de ellos y [...] (dormir) todos ahí, ¿no te gusta la idea?

Javi: Ay, no, yo no [...] (poder) ir contigo, esta
15 tarde va a venir Esteban. Además Carlos y Ana siempre [...] (contar) chistes tontos. ¿No [...] (poder) Rafa ir contigo?

Padre: No, Javi … oye, no [...] (encontrar/yo) las llaves del coche. ¿Sabes dónde están?

1 el aeropuerto *der Flughafen*

1|25

b Escucha y compara con tu solución.

▶ 23|8
23|9

7 a Carlos y Ana son hermanos, pero son muy diferentes. Lee las frases sobre Carlos.
Después describe a Ana y utiliza no … nunca, no … nada, no … nadie ▶▶ Resumen 3, p. 41
Ejemplo: 1. Cristina **no** hace **nunca** sus deberes.

1. Carlos siempre hace sus deberes.
2. Siempre participa en clase.
3. Las clases de Matemáticas le gustan mucho.
4. Por las tardes, estudia con sus compañeros.
5. Siempre se levanta temprano.
6. Después del instituto siempre vuelve tarde a casa.
7. Siempre lleva zapatillas de deporte.
8. Los jueves siempre va al polideportivo con sus amigos.
9. Cuando tiene un problema habla con sus amigos.
10. Siempre tiene ganas de hacer deporte.

b ¿Y tú? ¿Qué haces siempre? ¿Qué no haces nunca?

■■■ **APRENDER MEJOR**

8 **Fehler selber korrigieren**

a ¿Qué pasa durante la noche en la tienda?
Escribe un texto en tu cuaderno. Puedes utilizar: mientras, por eso, cuando, por fin, al final, seguro que, de repente

b Lee el texto que has escrito y corrige tus errores.

Destreza

Wenn du einen Text auf Spanisch geschrieben hast, kannst du selbst prüfen, ob du Fehler gemacht hast. Lies den Text mehrmals durch und achte immer nur auf einen Punkt, zum Beispiel:

el libro, **la** chica
mi**s** amigo**s**, la**s** amiga**s**
much**os** libr**os**/**La** ciudad es muy pequeñ**a**.

Ist das Nomen
– männlich oder weiblich?
– im Singular oder im Plural?
Ist der Begleiter angeglichen?

No encuentra las llaves.
Busca **a** Elena.

Ist das direkte Objekt eine Person?

Mis padres han ten**ido** una idea.
Sólo hemos **visto** el barrio.

Wenn du das pretérito perfecto verwendest:
– Hast du das richtige Partizip verwendet?
– Ist das Partizip vielleicht unregelmäßig?

¿Qu**é** pasa …?/¿Est**á**s seguro?

Prüfe auch die Akzente und die Satzzeichen!

■■■ ¡ACUÉRDATE!

9 a Escucha: ¿hablan del pasado o del futuro?
Completa el cuadro en tu cuaderno.

1|26

b Cuenta y utiliza el futuro inmediato. Escribe el
texto en tu cuaderno.
Es domingo, estás en casa y está lloviendo.
¿Qué vas a hacer? ¿Qué van a hacer tus hermanos
o tus padres? ¿Y tus amigos?

P

	pasado	futuro
1.	[●●●]	[●●●]
2.	[●●●]	
3.		

Voy a leer un poco.

DOMINGO

■■■ ESCUCHAR

10 Escucha y apunta en tu cuaderno: ¿por qué los chicos han llegado tarde a clase esta mañana?

1|27
 23|5

■■■ A JUGAR

11 Jugad en grupos de cuatro o cinco.
Spielregel: Notiert auf Kärtchen so viele Verben wie möglich.
Jeder Spieler zieht ein Kärtchen mit einem Verb und bildet einen Satz
im pretérito perfecto. ACHTUNG: jeder Spieler hat nur 20 Sekunden Zeit.
Ist der Satz richtig, darf er / sie das Kärtchen behalten. Der Spieler mit den
meisten Kärtchen hat gewonnen.

23|11

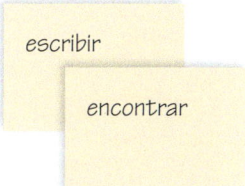

escribir

encontrar

■■■ ACTIVIDADES

12 Elena vuelve del médico y los amigos le hacen muchas preguntas. Inventad más preguntas y
también las respuestas. Después presentad la escena.

23|10

¿Qué te ha
pasado?

Me he torcido el pie.

¿Te duele algo?
Y ahora, ¿qué vas a hacer?
¿Puedes ir a clase con la muleta?
…

B EL BLOG DE AITOR

http://aitor-en-alicante.blogspot.com

Desde hace días[1] mis padres están dale que dale[2], que vivimos en Alicante y sólo hemos visto el barrio, que los amigos preguntan y ellos no pueden contar nada. Bueno, por fin hemos hecho hoy una «excursión» por la región de Alicante.

Ésta es una foto de Elche. Elche es una ciudad pequeña que está a media hora de Alicante. Jo, ¡qué palo! No hemos visto a Aarón Ñíguez[3] (¡qué bien juega ese tío!), pero en cambio[4] hemos visto palmeras y más palmeras. Esto, definitivamente, no es San Sebastián ;-), pero algo es seguro, tantas[5] palmeras juntas no ves en otro lugar[6].

Ésta es la «Dama de Elche». Si no has visto a la «Dama de Elche» no puedes decir que has estado aquí, me ha dicho mi padre. Pero, ¿qué pasa cuando estamos enfrente de la Dama? En un cartel pequeño, en letra[7] más pequeña todavía dice que el original está en Madrid y que en Elche sólo hay una copia. ¡Tanto jaleo[8] sólo para ver una copia! ¡Mejor vamos a Madrid, digo yo!

Esta foto es de Torrevieja. Mi padre dice que allí hacen la mejor[9] paella de toda la región. ¿Podéis creerlo? ¡Hemos ido en coche a un lugar a 51 kilómetros de Alicante sólo para comer paella cerca del puerto! Para colmo, mi madre no ha querido comer paella y ha empezado una discusión con mi padre: «En Torrevieja no comes paella, Nicolás, aquí tienes que comer caldero[10], dice la guía[11], caldero dice ahí.»

Y ésta es la última foto que he hecho hoy, es de la isla de Tabarca. Esta tarde, en el camino de vuelta por la costa, cerca de Alicante, mis padres han tenido la idea de ir allí. Y vosotros ya sabéis cómo son los padres: a todo pueblo al que van ven la iglesia, la muralla[12], la torre y la plaza. ¡Por suerte la isla es muy pequeña y no tiene plaza!

Y sí, ¡hoy he sobrevivido a otra excursión con mis padres!

---

1 desde hace días *seit Tagen*
2 estar dale que dale *etwas zum wiederholten Mal sagen (umg.)*
3 Aarón Ñíguez *Fußballspieler aus Elche*
4 en cambio *statt dessen*
5 tantos/-as *so viele*
6 el lugar *der Ort*
7 la letra *der Buchstabe*
8 tanto jaleo *so ein Aufwand (umg.)*
9 la mejor *die beste*
10 el caldero m. *Reis mit Fisch, typisches Gericht aus Torrevieja*
11 la guía *der Reiseführer (Buch)*
12 la muralla *die (Stadt-)Mauer*

■■■ COMPRENDER

1 a Lee el texto y busca información sobre Elche, Torrevieja y Tabarca. Haz un mapa mental en tu cuaderno.

b Presenta tus resultados en clase.

2 Tienes visita de amigos de España. Haz un plan para una excursión: ¿qué podéis hacer?

RESUMEN DE GRAMÁTICA

GH 16|13 **1** **El estilo indirecto sin cambio de tiempo verbal | Die indirekte Rede ohne Zeitverschiebung**

1.1 La oración indirecta | Der indirekte Aussagesatz

Javi: «Tengo hambre.»	Javi **dice que** tiene hambre.
Elena: «Creo que me he torcido el pie.»	Elena **cree que** se ha torcido el pie.

1.2 La pregunta indirecta | Die indirekte Frage

Aitor pregunta:	Aitor pregunta / quiere saber …
«¿Dónde está el pueblo?»	… **dónde** está el pueblo.
«¿Cuándo llegamos?»	… **cuándo** llegan.
«¿Por qué no hacemos una pausa?»	… **por qué** no hacen una pausa.
«¿Estás enferma?»	… **si** Elena está enferma.

GH 14|11 **2** **El pretérito perfecto | Das Perfekt**

2.1 Participios regulares | Regelmäßige Partizipien

Hoy	**he**		
Esta mañana	**has**		
Esta semana	**ha**	estudi**ado** mucho.	estudi**ar** → estudi**ado**
Ya	**hemos**	ten**ido** que ir al médico.	ten**er** → ten**ido**
Hasta ahora	**habéis**	recib**ido** el horario nuevo.	recib**ir** → recib**ido**
Todavía no	**han**		

– ¿No hay pan?
– Esta mañana ho ha habido pan.

a Suche je drei regelmäßige Verben auf **-ar**, **-er** und **-ir** und bilde die Partizipien.

2.2 Participios irregulares | Unregelmäßige Partizipien

ver	→ **visto**	escribir	→ **escrito**	
volver	→ **vuelto**	abrir	→ **abierto**	
hacer	→ **hecho**	poner	→ **puesto**	
decir	→ **dicho**	leer	→ **leído**	

¿Qué **te** ha pasado?
No ha dicho nada.
¿Por qué **no le** has dado el libro?

b Bilde drei verneinte Sätze im pretérito perfecto.

GH 15|12 **3** **La negación con no … nadie / nada / nunca | Die Verneinung mit no … nadie / nada / nunca**

En casa	**no**	hay	**nadie**	.
Javi dice que	**no**	pasa	**nada**	.
Los chicos	**no**	han dormido	**nunca**	fuera.

Bilde je einen Beispielsatz mit no … nunca, no … nadie, no … nada

GH 17|14 **4** **Las conjunciones mientras y cuando | Die Konjunktionen mientras und cuando**

Mientras los chicos esperan, Rafa y Aitor ayudan a Elena.
Cuando los abuelos vienen, todos van al pueblo.

¡ANÍMATE!

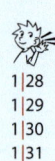

1|28
1|29
1|30
1|31

Historia de una hoja

Es la historia
de una hoja
que cuando llueve
se moja[1].

5 Llueve
y se moja.
    Llueve
    y se moja.
        Llueve
10   y se moja.

¡Como se moje otra vez,
se va a convertir[2] en pez!

Esta historia del revés

… Pero el pez
si des-llueve,
se des-moja …

Se des-moja,
se des-moja,
se des-moja …

¡Y otra vez
vuelve a ser[3] hoja!

Florabras

Cuando las flores
hablan
    y hablan
        y hablan,
no dicen
palabras
dicen florabras.

Adornos vegetales

Pomelo[4]
para tu pelo

Regaliz[5]
en tu nariz.

5 Hinojos[6]
para tus ojos.

Manzanilla[7]
en tu barbilla[8].

Tapioca
10 para tu boca.

Cerezas[8]
para tus cejas[9].

Madroño[10]
si llevas moño[11].

15 Y con nueces[12],
bien pareces.

*Antonio Rubio, Versos vegetales,
© Anaya, Madrid 2001*

1 mojarse *nass werden*
2 convertirse en *sich verwandeln in*
3 volver a ser *wieder werden*
4 el pomelo *die Pampelmuse*
5 el regaliz *das Süßholz*
6 el hinojo *der Fenchel*
7 la manzanilla *die Kamille*
8 la barbilla *das Kinn*
9 la cereza *die Kirsche*
10 las cejas *die Augenbrauen*
11 el madroño *der Erdbeerbaum*
12 el moño *der Haarknoten*
13 la nuez *die Nuss*

1 Escucha los poemas, después recítalos tú. ¿Lo puedes hacer de memoria?
Si quieres, haz dibujos.

cultativo · facultativo · facultativo · facultativo · facultativo · facultativo · facultativo · facultativo · facultativo

Una excursión | ¡Anímate!

3

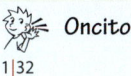 **Oncitos**

1|32

Azul
el cielo
miramos las nubes
ellas pasan allí arriba
horizonte

alegres
las flores
son para ti
blancas, rojas, amarillas, rosas
¡Gracias!

bonito
el sol
en tus ojos
paseamos por la playa
sonríes

gracioso
el pájaro
canta su canción
arriba en el árbol
ruiseñor

Las reglas para escribir un oncito:
Un oncito es un poema con once palabras sobre un tema.

una palabra (adjetivo / color)	¿Cómo es?
dos palabras (artículo + sustantivo)	¿Qué es?
tres palabras	¿Qué pasa?
cuatro palabras	más información
una palabra	resumen

2 a Ahora escribe tú un oncito y preséntalo a tus compañeros.

 b Organizad una exposición con vuestros oncitos y dibujos o fotos.

REPASO 1 UNIDADES 1–3

■■■ ESCUCHAR

1 a Escucha y haz apuntes: ¿qué dice Ana?

1|33

b Después Javi quiere saber todo. Elena le cuenta.
Escribe seis frases en estilo indirecto.
Utiliza tus apuntes de **a**.

Ejemplo: Ana dice que …

¿Qué dice Ana?

Dice que …

■■■ VOCABULARIO

2 ¿Qué están haciendo los chicos y las chicas? Escribe frases como en el ejemplo.
Utiliza los números ordinales.

Ejemplo: El primer chico está …

3 a Continúa la serie y escribe tres palabras más en cada serie.

1. jugar al balonmano – bucear – [•••]
2. la mano – la cabeza – [•••]
3. poner la mesa – hacer las camas – [•••]
4. la calle – el semáforo – la esquina – [•••]
5. la montaña – el horizonte – el bosque – [•••]
6. levantarse – ducharse – [•••]
7. el tiempo – la nube – el cielo – [•••]
8. [•••]

b Escribe ocho frases con las palabras de **a**. Utiliza palabras de cada serie.

■■■ PRACTICAR

4 Aitor habla con su madre. Completa el diálogo con las formas del pretérito perfecto.

Madre: ¿Qué tal [•••] (ser) tu primer día?
Aitor: Pues, … hoy casi [•••] (llegar) tarde al
    insti.
Madre: ¿Por qué? ¿Qué [•••] (pasar) esta
5   mañana?
Aitor: No [•••] (coger) la calle correcta y [•••]
    (tener) que preguntar a un señor.
Madre: ¡Ay, Aitor! ¿Y qué tal los profes?
Aitor: Bien. Mis compañeros y yo [•••] (recibir)
10   el horario nuevo. Y [•••] (quedar/yo) con
    dos compañeros en la piscina.

Madre: ¿Y qué [•••] (hacer) esta tarde?
Aitor: Esta tarde los chicos del insti y yo [•••]
    (jugar) al fútbol.
15 **Madre:** ¿Y ya [•••] (preparar) la mochila para
    mañana?
Aitor: No, todavía no [•••] (terminar) los deberes
    y no [•••] (escribir) el texto en mi cuaderno.
Madre: Bueno, entonces date prisa. Son las
20   nueve y ya [•••] (poner) la mesa para cenar.

cultativo · facultativo · facultativo · facultativo · facultativo · facultativo · facultativo · facultativo · facultativo

Repaso | Unidades 1–3

5 Completa con los pronombres de complemento indirecto.

«¿Qué [●●●] pasa?» – «[●●●] duele la cabeza.»

«¿No [●●●] gusta la película?»

Los chicos [●●●] cantan a Javi «¡Cumpleaños feliz!»

«¡Qué sorpresa! [●●●] ha escrito José Enrique de Costa Rica.»

«[●●●] gusta mucho jugar en la playa.»

«Oye, ¿[●●●] gusta ese chico?»

■■■ APRENDER MEJOR

6 a **Grammatik / Vokabeln besser lernen**
Suche dir ein Thema (gramática oder vocabulario) aus, das du gerne üben willst und entwirf eine eigene Übung dazu. Bereite für deine Übung auch ein Lösungsblatt vor.

> **Destreza**
> Um selbst Übungen zu gestalten, schau dir zunächst in deinem Buch und im Cuaderno de ejercicios an, welche Übungstypen es gibt (z. B. Lückenübungen, verdadero-falso-Übungen, Konjugationsübungen usw.) und welche am besten zu deinem Thema passen könnten. Denk dir nun eine eigene Übung aus und schreibe sie auf. Denke auch daran, die Lösungen auf ein Extra-Blatt zu schreiben.

b Besprecht zu dritt eure Übungen und lasst sie dann von einer anderen Gruppe bearbeiten. Wenn die Gruppe damit Probleme hat, könnt ihr als Expertenteam helfen.

■■■ BÚSQUEDA DE INFORMACIÓN

7 a Busca en internet un campamento de verano: ¿dónde está?, ¿cómo se llama?, ¿qué se puede hacer allí?
Presenta tu campamento a la clase.

b Imagina que tú estás en un campamento de verano. Escribe una postal a un/a amigo/-a español/a. Utiliza información de **a**.

ASÍ ES LA VIDA

¡ACÉRCATE!

Javi es casi siempre un chico alegre que se lleva bien con su familia y con sus amigos. Pero hoy no es su día …

1 — Javi, ¡levántate! Ya es tarde. — Vale, vale, ahora voy … — ¡Déjame dormir cinco minutos más, por favor!

2 — Javi, ¡pon la mesa, por favor! — ¡Pásame la leche! — Date prisa, hijo, ¡vas a llegar tarde al insti! — Ay, ¡por favor! ¡Tengo tiempo de sobra!

3 — Adiós, Javi, un beso. ¡Sé un buen chico! Y … ¡ponte el abrigo! — Mamá, ¡basta ya! Ya no soy un niño.

4 — ¡Hazme el favor y ten cuidado con mi mochila! — Ay, Sarah … ¡cállate y vete!

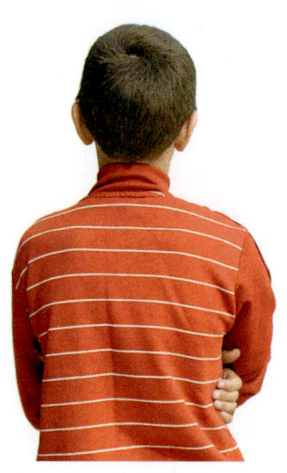

5 — A ver, Javi, ven a la pizarra y dime: ¿dónde está el valle de Ayora en el mapa? — Y yo qué sé … ¿Ahora qué le digo?

6

Javi, ¡siéntate y quédate un rato más con nosotros!

Vale, vale ya voy …

7

He quedado con Rafa para jugar al fútbol el sábado. ¿Vienes también? Anda, … ¡apúntate!

Vamos a ver … tal vez sí.

¿El fútbol y yo? … ¡Estás loco!

8

¡Duerme bien! ¡Y apaga la luz pronto!

Buenas noches, papá … Leo un poco y ya está, ¿vale?

¡Uf! ¡Ya no aguanto más!

■■■ **COMPRENDER**

▶ 27|1 **1** Cuenta el día de Javi.

Por la mañana
En clase
A la hora de comer
Después de las clases
Por la noche

desayunar con …
charlar con …
estar aburrido porque …
salir de casa para …
volver a casa con …
ir a …
no *saber* …
estar en la cama
levantarse tarde
leer un libro

■■■ **DESCUBRIR**

2 a Busca en el texto el imperativo de estos verbos.
▶▶ Resumen 2, p. 54

> darse prisa   levantarse   callarse   irse
> sentarse   ponerse   quedarse   apuntarse

b Wo steht das Reflexivpronomen beim Imperativ?

3 a Mira los dibujos. ¿Qué pueden decir las personas? Utiliza el imperativo. ▶▶ Resumen 2, p. 54

27|2
28|3
28|4

| irse dejar callarse ponerse levantarse darse prisa apuntarse sentarse |

   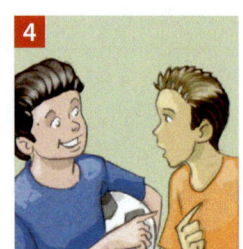

b Escucha y compara con tus frases.

1|35

4 Completa el texto con las formas correctas de los adjetivos.

30|5

Javi: ¡Dígame!
Elena: Hola, Javi, soy yo, Elena. ¿Qué estás haciendo?
Javi: Tengo que hacer tres ejercicios muy [●●●] para mañana y aprender los
verbos de Inglés …   aburrido/-a

5 **Elena:** ¿Y después? ¿Por qué no vamos [●●●] por la tarde a la piscina?   junto/-a
Javi: No sé, … estoy [●●●] y además yo no soy muy [●●●] … Prefiero leer. cansado/-a, deportista
Elena: Tío, no es [●●●] estar todo el día en casa. Los libros son [●●●], ¡pero los   bueno/-a, interesante
amigos son [●●●]! Después de la piscina vamos a la plaza. Sarah y Ana   divertido/-a
vienen con sus perros, son muy [●●●] y muy [●●●]. ¡Javi! ¡Ven con nosotras! gracioso/-a, inteligente
10 **Javi:** Vale, vale, … ¡Hasta luego!, nos vemos en la plaza.

 5 Da órdenes a tus compañeros/-as. Utiliza el imperativo.

29|3

Nina, ¡levántate!

Markus, [●●●]

Melanie, ¡apaga la luz!

 6 Seguro que tú también estás a veces harto/-a de tus amigos, del insti, de tus padres … Da
ejemplos y describe un día como el de Javi en el texto, p. 46/47.

A ¡ESTOY HARTO!

1|36
1|37

> Mira el móvil de Javi, ¡es más grande que un ladrillo!

> Oye, tío, éste es el modelo más moderno de todo Alicante. Además, ¡no estoy hablando contigo!

> ¡Cállate, Arturo! Este móvil es mejor que esa tortuga vieja que tienes tú.

Después de las clases, los amigos discuten el problema de Javi.

Javi: Es verdad, mi móvil es tan grande como una cabina telefónica. Es el peor del insti. ¡Qué
5   vergüenza! Necesito más paga para comprar uno nuevo.

Esteban: ¿Qué dices? Tu móvil no es peor que éste. Bueno, el de Elena es un poco más pequeño, pero es que es más nuevo.

10 **Elena:** ¿Y qué? Mi móvil es más nuevo, pero tengo que pagar mis llamadas y mis mensajes con mi paga … ¡por eso yo no tengo nunca dinero a final de mes! ¡Mejor un móvil viejo y más dinero para hablar por teléfono!

15 **Sarah:** Chicos, ¿qué tonterías estáis diciendo? Mirad mi móvil. Es el más viejo de todos y ¿sabéis que? ¡Me da lo mismo! Además mi amiga Anna de Hamburgo no tiene móvil porque dice que no quiere gastar
20   dinero en eso.

Un rato después en casa de Javi …

Javi: Mamá, necesito un móvil nuevo. Este es muy viejo y muy feo.

25 **Madre:** Pero Javi, ¿qué dices? Tu móvil está perfecto, ¿qué más quieres?

Javi: ¿Perfecto? Es más viejo que el reloj de la abuela, no tiene ni mp3, ni juegos, ¡ni … nada!

Madre: ¿Y qué más da? Un móvil es para hablar y no
30   para jugar. Mira Javi, puedes esperar un par de semanas. Yo tengo que cambiar mi móvil y te doy el móvil viejo. Y eso es mejor que nada, ¿no?

Javi: Pero Rafa tiene uno nuevo y yo no. ¡Como siempre!

Madre: Mira, Rafa no tiene una bicicleta nueva y tú
35   sí. Y tu bicicleta es más cara que su móvil. Además, tú no tienes que pagar la cuenta del móvil con tu paga, en cambio Rafa sí. Y, por último, Rafa es mayor que tú. Tú no necesitas un móvil tan bueno como el de tu hermano.
40   Entonces, ¿quién tiene ya más privilegios, eh?

Javi: ¡Siempre lo mismo! Rafa es mayor que tú … tú eres menor que él … Rafa tiene las mejores notas, tú tienes las peores … Rafa es el mejor de la familia … Rafa, Rafa, Rafa … ¡Yo no soy menos
45   inteligente que él! Y en el insti todos me dan la lata porque mis cosas son las más viejas y las más feas. Y yo soy el más tonto de todos. ¡Estoy harto!

■■■ COMPRENDER

29|1
29|4

1 a Lee el texto y elige el final correcto de las frases.

1. Javi no está contento porque …
   [a] no tiene móvil.
   [b] su móvil es viejo y es muy grande.
   [c] quiere más paga.
2. Todos sus amigos …
   [a] necesitan más paga.
   [b] pagan sus llamadas con su paga.
   [c] tienen un móvil.
3. Elena no tiene dinero a final de mes porque …
   [a] se ha comprado un móvil nuevo.
   [b] tiene que pagar sus llamadas.
   [c] quiere comprar una bicicleta nueva.

4. La madre de Javi dice que …
   [a] Rafa necesita una bicicleta nueva.
   [b] quiere comprar un móvil nuevo para Javi.
   [c] no es importante tener un móvil moderno.
5. Javi piensa que …
   [a] sus amigos son más inteligentes.
   [b] Rafa tiene más privilegios que él.
   [c] el móvil de su madre es mejor que nada.

b Escribe una frase sobre el texto **A** con tres finales. Tu compañero/-a elige el final correcto.

2 a Traduce las frases.   ▶▶ Resumen 3, p. 54
Juan es más alto que Mario.
Mario es menos alto que José y Juan.
José es tan alto como Juan.

b Wie vergleicht man im Spanischen?

c Zu welchen Adjektiven gehören die Formen
mejor und peor?   ▶▶ Resumen 3, p. 54
El móvil de Rafa es **mejor** que el móvil de Javi.   Tu móvil no es **peor** que éste.

Juan   José   Mario

30|6b **3**   Compara. Utiliza el comparativo.
▶▶ Resumen 3, p. 54
Ejemplo: 1. La bici de Javi es más nueva que la
bici de Rafa.

Denke daran, die Adjektive den
Nomen anzupassen!

1 la bici / nuevo (+)

2 el libro / interesante (–)

3 los vaqueros / la chaqueta / caro (=)

45€   45€

4 Clara / Paula / el helado / grande (+)

5 Clara / Paula / los deberes / difícil (–)

6 el perro / pequeño (+)

7 Esteban / Javi / estar nervioso (=)

8 Javi / Rafa / inteligente (=)

b Compara dos asignaturas / comidas / deportes /
mascotas / [●●●]. Puedes utilizar:

Ejemplo: Una manzana es más sana que un
helado.

aburrido/-a   bonito/-a   difícil   divertido/-a
elegante   fácil   gracioso/-a   inquieto/-a
travieso/-a   inteligente   interesante
peligroso/-a   pequeño/-a   sano/-a
simpático/-a   tranquilo/-a   …

4 a Completa las frases con una forma del verbo dar.   ▶▶ Resumen 5, p. 54

1. He terminado mis deberes. ¿[●●●] (nosotros) un paseo¹ por la plaza?
2. Elena le [●●●] leche al gato de su abuela.
3. Oye, yo te [●●●] el libro de *Harry Potter* y tú me dejas la película, ¿vale?
4. Javi: «Sarah y Elena, luego le [●●●] la lista de la compra a Esteban.»
5. Los compañeros en el recreo le [●●●] la lata a Javi.
6. Ana, ¿me [●●●] el estuche, por favor?   1   dar un paseo *einen Spaziergang machen*

1|38

b Escucha. Compara y corrige las formas del verbo.

▶ 30|6a
31|7

5 Cuenta tú y utiliza el superlativo (más / menos + adjetivo) como en el ejemplo.   ▶▶ Resumen 4, p. 54
Ejemplo: para mí las actividades **menos difíciles** son ir en bici y chatear.

| Para mí,
Creo que | las actividades
la película
el libro
el cedé
el día de la semana
el animal
la montaña
la ciudad | más
menos | viejo/-a aburrido/-a fácil
pequeño/-a divertido/-a
alto/-a
peligroso/-a interesante
difícil
importante grande | es [●●●].
son [●●●]. |

1|39
DELE

6 Copia la tabla en tu cuaderno. Después escucha y marca con una equis (x).   ▶▶ Resumen 4, p. 54

	Pablo	Ana
el mejor amigo / la mejor amiga	X	
el / la menor de los amigos		
las mejores notas		
el / la más deportista de la clase		
los cedés más interesantes		
los chistes más divertidos		

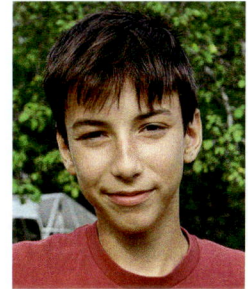

7 Preparad adivinanzas como en el ejemplo.

Es mayor que Tanja y sabe cantar muy bien.
Es la mejor en música – ¿quién es?

¿Es Nina?

■■■ **VOCABULARIO**

8 a Forma parejas. Hay varias posibilidades.
Ejemplo: pagar la cuenta

| pagar
tener
apagar
estar
dar
pasar
llevar | el libro   por casa de …   loco/-a
la leche a …   un beso   enfermo/-a
la luz   las llamadas   privilegios
tiempo de sobra   un abrigo
la cuenta   perfecto/-a   el ordenador
la lata |

b Escribe seis frases con las expresiones de **a**.

9 Wörter umschreiben

a Explica en español.

| la asignatura | callarse | la paga |

| tener tiempo de sobra |

b Busca otra palabra en la lista alfabética y explícala a tus compañeros/-as.
Ellos / Ellas tienen que adivinarla.

Destreza
Du traust dich nicht, etwas auf Spanisch zu sagen, weil dir ein Wort nicht einfällt?
Nur Mut! Es gibt meistens mehrere Möglichkeiten, ein Wort zu umschreiben.

majo: Esta palabra significa **simpático**.
el abrigo: Es algo como una chaqueta.
feo: Es el contrario de **bonito** o **guapo**.
una tortuga: Es un animal que …
un amigo: Es una persona que …
una bici: Tomas / Utilizas esta cosa para …

■■■ **ESCUCHAR**

1|40

10 a Escucha y después corrige las frases falsas.
1. Teresa ayuda a veces a la vecina: una vez a la semana hace la compra para ella.
2. Míriam gasta toda su paga en ropa y cedés. Por eso no tiene nunca dinero a final de mes.
3. Luis tiene que pagar todas las cosas del insti con su paga: cuadernos, bolis, lápices …
4. Pedro cuida a veces el gato de su abuelo.
5. Pablo recibe dos euros cuando tiene buenas notas.
6. Ana siempre tiene toda su paga a final de mes. No compra casi nada con su paga.

b ¿En qué gastáis vuestra paga? Discutid y haced una lista en la pizarra.

c Comparad: ¿en qué gastan los chicos en España su paga? Utiliza: gastar más / menos / lo mismo[1] que …

| recarga[2] del movil (30 %) | ahorrar[3] dinero (25 %) | ropa (25 %) | comida (10 %) | revistas (10 %) |

1 lo mismo *dasselbe*
2 la recarga *Wiederaufladen*
3 ahorrar *sparen*

■■■ **ACTIVIDADES**

▶ 31|8

11 Preparad cinco eslóganes como en el ejemplo. Podéis utilizar:

| zapatillas de deporte   bicicleta
móvil   reloj
ordenador   gafas de sol
mochila
bolígrafo   [•••] |

| barato   caro   cómodo   bueno
bonito   moderno   [•••] |

¡Las gafas de sol más modernas son las gafas de sol SOLARLUX!

B   TENER HERMANOS: ¿QUÉ SIGNIFICA¹ PARA TI?

Lo mejor ...

Sólo tengo un hermano mayor que yo, y este año se va a la universidad, así que no le voy
5 a dar más la paliza². Creo que tener hermanos «es lo mejor». Parece una tontería, pero ahora muchos padres son «viejecillos»³ cuando tienen hijos y sólo tienen
10 uno. Entonces miman a este hijo o hija más y le dan más caprichos⁴ … Parece que los hijos únicos⁵ son felices, pero yo creo que les falta algo, como por
15 ejemplo … un hermanito⁶.

Alicia, 13 años

Discutir todo el día, pero ...,

Con mi hermano me estoy peleando⁷ todo el día, casi siempre por tonterías. Además,
20 también tenemos que compartir habitación y no nos ponemos de acuerdo: cuando uno quiere poner música, el otro quiere leer, etc. Pero, al final, no podemos
25 estar el uno sin el otro y, si no nos vemos durante unos días, empezamos a echarnos de menos⁸.

Carlos, 14 años

Poder compartir

30 Entre hermanos hay que compartir muchas cosas, pero, en mi caso, a veces es muy difícil porque somos muy diferentes. Pero está claro que me gusta
35 tener un hermano ¡al que le puedo contar todo!

Marisa, 13 años

Diversión

Creo que es mejor tener uno o varios hermanos que ser hijo
40 único. Es mucho más divertido cuando, en casa o durante las vacaciones, puedes estar con ellos y conocer⁹ a sus amigos y jugar también con ellos … En mi
45 casa siempre hay gente¹⁰, así que es difícil aburrirse¹¹.

Diana, 14 años

¡Tan malo no es!

Yo no tengo hermanos, pero tengo varios primos con los que
50 paso siempre las vacaciones de verano. Mi prima Alejandra está en la misma escuela que yo y tenemos muchos amigos en común. A veces hasta
55 estudiamos juntos. Mi primo Sergio es un año mayor que yo, pero nos llevamos súper bien. ¡Él sí que es como un hermano para mí! Bueno, y cuando estoy
60 solo en mi habitación y sé que es para mí y que nadie me molesta¹² allí …, entonces … ¡tan malo no es!

Quique, 13 años

en: Okapi (2007), texto adaptado

---

1 significar *bedeuten*	5 los hijos únicos *Einzelkinder*	9 conocer *kennen, hier kennenlernen*
2 dar la paliza *hier: nerven*	6 el hermanito *Geschwisterchen*	10 la gente *die Leute*
3 viejecillos *alt*	7 pelearse con *streiten mit*	11 aburrirse *sich langweilen*
4 le dan más caprichos *etwa: sie erfüllen ihm jeden Wunsch*	8 echar de menos *vermissen*	12 molestar *stören*

■■■ COMPRENDER

1 ¿Qué es mejor, ser hijo único o tener hermanos? Ordena los argumentos del texto en una lista.

+	−
[•••]	[•••]⁷

■■■ ACTIVIDADES

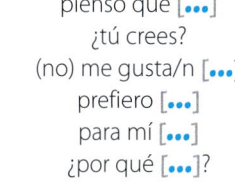
DELE

2 Discutid: ¿es mejor tener hermanos o no? Utilizad:

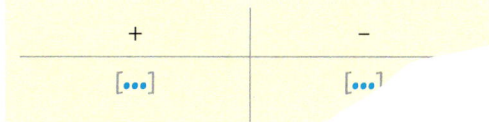

pienso que [•••]	a veces [•••]	
¿tú crees?	[•••] pero [•••]	por supuesto
(no) me gusta/n [•••]	[•••], en cambio [•••]	estoy hasta las narices de [•••]
prefiero [•••]	[•••] porque [•••]	estoy harto/-a de [•••]
para mí [•••]	por último [•••]	me gustaría [•••]
¿por qué [•••]?	me da lo mismo	¿y qué más da?

RESUMEN DE GRAMÁTICA

GH 18|16 **1** **Imperativos irregulares | Unregelmäßige Imperative**

ser:	¡**Sé** un buen chico!	poner:	¡**Pon** la mesa!
decir:	¡**Di** siempre la verdad!	venir:	¡**Ven** a casa!
ir:	¡**Ve** temprano a la escuela!	tener:	¡**Ten** cuidado!
hacer:	¡**Haz** tus deberes!	salir:	¡**Sal** de aquí!

Der Imperativ mit vosotros ist regelmäßig. Bilde die entsprechenden Formen.

GH 19|17 **2** **Los pronombres me y te con el imperativo | Die Pronomen me und te beim Imperativ**

¡Escríbe**me**!	¡Levánta**te**!
¡Haz**me** un favor!	¡Siénta**te**!
¡Di**me** la verdad!	¡Pon**te** el abrigo!

Bilde Imperative: ¿Me das tu número?, ¿Por qué no te callas?, ¿Por qué no te duchas?

GH 20|18 **3** **El comparativo | Der Komparativ**

El móvil rojo es	**más**	grande	**que**	el móvil azul.
Pero también es	**menos**	caro	**que**	el móvil azul.
El móvil rojo no es	**tan**	moderno	**como**	el móvil azul.

⚠️ Javi es **mejor que** Esteban en Inglés.   … besser als …
Esteban es **peor que** Javi en Inglés.   … schlechter als …

Esteban es **mayor que** Clara.   … älter als …
Clara es **menor que** Esteban.   … jünger als …

GH 21|19 **4** **El superlativo | Der Superlativo**

♂

el chico	**más**	activo
los chicos	**más**	activos

el libro	**menos**	caro
los libros	**menos**	caros

♀

la chica	**más**	activa
las chicas	**más**	activas

la cedé	**menos**	cara
las cedés	**menos**	caras

⚠️ **bueno**

el	**mejor**	alumno
los	**mejores**	alumnos

la	**mejor**	alumna
las	**mejores**	alumnas

Wie lautet der Superlativ von malo? Bilde ein Schema wie bei bueno.

GH 18|15 **5** **El verbo dar | Das Verb dar**

Mira, te	**doy**	mi número de teléfono.
Oye, ¿me	**das**	el libro, por favor?
El profesor nos	**da**	demasiados deberes.
¿Qué le	**damos**	mañana a Raúl?
Mamá, papá, ¿me	**dais**	más paga, por favor?
Mis abuelos siempre me	**dan**	muchos caramelos.

cultativo · facultativo · facultativo · facultativo · facultativo · facultativo · facultativo · facultativo · facultativo

¡Así es la vida | ¡Anímate!

4

¡ANÍMATE!

1|41

Bailar

Bailar[1], cuando todo está mal
cuando quiero estar ahí
pero no puedo.
Bailar, cuando todo sigue igual
5   cuando busco una razón[2]
y no la encuentro.

Bailar, cuando todo está mal
bailar, cuando todo sigue igual
bailar al compás[3] de la canción que más me gusta[4].

10   Bailar, cuando todo me va mal
cuando quiero estar mejor pero no puedo.
Bailar cuando todo me da igual[5]
y no me gusta lo que[6] veo en el espejo[7].

Bailar, y olvidarme[8] de quién soy.
15   Bailar, sin saber con quién estoy.
Bailar, al compás de la canción que más me gusta

Bailar, y olvidarme de quién soy.
Bailar, y que me lata el corazón[9].
Bailar al compás de esa canción que no se acaba[10].
20   Bailar y ver como el sol se esconde[11].
Bailar y encontrarme con la noche
Bailar al compás de la canción que más me gusta.

Cuando todo está mal, cuando todo sigue igual,
cuando todo lo que vivo deja de tener sentido[12].
25   Y yo quiero estar allí pero no puedo
cuando todo me va mal, cuando todo me da igual
cuando en todo lo que creo, se convierte[13] en un reflejo[14]
y no me gusta lo que veo en el espejo.

© Jarabe de Palo: Bailar

1   bailar   *tanzen*
2   la razón   *der Grund*
3   el compás   *hier: der Rhythmus*
4   que más me gusta   *das mir am besten gefällt*
5   me da igual   *etw. ist mir egal*
6   lo que   *das was*
7   el espejo   *der Spiegel*
8   olvidar(se)   *vergessen*
9   que me lata el corazón   *dass mein Herz klopft*
10 acabarse   *aufhören*
11 esconderse   *sich verstecken*
12 tener sentido   *Sinn haben*
13 convertirse   *sich verwandeln*
14 el reflejo   *der Widerschein, das Abbild*

1   ¿Para ti «Bailar» es una canción triste[1] o alegre? ¿Por qué? Puedes contestar en alemán.

2   ¿A ti te gusta bailar? ¿Cuándo y dónde bailas?

1   triste   *traurig*

¡VEN A CENTROAMÉRICA!

¡ACÉRCATE!

1|42

Elena: Esteban, ¿sabes el nombre de una capital de Centroamérica?
Esteban: ¿Un nombre? ¡Los sé todos!
Sarah: ¿A quién le toca?
Javi: Me toca a mí.
Esteban: Mentira, Javi, no es tu turno. Le toca a Elena, ¡estás haciendo trampa!

Elena: ¿Quién sabe la respuesta?
Esteban: Yo la sé …, ¡pero no la digo!
Sarah: Ay … ¿Cómo se llama el lago? … ¡No me acuerdo! ¡Dame una pista!
Javi: Yo lo veo en el mapa.

Elena: ¿Las sabes?
Esteban: ¿Qué? ¿Las respuestas? No.
Sarah: Javi, ¿cuántos quetzales tienes?
Javi: Tengo diez. ¡He ganado!

▶ 34|1   **1**   Busca en los diálogos todas las expresiones para jugar a un juego y haz un mapa mental en tu cuaderno.

¿Qué otros pájaros de la región conoces, además del quetzal? Di dos más.
▶ **2 quetzales**

¿Cuál es la lengua oficial de Belice?
▶ **3 quetzales**

¿Con qué país limita al sur Panamá?
▶ **1 quetzal**

¿Cuál es el país más grande de Centroamérica?
▶ **1 quetzal**

¿Dónde está Tortuguero?
▶ **1 quetzal**

 2   **¡A jugar! Reglas del juego:** Necesitáis un dado y, por jugador/a, una ficha.
Empezáis en «Salida».
Por cada respuesta correcta ganas quetzales y puedes tirar otra vez.
¿No la sabes o llegas a una capital? Entonces sigue tu compañero/-a.
¡El / La primero/-a que tiene 10 quetzales gana!

Du kannst die Antworten auch im Pequeño diccionario (S. 151) und auf der Karte von Centroamérica nachschauen.

Salida

México

Belice

Belmopán

¿Cuáles son las capitales de todos los países de Centroamérica?
▶ **4 quetzales**

¿En qué país hay un canal muy importante?
▶ **1 quetzal**

Volcán Tajumulco

atemala

San Salvador

El Salvador

Honduras

OCÉANO ATLÁNTICO

Ciudad de Guatemala

Tegucigalpa

¿Qué país no limita con el Océano Atlántico?
▶ **2 quetzales**

Nicaragua

Lago de Managua

Managua

Lago de Nicaragua

Di el nombre de dos productos de la región.
▶ **1 quetzal**

OCÉANO PACÍFICO

San José

Tortuguero

Costa Rica

¿Cómo se llama el lago más grande de Centroamérica y en qué país está?
▶ **2 quetzales**

Panamá

Ciudad de Panamá

Canal de Panamá

Colombia

el norte

el oeste   el este

el sur

¿Cuál es el país más pequeño de Centroamérica?
▶ **1 quetzal**

¿Qué es el Tajumulco?
▶ **3 quetzales**

3 Busca las palabras y escríbelas en tu cuaderno con su artículo determinado.

4 Mira otra vez el mapa de Centroamérica en las páginas 56 / 57. Elige uno de los países y describe dónde está y qué más hay allí.

Ejemplo: Nicaragua está al norte de Costa Rica y al sur de Honduras. En Nicaragua está el lago más grande de Centroamérica. Se llama …

■■■ DESCUBRIR

5 a Wofür stehen die Pronomen in den folgenden Sätzen? | Busca las frases en los diálogos de las páginas 56 / 57. ▶▶ Resumen 4, p. 66

Ejemplo: 1. ¡Los sé todos! = los nombres de las capitales

1. ¡Los sé todos!
2. ¡Yo la sé … pero no la digo!

3. Yo lo veo en el mapa.
4. ¿Las sabes?

b Ergänze die Regel und notiere in dein Heft:

Wenn das direkte Objekt männlich ist, wird es im Singular durch [•••] und im Plural durch [•••] ersetzt.
Wenn das direkte Objekt weiblich ist, wird es im Singular durch [•••] und im Plural durch [•••] ersetzt.

■■■ PRACTICAR

6 Los chicos quieren empezar a jugar. Utiliza para las respuestas un pronombre de complemento directo. ▶▶ Resumen 4, p. 66

Ejemplo: – ¿Quién hace la lista con las respuestas? – Sarah la hace.

¿Quién	hace la lista con las respuestas?
	tiene los dados?
	sabe las reglas del juego?
	tiene las fichas?
	ve un quetzal en el mapa?
	dice la primera respuesta?
	necesita un boli?

> Sarah   Esteban   Elena
> Javi   yo

7 Formula preguntas, tu compañero/-a contesta. ▶▶ Resumen 2, p. 66

¿Cuál es ¿Cuáles son	la ciudad más grande de el río más largo de el lago más grande de el plato típico más rico de los países que limitan con	tu país? tu región?
	las ciudades que están más cerca de …	tu pueblo / ciudad?

A UNA EXPOSICIÓN

¡Anímate y conoce Centroamérica!

Programa del sábado

1|43
1|44

16 h Inauguración de la exposición

17 h Lectura de cuentos centroamericanos

18 h Merienda con platos típicos de Centroamérica

19 h Fiesta y baile

Desde hace días el Centro 14, una asociación juvenil de Alicante, es como una colmena, llena de actividades y reuniones. A partir de este sábado va a haber una exposición sobre Centroamérica. Paula, la hermana
5 mayor de Esteban, y un grupo de chicos la han organizado. Para ella, prepararla es importante porque dice que significa «traer un pedacito de mi país a España». Los chicos han preparado un montón de carteles con mapas, fotos y textos sobre Centro-
10 américa y los han colgado por toda la sala. Pero en tres horas empieza la inauguración y todavía hay que hacer muchas cosas. Paula está bastante nerviosa.

Paula: Marina, ayúdame, por favor. Lleva los carteles a la otra esquina y cuélgalos junto a las cosas de
15 Nicaragua y Costa Rica.

Marina: ¿Cuáles? ¿Esos de ahí o aquellos?

Paula: Aquellos carteles de allí, ¿los ves? Están al lado de la puerta. Y después ayudas a Elena, ¿vale?

20 **Marina:** Pero, ¿quién es Elena?

Paula: ¿Ves aquella chica que está poniendo la mesa? Aquella es Elena.

En Alicante viven muchas familias de Centro-américa y todas quieren ayudar: han preparado
25 platos típicos para venderlos en la fiesta de inauguración. El padre de Esteban ha traído carteles sobre la región. Para la fiesta de inauguración, todos los chicos van a llevar trajes típicos. Cada país de Centroamérica tiene un traje
30 típico que la gente lleva en fiestas nacionales. También Esteban tiene que llevar uno … y ahora, dos horas antes de la inauguración, el chico empieza con sus historias.

Esteban: Paula, ¿estás loca? ¡Yo no me pongo un
35 traje de éstos ni por todo el dinero del mundo!

Paula: Pero Esteban, ¡yo no te pido nunca favores! ¡Hazlo por mí!

Esteban: ¿Qué? ¿No me pides nunca favores?
40 Además, ponerse un traje típico no es un favor, ¡qué vergüenza! ¡Ni loco! ¡Llévalo tú y déjame en paz!

36|1 **1** Termina las frases.

1. Hoy Paula está bastante nerviosa. Es que [**...**].
2. Esta exposición es importante para ella y sus amigos porque [**...**].
3. Los chicos quieren presentar sus países. Por eso [**...**].
4. La exposición va a empezar pronto, pero [**...**].
5. Primero es la inauguración a las cuatro, después [**...**] y al final [**...**].
6. Las familias de Centroamérica que viven en Alicante también quieren ayudar y [**...**].
7. Esteban está harto porque [**...**].

■■■ ¡ACUÉRDATE!

38|6 **2 a** Completa con una forma de este.

¿Quieres

[**...**] libro y [**...**] cedés?
[**...**] pelota y [**...**] camisa?
[**...**] gafas de sol y [**...**] vaqueros?
[**...**] lápices y [**...**] estuche?
[**...**] caramelos y [**...**] piñata?
[**...**] revistas y [**...**] cómics?

b Contesta las preguntas de **a** y utiliza una forma de ese.
Ejemplo: No, prefiero [**...**] libro y [**...**] cedés.

■■■ PRACTICAR

1|45

3 a Escucha los diálogos y después contesta: ¿quiénes son Paco, Teresa y Ana?   ▶▶ Resumen 3, p. 66

b Mira el dibujo de **3a** y continúa el diálogo entre Esteban y Javi. Utiliza una forma de ese o aquel.

¿Conoces a	ese/-a	chico/	de ahí?
	aquel/la	chica	de allí?

A ese chico	que lleva [...].
[...]	que está hablando con [...].
[...]	a la izquierda de [...].
A aquella chica	

– ¿A cuál?

– Sí, es [...].

39|8 **4** Completa las frases con una forma de los verbos traer o llevar.

Carlos, ¿qué tal? Te [...] los deberes.

Hija, ¿[...] este pastel a la cocina?

Ven, Chucho, ¿me [...] la pelota?

No, no tengo tiempo, tengo que [...] la compra a casa.

¿Qué [...] ahí?

¿[...] las pelotas al instituto, por favor?

38|7 **5** Completa con una forma del verbo pedir.   ▶▶ Resumen 1, p. 66
1. Javi quiere un móvil nuevo y por eso le [...] más paga a su madre.
2. Vamos a tomar algo, chicos. ¿Qué [...] (nosotros)?
3. ¿Y qué [...] tú para comer?
4. Han llamado Sarah y Ana. Nos [...] un favor …
5. ¿Una bicicleta y un móvil? ¡Estáis locas! ¡Vosotras [...] demasiado!
6. Sólo te [...] un favor: ¡dame los deberes de Mates!

6 Prepara las fichas de los verbos conocer, pedir, llevar y traer para tu bolso de los verbos.

37|3
37|4

7 Completa las frases con un pronombre de complemento directo. ▸▸ Resumen 4, p. 66

1 Mira este ejercicio, no [•••] comprendo.

2 ¿Dónde están Sarah y Javi? No [•••] veo.

3 Javi, Rafa – [•••] necesito para ordenar esta habitación.

4 ¿Tus gafas son nuevas? ¿Dónde [•••] has comprado?

5 Estoy buscando mi mochila. ¿[•••] tienes tú?

6 ¡A ti [•••] conozco! ¿No eres el hijo mayor de Ana María?

7 Tengo prisa. ¿[•••] llamas esta tarde?

8 Creo que no [•••] entiende.

38|5

8 a Los padres de Paula, Esteban y Clara han dejado una lista de tareas[1] para los chicos. Preparad frases como en el ejemplo, después interpretad la escena. ▸▸ Resumen 4, p. 66

Denk daran die Akzente richtig zu setzen.

1 las tareas *die Aufgaben*

Lista de tareas:

1. buscar las gafas de sol
2. ordenar las habitaciones
3. limpiar el baño
4. colgar la ropa en el armario
5. hacer las camas
6. fregar los platos
7. poner la mesa
8. comprar el regalo para el abuelo
9. comprar la leche para el fin de semana
10. preparar una tortilla para la cena
11. llamar a la tía María

Las gafas ... ¡tienes que buscarlas tú, Esteban!

Las habitaciones ... ¿puedes ordenarlas tú, Clara?

¡Búscalas tú, Paula!

¡Ordénalas tú!

1|46

40|10

b Escucha. ¿Por qué los hermanos no están de acuerdo? Después inventa cómo continúa y escribe el texto en tu cuaderno. Puedes utilizar:

no tener ganas   estar harto/-a   no tener tiempo porque [•••]   tener que hacer otra cosa
me da lo mismo   ser muy tarde   estar hasta las narices   me duele [•••]   [•••] y para colmo [•••]
ser un mandón / una mandona[1]

1 el mandón / la mandona *herrschsüchtige Person*

40|11 **9** Contesta las preguntas como en el ejemplo. Utiliza el pretérito perfecto y los pronombres de complemento directo. ▶▶ Resumen 4, p. 66

Ejemplo: 1. ¿Has ayudado a Paula? – Yo no, Sarah la ha ayudado.

1. ¿Has ayudado ya a Paula?	yo no / Sarah
2. ¿Ha puesto Elena ya la mesa?	todavía no
3. ¿Habéis colgado ya los carteles en la sala?	sí, por toda la sala
4. ¿Te ha llamado ya Sarah?	no
5. Pues, ¿quién ha traído los carteles?	el padre de Esteban
6. ¿Has visto ya las fotos de San José?	todavía no
7. ¿Has llamado ya a tus amigas?	sí / esta tarde
8. ¿Habéis escrito ya el programa?	todavía no
9. Pues, ¿quién os ha llevado al centro?	la madre de Esteban / en coche

■■■ VOCABULARIO

10 a Relaciona.

pedir	en paz
dar	con historias
dejar	un favor
recordar	una pista
hacer	los nombres
empezar	trampa

b Escribe un texto con las expresiones de **a**.

■■■ ESCUCHAR

11 a Mira la foto. Formula preguntas sobre la chica como en el
40|9 ejemplo y apúntalas en tu cuaderno. Puedes utilizar:

¿qué?	¿dónde?	¿quién/es?
¿cuál/es?	¿de dónde?	¿por qué?
¿cómo?	¿adónde?	¿cuántos/-as?

Ejemplo: ¿Quién es la chica de la foto?
¿Dónde vive?

1|47 **b** Escucha una vez y busca la información para contestar cinco
preguntas que has apuntado. ¿Cuáles puedes contestar?

1|47 **c** Escucha otra vez: ¿qué más comprendes?

■■■ BÚSQUEDA DE INFORMACIÓN / PROYECTO

12 En grupos de 3 ó 4 elegid un país de Centroamérica. Primero buscad información sobre el país,
P después, preparad una exposición. Uno/-a del grupo (el / la experto/-a) presenta «su» país a los
40|12 demás y contesta las preguntas de sus compañeros.

naturaleza[1] música sitios interesantes gente
animales geografía comida típica …

1 la naturaleza *die Natur*

EL PARQUE NACIONAL[1] TORTUGUERO

1|48
1|49

José Enrique: Don Joaquín[2], usted trabaja en el parque nacional Tortuguero. ¿Dónde está el parque y cómo es?

Don Joaquín: El parque nacional Tortuguero
5 está en la costa del Caribe, en el noreste de Costa Rica. Está a sólo 40 kilómetros de la frontera[3] con Nicaragua y tiene un poco más de 300 kilómetros cuadrados.

José Enrique: Huy, ¡qué grande! Y ¿por qué se
10 llama así el parque?

Don Joaquín: Tortuguero significa: «el lugar adonde vienen las tortugas» y así es exactamente. Las tortugas verdes viven en el mar[4] y sólo vienen aquí entre los meses de
15 julio y octubre para poner sus huevos en la playa. Después de tres meses nacen[5] los bebés-tortuga. Y cuando salen de sus huevos, empiezan en seguida a correr hacia el mar. Es un espectáculo maravilloso, pero para los
20 bebés-tortuga este camino es muy peligroso.

José Enrique: ¿Peligroso? ¿Por qué?

Don Joaquín: Porque hay muchos animales, como perros y pájaros, que intentan

capturarlos[6]. Bueno, y también la gente de aquí y los turistas lo intentan a veces. 25

José Enrique: Pero ustedes hacen algo para proteger[7] las tortugas, ¿verdad?

Don Joaquín: ¡Claro que sí! Cuidamos mucho las tortugas durante esos meses. Por otro lado, organizamos excursiones educativas con 30 pequeños grupos de turistas. Ahí ellos aprenden mucho sobre las tortugas y también cómo cuidarlas.

José Enrique: ¿Qué otros animales viven aquí en el parque? 35

Don Joaquín: En Tortuguero puede observar monos, perezosos, ranas, tucanes, cocodrilos y muchos otros animales.

la tortuga

la rana

el mono

el perezoso

el tucán

José Enrique: Pero, visitar el parque no es peligroso, ¿o sí? 40

Don Joaquín: No, no es peligroso, pero no puede ir solo por ahí, sólo en grupo o con un guía.

---

1 el parque nacional *der Nationalpark*
2 Don / Doña + *Vorname* *höfliche Anrede (Lateinamerika)*
3 la frontera *die Grenze*
4 el mar *das Meer*

5 nacer *geboren werden*
6 intentan capturarlos *versuchen sie zu fangen*
7 proteger *schützen*

José Enrique: Bueno …y ¿hay otras cosas interesantes que ver o visitar aquí?

45 *Don Joaquín:* Sí, por supuesto. Por ejemplo puede hacer un paseo en bote[8] por los canales del parque. Otro atractivo de la zona es la excursión al cerro[9] Tortuguero. Allí hay una vista[10] increíble de las playas y los canales. Y

50 por último también está el pequeño pueblo de Tortuguero. Allí puede comprar artesanías[11] o buscar información sobre las excursiones al parque.

José Enrique: Y por último, ¿qué cosas tiene que traer un turista que visita el parque? 55

Don Joaquín: A ver … Tortuguero está en una zona de bosque tropical[12]: aquí llueve, llueve y llueve, por eso siempre es bueno tener un paraguas[13]. También necesita un buen repelente de mosquitos[14] y prismáticos[15] para 60 observar los animales.

José Enrique: Pues, muchas gracias por toda la información, don Joaquín.

Don Joaquín: ¡Con mucho gusto! Y ahora ¡vamos a ver las tortugas! 65

---

8 el paseo en bote *die Bootsfahrt*
9 el cerro *der Hügel*
10 la vista *hier der Ausblick*
11 la artesanía *das Kunsthandwerk*

12 el bosque tropical *der tropische Regenwald*
13 el paraguas *der Regenschirm*
14 el repelente de mosquitos *das Insektenschutzmittel*
15 los prismáticos *das Fernglas*

■■■ COMPRENDER

1 a Busca en el texto información sobre:

| la geografía | las tortugas | los otros animales | los sitios de interés | los consejos para turistas |

 b Explica en alemán a un/a amigo/-a que no habla español qué es el parque nacional Tortuguero.

■■■ APRENDER MEJOR

2 Ein Interview vorbereiten

a Der Text enthält einige Redewendungen, die du gut für Interviews verwenden kannst. Suche sie heraus und schreibe sie in dein Heft. Beispiel: por supuesto

b Prepara una entrevista con uno de los expertos de Centroamérica de tu clase. Haz la entrevista, después presentadla en clase.

Costa Rica

Animales

→ ¿Qué / animales?
→ ¿Cuáles / peligrosos?

Costa Rica

Geografía

→ ¿Dónde?
→ ¿Cómo / la naturaleza?

Destreza
Überlege dir zu dem Thema zunächst die **Fragen**, die du stellen möchtest.
Ordne die Fragen **Unterthemen** zu.
Schreibe **Stichpunkte** zu den Fragen auf einzelne **Themenkärtchen**.
Während des Interviews kannst du mit Hilfe der Kärtchen die Reihenfolge der Fragen variieren und so besser auf deine/n Gesprächspartner/in eingehen.
Überlege dir auch einen **Einleitungs- und einen Schlusssatz**.
Damit das Gespräch lebendiger wird, benutze Redewendungen, stelle Rückfragen, wenn du etwas nicht ganz verstanden hast oder lass dir Beispiele nennen.

RESUMEN DE GRAMÁTICA

GH 23|20 **1** **Los verbos traer, conocer y pedir | Die Verben traer, conocer und pedir**

traer	conocer	pedir
traigo	cono**zco**	pido
traes	conoces	pides
trae	conoce	pide
traemos	conocemos	pedimos
traéis	conocéis	pedís
traen	conocen	piden

Wie übersetzt du llevar ins Deutsche und wie traer?

GH 24|21 **2** **El pronombre interrogativo cuál | Das Fragepronomen cuál**

¿**Cuál** es la ciudad más grande de España?   ¿**Cuáles** son las ciudades más grandes de España?

GH 25|22 **3** **Aquel como determinante y como pronombre | Aquel als Begleiter und Pronomen**

3.1 El determinante demostrativo aquel | Der Demonstrativbegleiter aquel

	♂		♀	
singular	**aquel**	cartel	**aquella**	foto
plural	**aquellos**	libros	**aquellas**	chicas

3.2 El pronombre demostrativo aquel | Das Demonstrativpronomen aquel

– ¡Cuelga el cartel!   – ¿Quién es Elena?
– ¿Cuál? ¿Ese o **aquel**?   – **Aquella** es Elena.

GH 25|23 **4** **Los pronombres de complemento directo (I) | Die direkten Objektpronomen (I)**

Yo soy Esther. ¿No	**me**	conoces?
Oye, Paco,	**te**	llamo esta tarde.
Estoy buscando mi libro, pero no	**lo**	encuentro.
¿Es tu gorra? Yo	**la**	he encontrado en la calle.
No tenemos dinero. Por favor, ¿	**nos**	invitas a tomar un helado?
Vale, chicos,	**os**	invito.
Has visto a los chicos? – No, no	**los**	he visto.
Yo ayudo a las chicas. Y tú, ¿	**las**	ayudas también?

Vergleiche die direkten mit den indirekten Objektpronomen. Welche sind gleich?
►► Resumen 2, p. 20

GH 26|24 **5** **La colocación de los pronombres de complemento (I) | Die Stellung der Objektpronomen (I)**

Mis amigos **me** llevan a una fiesta esta noche.
He hablado con Elena. **La** he visto esta mañana en la calle.

Las familias han preparado platos típicos para vender**los** en la fiesta.
– Javi, prepara la cena, por favor.
– Pues, ¡prepára**la** tú!

cultativo · facultativo · facultativo · facultativo · facultativo · facultativo · facultativo · facultativo · facultativo

¡Ven a Centroamérica! | ¡Anímate!

5

¡ANÍMATE!

Cielito lindo

De la Sierra Morena
Cielito lindo, vienen bajando
Un par de ojitos negros
Cielito lindo, de contrabando

5   Ay, ay, ay, ay
canta y no llores
porque cantando se alegran
cielito lindo, los corazones

Ese lunar que tienes
10 Cielito lindo, junto a la boca
No se lo des a nadie
Cielito lindo que a mí me toca

La cucaracha

La cucaracha, la cucaracha
ya no puede caminar
porque no tiene, porque le faltan
las dos patitas de atrás.

Ya murió la cucaracha,
ya la llevan a enterrar,
entre cuatro zopilotes
y un ratón de sacristán.

…

Diese Volkslieder kommen ursprünglich aus Mexiko, werden aber in allen Ländern Zentralamerikas gern gesungen.

1   Escucha y canta.

1|50
1|51

BALANCE 1

Hier kannst du überprüfen, was du in den **Unidades 1–5** gelernt hast.

■■■ **COMPRENSIÓN AUDITIVA**

1 Este fin de semana, Javi quiere hacer una excursión en bici. Lee las frases y escucha el texto.
¿Qué frase corresponde al texto? Corrige las frases que no son correctas.

1|52

> **1** Sarah prefiere hacer otra cosa, por ejemplo ir al zoológico. Las excursiones no le gustan mucho.
>
> **2** Esteban tiene problemas con su bici vieja, no funciona bien.
>
> **3** Carlos le dice que su hermano mayor tiene una bici que ya no necesita.
>
> **4** Elena tiene muchas ganas pero este sábado no puede. Tiene que ir con su madre a casa de su tía.

2 Escucha: ¿adónde quieren ir?, ¿qué camino tienen que tomar?

1|53
DELE

■■■ **COMPRENSIÓN LECTORA**

3 Finde im Text die Sätze, die den beiden Theorien entsprechen. Lies dann den Text noch einmal: welche der beiden Theorien ist richtig?
Die kleinen Schildkröten finden den Weg ins Meer, weil
1. sie instinktiv auf das hellste Licht zulaufen, d. h. auf den Horizont über dem Meer.
2. weil sie einen inneren Kompass haben, der sich nach dem Erdmagnetismus richtet.

ANIMALES

¿Cómo saben las tortugas recién nacidas que tienen que dirigirse al mar?

Es instintivo: las crías de tortuga están «programadas» genéticamente para correr hacia el mar en cuanto salen de la arena. Pero ¿cómo se orientan? Los científicos
5 creen que o bien se dirigen hacia la luz más intensa (el horizonte abierto del océano) o bien poseen una «brújula interna» que detecta el magnetismo que las rodea. Pero como también sienten una atracción
10 por las luces artificiales (farolas, letreros luminosos …) parece que la primera teoría es la correcta.

De: Okapi (texto adaptado)

4 En una revista, chicos han contestado la pregunta: «Estar enfermo, ¿qué quiere decir?»
¿Qué frase corresponde a qué chico / chica?
a Auch wenn man krank ist, kann man Sport treiben.
b Nicht in die Schule gehen ist erstmal gut, aber eigentlich ist es langweilig, krank zu sein.
c Kranksein ist langweilig, man kann nichts machen.
d Es gibt Krankheiten, die nicht so schlimm sind.

cultativo · facultativo · facultativo · facultativo · facultativo · facultativo · facultativo · facultativo · facultativo

Balance

1

Estar enfermo es muy aburrido. Piensas que es lo mejor porque no vas a clase, no tienes que hacer deberes, etc. Luego te das cuenta de las cosas negativas: no quedar con tus amigos/-as, no poder jugar, etc.
Pensar bien en las consecuencias de estar malo merece la pena.

Alejandro, 13 años

2

Tengo asma desde pequeño y, por ejemplo, no puedo jugar al fútbol porque hay que correr mucho. Pero he hablado con mi entrenador y me ha puesto de portero; me gusta mucho porque así puedo seguir jugando al deporte que tanto me gusta: el fútbol.

Iván, 13 años

3

He pasado una semana en la cama porque tengo una gripe muy fuerte, me duele la cabeza y todo. Entonces no puedo hacer nada, no puedo dormir y me aburro muchísimo. Mis amigos no vienen y sólo me llaman por la tarde. Me dicen: «¡Qué suerte! No tienes que ir a clases», pero a mí me gustaría mucho volver a clase y ver a mis amigos.

Nuria, 14 años

4

Estar enfermo no siempre es un problema porque hay medicamentos contra la fiebre y contra los dolores. Una gripe se cura en una semana y después ya puedes hacer todo: ir a clase y hacer deporte. Pero estar enfermo y no poder llevar una vida normal durante mucho tiempo, eso es otra cosa … eso sí es un problema.

Amparo, 13 años

■■■ EXPRESIÓN ORAL

 5   Preparad un diálogo.

A fragt B …

… ob er / sie Geschwister hat

Ja:
– Wie viele? Wie alt sind sie?
– Wer ist der / die Älteste / Jüngste?
– Was mag er / sie an Geschwistern?
– Wovon fühlt er / sie sich genervt?

Nein:
– Was ist gut / schlecht daran?
– Gibt es Freunde / Verwandte, die wie Geschwister sind?
– Mit wem redet er / sie über Probleme?

■■■ EXPRESIÓN ESCRITA

 6   Paula recibe un e-mail de su amiga Carmen de Costa Rica.
Escribe la respuesta de Paula en tu cuaderno.

Hola, Paula:
Hace mucho tiempo que no me escribes, ¿Qué tal? ¿Qué haces por allí en Alicante? Parece que tienes muchas cosas que hacer y no tienes tiempo para pensar en tus amigos, ¿o no tienes ganas?
Escríbeme pronto, saludos de
tu amiga Carmen

Paula schreibt:
– über die Ausstellung über Mittelamerika, die sie im Centro 14 organisiert,
– was das Centro 14 ist,
– was dort stattfinden soll,
– mit wem sie die Ausstellung organisiert,
– warum sie sich über ihren Bruder Esteban ärgert.

EN EL MUSEO

¡ACÉRCATE!

■■■ **BÚSQUEDA DE INFORMACIÓN**

1 a Was heißt: „Prohibido no tocar, no pensar, no sentir"?

b Busca información sobre el Museo de las Ciencias Príncipe Felipe en el **Pequeño diccionario**, p. 147, y en esta página.

2|2

> Bueno, chicos, el plan del día es el siguiente: primero visitamos la exposición, luego nos encontramos aquí para subir en el globo y ver el museo desde arriba. Después de bajar, vamos al «Laboratorio de la vida» y al final, a la cafetería del museo. Y acordaos: antes de subir al autobús, comprobad que tenéis todas vuestras cosas con vosotros.

Prohibido no tocar, no pensar, no sentir.

MUSEO DE LAS CIENCIAS PRÍNCIPE FELIPE

Museo de las Ciencias Príncipe Felipe

PROHIBIDO NO TOCAR
Un nuevo concepto de museo donde participar y experimentar con la ciencia y la tecnología actual y del futuro.

ES PROHIBIX NO TOCAR
Un nou concepte de museu on es pot participar i experimentar amb la ciència i la tecnologia actual i del futur.

TOUCHING PERMITTED!
A new concept of museum where one can take part and experiment with present-day and future science and technology.

DÉFENSE DE NE PAS TOUCHER
Un nouveau concept de musée interactif qui permet d'expérimenter avec la science et la technologie actuelle et future.

VIDA Y GENOMA La mayor exposición del mundo sobre biología y genética.
VIDA I GENOMA La major exposició sobre biologia i genètica.
LIFE AND THE GENOME The largest biology and genetics exposition.
VIE ET GÉNOME La plus grande exposition sur biologie et génétique.

CENTRO COFINANCIADO POR LA UNIÓN EUROPEA A TRAVÉS DEL FONDO EUROPEO DE DESARROLLO REGIONAL

FUNDACIÓN **Telefónica** **BANCAJA**

MINISTERIO DE CIENCIA Y TECNOLOGÍA

MUSEO DE LAS CIENCIAS PRÍNCIPE FELIPE

Bienvenidos al «Laboratorio de la vida». Sentaos y silencio, por favor. Abrid el programa que tenéis en la pantalla y moved el cursor por los gráficos para encontrar la información sobre la estructura de las células. Apretad F 1 en el teclado para activar el sonido.

¿Cómo puedo imprimir esta página? ¿No hay impresora?

Estos ratones son superbuenos.

Yo no veo nada, ¿cómo puedo encender el ordenador?

Oye, este ordenador es super-moderno, seguro que es carísimo.

Yo quiero ver la exposición sobre el clima. Mis padres dicen que es buenísima.

¡Qué va!, no merece la pena, es muy aburrida.

Perdona, tengo una pregunta: ¿puedo guardar una copia del documento en mi memoria USB?

Este programa no funciona, ¡está medio loco! ¡No sé qué hacer!

Pero la exposición sobre los planetas, esa sí que es interesantísima.

44|5a **2** Completa el mapa mental en tu cuaderno.

el ratón — el ordenador — guardar una copia

■■■ PRACTICAR

43|1 **3 a** ¿Qué les dice el profesor a los chicos? Utiliza el imperativo del verbo reflexivo en plural.
▶▶ Resumen 3, p. 78
Ejemplo: 1. Chicos, ya llegamos, ¡levantaos!

1. Chicos, ya llegamos, *(levantarse)*.
2. *(acordarse)*: este es un museo y no un polideportivo.
3. *(ponerse)* vuestras chaquetas antes de salir.

4. *(sentarse)* delante de los ordenadores.
5. *(callarse)* un momento, por favor.
6. *(quedarse)* aquí en la sala.
7. *(animarse)*, chicos, vamos a la cafetería.

b ¿Qué le dice el profesor a Javi? Utiliza los imperativos de **a** en singular.
Ejemplo: 1. Javi, ¡levántate!

Denke an die Betonung!

4 La próxima semana podéis hacer algo juntos.
¿Qué vais a hacer? Formad grupos de cuatro y discutid las propuestas:

44|4
44|5b

> ver una exposición sobre el clima / los planetas   visitar un museo con toda la clase
> hacer una excursión con toda la clase   ir a la piscina
> organizar una fiesta   organizar una exposición sobre [...]   …

| La idea de Creo que | [...] es | super[...] muy [...] [...]-ísimo/-a | bueno/-a   aburrido/-a   interesante caro/-a   divertido/-a   … |

(No) merece la pena porque [...]

| No me gusta nada Me gusta mucho Me encanta Estoy de acuerdo con No estoy de acuerdo con | la idea de [...] porque [...]. |

■■■ **ESCUCHAR**

5 Escucha y apunta la respuesta en tu cuaderno: ¿adónde quieren ir los chicos por la tarde?,
¿por qué?

2|3
DELE

43|2

| Sarah | Javi | Elena | Esteban | Teresa |

Los ninots[1] en el Museo de las Fallas

El Mestalla, el estadio del FC Valencia

1 los ninots *Figuren aus Pappmaché*

■■■ **ACTIVIDADES**

6 Mira el dibujo y escribe en tu cuaderno: ¿qué pasa en el laboratorio?, ¿cómo termina la excursión?
Puedes utilizar:

P

43|3

> primero
> antes de + *infinitivo*
> después de + *infinitivo*
> de repente   mientras
> cuando   en cambio
> en seguida   al final

Ejemplo: De repente suena la alarma y …

1 la alarma *hier: Alarm*

A   ¿QUÉ PASÓ AYER?

2|4

Hola, Elena:
El domingo pasado intenté llamarte, pero nada … nada de nada. Bea dice que hace dos semanas le
mandaste fotos del campamento. A ella le mandas fotos y a mí no, ¿qué te pasa? ¿Estás enferma?
¿Por qué no me escribes?

5   Saludos, Alina

Hola, Alina:
Disculpa, no estoy enferma, sólo estoy un poco harta. Ayer no te contesté, pero es que fue un día
larguísimo. Cuando llegué a casa, cené con mi madre y después empecé a escribirte, pero no
terminé porque a las diez me fui a la cama. Sí, sí, a las diez y media apagué la luz, imagínate …
10   ¿Y sabes por qué? Porque ayer fuimos con toda la clase a la Ciudad de las Artes y las Ciencias en
Valencia y ya te puedes imaginar qué día. A las ocho nos encontramos delante del insti y tomamos el
bus. Cuando llegamos al museo esperamos media hora en la cola antes de entrar. Primero fuimos a
una exposición sobre los planetas. El guía nos explicó un montón de cosas y luego fuimos al globo
para ver el museo desde arriba. Después fuimos al «Laboratorio de la vida», ¿lo conoces?
15   Fue superinteresante, pero salir en grupo es un palo. No tienes nunca tiempo para mirarte las cosas
con calma. ¿Quieres quedarte un rato más? No hay manera, seguro que siempre alguien te pregunta
«¿por qué te quieres quedar?» o el profe está diciéndote todo el tiempo: «Vamos ya, deprisa, deprisa …»
¿Y sabes qué pasó? Cuando el guía terminó de explicarnos no sé qué cosas, empezó a sonar una
alarma y alguien empezó a gritar: «Fuera de aquí, todos fuera de aquí.» ¡Vaya caos que se armó!
20   Al final resulta que no pasó nada, solo que el detector de humo se activó
y ahora todos están preguntándonos si sabemos qué pasó.
¡Ah! Por cierto, la semana pasada colgué en internet las fotos del campamento.
Bueno, guapa, escríbeme pronto.

Besos, Elena

> Seguro que Javi
> ya sabe algo más. Ahora
> mismo voy a llamarlo.

> Y ¿por qué sonó
> ayer la alarma? Seguro
> que fuiste tú, ¿verdad?

> Deja hablar
> a tu hermano,
> Rafa.

> Hola, Elena, …
> ahora se pone.

> No sé, fui a los servicios y cuando llegué a la sala,
> todos empezaron a salir como locos. Entonces busqué a
> Esteban y, bueno, la verdad es que no sé qué pasó.

■■■ COMPRENDER

1 a Ordena las frases para hacer un resumen.

> Toda la clase va a Valencia, a la Ciudad de las Artes y las Ciencias.

> Después de la exposición, suben al globo y van a un laboratorio.

> A las ocho, los chicos se encuentran delante del instituto y toman el autobús.

> En la Ciudad de las Artes y las Ciencias los chicos van a una exposición.

> Cuando llegan, tienen que esperar media hora para entrar.

1 b Completa el resumen con dos frases más.

el laboratorio el guía un montón de cosas la alarma	En el laboratorio [●●●]

■■■ DESCUBRIR

2 a Was bedeutet intenté und mandaste? Auf welche Zeit beziehen sich diese Verbformen?
▶▶ Resumen 1, p. 78
«El domingo pasado intenté llamarte … hace dos semanas le mandaste fotos del campamento.»
(Z. 2–3)

b Suche im Text (Z. 7–9) die Formen des pretérito indefinido der folgenden Verben.
Um welche Person handelt es sich? Wie bildest du die 2. Person Singular?

contestar	llegar	cenar	empezar	terminar	apagar

c Completa con el verbo en pretérito indefinido.   ▶▶ Resumen 1, p. 78

1. Hace dos días [●●●] (*llamar* / yo) a Alina.
2. ¿ [●●●] (*hablar* / tú) ayer con tu prima?
3. Ayer en el museo el guía [●●●] (*explicar*) un montón de cosas.
4. Al final [●●●] (*visitar* / nosotros) un museo más.
5. ¿ [●●●] (*comprar* / vosotros) ayer algo en Valencia?
6. Hace una semana [●●●] (*llegar*) mis abuelos.

■■■ PRACTICAR

3 Forma frases con el pretérito indefinido.   ▶▶ Resumen 1, p. 78
▶ 45|1
45|2
48|9
Ejemplo: Ayer los chicos visitaron el museo.

Ayer	Elena Javi Esteban Sarah los alumnos los chicos …	*visitar* el museo *encontrarse* delante del instituto. *tomar* el bus para ir a Valencia *esperar* media hora en la cola *apagar* la luz a las diez y media *cenar* con su madre *buscar* a Esteban *estudiar* con [●●●] *llamar* a [●●●] *ayudar* a [●●●] con sus deberes *comprar* un cedé *charlar* con Alina *llegar* tarde al instituto

DELE   **4** Completa con una forma del pretérito indefinido del verbo ir.   ▶▶ Resumen 1, p. 78
▶ 47|5
47|6

1. El martes pasado Javi [●●●] al pueblo de sus abuelos.
2. Al final los chicos [●●●] al Museo de las Fallas.
3. ¿[●●●] (vosotros) también ayer a la exposición sobre los planetas?
4. A las ocho de la mañana [●●●] (yo) en autobús a Valencia.
5. Ayer [●●●] (nosotros) con la clase a un museo en Valencia.
6. ¿Por qué te [●●●] (tú) tan temprano ayer?

▶ 46|3
46|4
50|15
5 ¿Y tú? ¿Cómo fue tu día ayer? Cuenta y utiliza verbos de **3** y **4**.

Ayer Primero Después Luego Al final

Ayer fui a casa de mi tía. Luego …

6 a Contesta las preguntas como en el ejemplo. ▶▶ Resumen 2, p. 78

48|10

Ejemplo: 1. No, no <u>te</u> puedo esperar porque tengo que volver a casa. / No, no puedo esperar<u>te</u> porque …

1. ¿Puedes esperarme después del insti?
2. Mañana es el cumpleaños de la abuela, ¿no puedes llevarle un pastel?
3. Tengo un libro para Paula, ¿vas a verla mañana?
4. ¿Puedes ayudarme?
5. ¿Por qué tienes que irte ya?
6. ¿No quieres quedarte un rato más?
7. Alina me llamó ayer, ¿vas a mandarle las fotos?

b Contesta las preguntas. Utiliza un pronombre y estar + gerundio. ▶▶ Resumen 2, p. 78

49|11

Ejemplo: 1. No, estoy <u>buscándolos</u>. / <u>Los</u> estoy <u>buscando</u>.

1. ¿Ya tienes tus libros?
2. ¿Cuándo vienen tus primos?
3. ¿Sabes algo de Alina?
4. ¿Dónde está Elena?
5. ¿Está listo el pastel?
6. Javi tiene muchos deberes, ¿no?
7. Chicos, ¿todavía estáis en la cama?

[ella] / *ducharse*	[yo] / *escribirle*
[nosotros] / *prepararlo*	
[yo] / *esperarlos*	[nosotros] / *levantarse*
[él] / *quejarse* todo el tiempo	[yo] / *buscarlos*

■■■ **¡ACUÉRDATE!**

7 Completa con una forma de ser o estar en presente.

49|13
50|14

1. Elena [•••] una chica muy activa, pero hoy [•••] bastante cansada.
2. Pedro [•••] nuevo en la ciudad, por eso el primer día [•••] nervioso en el instituto.
3. – Javi, ¿todavía no [•••] listo? El examen [•••] bastante fácil.
4. Esteban [•••] muy deportista y muy alegre. Sólo hoy [•••] mal, [•••] enfermo.
5. – Javi, tener amigos [•••] más importante que un móvil nuevo. Además, tu móvil [•••] perfecto.
6. Los chicos [•••] hartos porque la cola delante del museo [•••] muy larga.

■■■ **APRENDER MEJOR**

8 **Grammatik wiederholen**

a Suche im Text S. 73 (bis Zeile 15) Beispiele mit ser und estar + Adjektiv. Lies dann auf den Seiten 11 und 25 im Grammatikheft von ¡Apúntate! 1 die Beispiele mit ser und estar durch.

b Schreibe alle Beispiele **ohne Verb** auf ein Blatt. Ergänze sie einige Tage später mit einer Form von ser oder estar und vergleiche dann mit den Sätzen im Buch.

Destreza

Wenn du merkst, dass du bei einem grammatischen Thema Fehler machst, kannst du es selbst wiederholen.
Du kannst …

– in den Texten der Lektion nach Beispielen suchen, in denen das Thema vorkommt. Schreibe sie heraus, aber lass eine Lücke, zum Beispiel für das Verb. Ergänze einige Tage später die Sätze und vergleiche sie dann mit denen im Buch.

– im Grammatikheft das entsprechende Kapitel suchen und durchlesen.

– nachschauen, ob es z. B. im Anhang des Buches Hinweise oder eine Liste mit Beispielen gibt.

ESCUCHAR

2|5

9 a Escucha: ¿adónde fueron Elena y sus amigos ayer? Ordena las fotos.

1 La Ciudad de las Artes y las Ciencias

2 El Miguelete

3 La estatua del Cid

4 La Albufera

2|5

b Escucha otra vez. Toma apuntes para contestar a las preguntas:

1. ¿Cómo fueron a Valencia?
2. ¿Por qué le gustó la exposición a Javi?
3. ¿Qué compraron?

VOCABULARIO

10 a Busca el contrario de las palabras:

| subir | cerrar | ayer | empezar | recibir | el ruido |

b Elige una palabra de cada pareja y escribe seis frases.

ACTIVIDADES

11 Elena y Javi están hablando por teléfono. Preparad el diálogo y presentad la escena.

49|12

Javi meldet sich.

→ Elena begrüßt ihn und fragt, ob er etwas über den Alarm im Museum weiß.

Javi hat keine Ahnung und sagt, dass seine Eltern ihn die ganze Zeit deswegen fragen.

→ Elena sagt, dass ihre Mutter sie auch fragt. Dann erzählt sie, dass ihr Computer nicht funktioniert, sie weiß nicht, was los ist. Aber sie muss heute per e-mail Fotos an Alina schicken.

Javi will wissen, was für Fotos? Und: wer ist Alina?

← Elena erklärt, dass es Fotos aus Valencia sind. Und Alina ist eines der Mädchen aus dem Ferienlager in Galicien.

Javi möchte helfen, weiß aber nicht wie.

← Elena sagt, dass sie die Fotos auf ihrem USB-Stick gespeichert hat.

Javi schlägt vor, dass sie zu ihm kommen kann, sie können die Fotos von seinem Computer aus schicken.

B ¡PROHIBIDO NO PENSAR!

Miles de turistas españoles y de otros lugares visitan diariamente[1] la Ciudad de las Artes y las Ciencias en Valencia. Y es que es difícil visitar esta ciudad sin ir a este grupo de museos.

5 Por sus edificios[2] modernos, pero también por sus exposiciones interesantes, la Ciudad de las Artes y las Ciencias es uno de los centros culturales y científicos más importantes del mundo.

Museo de las Ciencias «Príncipe Felipe»

10 ¿Cuánta agua tiene mi cuerpo? ¿Cómo funcionan los robots? ¿Por qué hay 15 viento[3]? … ¿Tienes más preguntas? ¡Descubre tú mismo las 20 respuestas en el Museo de las Ciencias «Príncipe Felipe»!

Con juegos o con experimentos sencillos puedes 25 aprender aquí cosas sobre ciencia y tecnología. Por eso, el lema[4] del museo es: «Prohibido no tocar, prohibido no pensar, prohibido no sentir». ¡Ah!, si después de recorrer todas las salas necesitas una pausa para ver las cosas de una 30 forma diferente, sube al globo que hay dentro del museo y mira todo desde arriba.

L'Hemisfèric[5]

Uno de los edificios más famosos de la Ciudad de las Artes 35 y las Ciencias es el Hemisfèric. Este es un edificio en forma de ojo y está rodeado de agua. Su forma no es casualidad: sus 40 visitantes van ahí a ver. ¿A ver qué? Pues películas en formato gigante, imágenes[6] de un planetario y espectáculos de láser.

L'Oceanogràfic[7]

L'Oceanogràfic es 45 el mayor parque marino de Europa. En sus siete acuarios puedes observar los 50 ecosistemas más importantes del mundo: desde los mares árticos hasta los tropicales. En sus aguas nadan treinta especies[8] distintas de tiburones[9] y muchos otros animales como tortugas y pingüinos. ¿Te gustan 55 los delfines? Visita el delfinario y mira los trucos y juegos de los delfines. Además, en el delfinario te puedes acercar a estos animales y puedes tocarlos, oírlos y observarlos …

De: Okapi (texto adaptado)

---

1 diariamente *tagtäglich*	4 el lema *das Motto*	7 L'Oceanogràfic *(val.) hier: Aquarium*
2 el edificio *das Gebäude*	5 L'Hemisfèric *(val.) die Halbkugel*	8 la especie *die Art*
3 el viento *der Wind*	6 la imagen *das Bild*	9 el tiburón *der Hai*

■■■ COMPRENDER

1 a Schreibe für jeden Absatz zwei oder drei Schlüsselwörter heraus.

b Formula cinco preguntas sobre el texto. Tu compañero/-a las contesta.

■■■ BÚSQUEDA DE INFORMACIÓN

2 Deine Eltern wollen mit dir die Ciudad de las Artes y las Ciencias in Valencia besuchen. Sie bitten dich, vor der Reise im Internet (http://www.cac.es) zu recherchieren. Suche die Informationen für ihre Fragen und fasse sie auf deutsch zusammen:

1. Was kostet der Eintritt? Gibt es Ermäßigungen, zum Beispiel für Familien?
2. Gibt es eine Wegbeschreibung?
3. Welche Filme laufen zur Zeit im L'Hemisfèric?
4. Was genau kann man im L'Oceanogràfic besichtigen?

RESUMEN DE GRAMÁTICA

GH 27|25 **1** **El pretérito indefinido (I) | Das Pretérito Indefinido (I)**

1.1 El pretérito indefinido de los verbos en -ar | Das Indefinido der Verben auf -ar

hablar

Primero, yo	habl**é**	con Teresa.
Después, tú	habl**aste**	con Pedro, ¿verdad?
Al final, Pedro	habl**ó**	con la profesora.
Ayer	habl**amos**	con nuestros padres.
La semana pasada	habl**asteis**	con Rafa, ¿o no?
A las diez	habl**aron**	con sus padres.

a Bilde das pretérito indefinido von estudiar, mirar, encontrarse.

! lle**gar**   lle**gu**é, lle**ga**ste, lle**g**ó, lle**ga**mos, lle**ga**steis, lle**ga**ron
! bus**car**   bus**qu**é, bus**ca**ste, bus**c**ó, …
! empe**zar**   empe**c**é, empe**za**ste, empe**z**ó, …

b Bilde das pretérito indefinido von pagar, explicar, organizar.

GH 28|25 **1.2** El pretérito indefinido de ser e ir | Das Indefinido: die Verben ser und ir

ser

fui
fuiste
fue
fuimos
fuisteis
fueron

ir

fui
fuiste
fue
fuimos
fuisteis
fueron

El año pasado fui a Berlín.
Fue muy interesante.

GH 28|26 **2** **La colocación de los pronombres de complemento (II) | Die Stellung der Objektpronomen (II)**

¿Estás llamando a la abuela?	Sí, **la** estoy llamando.	Sí, estoy llam**á**ndo**la**.
Tengo que hablar contigo.	¿**Me** vas a llamar mañana?	¿Vas a llamar**me** mañana?
Tenemos que preparar el examen.	¿**Nos** puedes ayudar?	Sí, puedo ayudar**os**.

GH 29|27 **3** **El imperativo de los verbos reflexivos (plural) | Der Imperativ der reflexiven Verben (Plural)**

Javi, ¡levánta**te**!	Chicos, ¡levanta**os**!
Javi, ¡siénta**te** a desayunar!	Chicos, ¡senta**os** a desayunar!
Javi, ¡pon**te** el abrigo!	Chicos, ¡pone**os** el abrigo!

Bilde den Imperativ Singular und Plural von apuntarse und acordarse.

GH 29|28 **4** **El superlativo absoluto | Der absolute Superlativ**

	♂		♀	
singular	un ordenador	car**ísimo**	una bicicleta	car**ísima**
plural	ordenadores	car**ísimos**	bicicletas	car**ísimas**

! ri**co**/-a   ri**qu**ísimo/-a
! lar**go**/-a   lar**gu**ísimo/-a

·cultativo · facultativo · facultativo · facultativo · facultativo · facultativo · facultativo · facultativo · facultativo

En el museo | ¡Anímate!

6

¡ANÍMATE!

LAS FALLAS

Es la fiesta más famosa de Valencia y se celebra cada año del 12 al 19 de marzo. Una falla es un grupo de figuras de cartón inmensas. Estas figuras se llaman *ninots* y pueden tener hasta 20 metros de altura.

Por la noche miles de valencianos y turistas salen a la calle a ver la quema de *ninots* así como los fuegos artificiales. Todas las fallas se queman en la medianoche del 19 al 20 de marzo.

■■■ BÚSQUEDA DE INFORMACIÓN

1 a Suche in einer der Webseiten das Programm der Fallas.

> www.fallas.com
> www.turisvalencia.es

b ¿Was ist …

– la Cabalgata del ninot?
– el Mascletás?

– el Castillo de fuegos artificiales?

c Eine der Figuren wird in der letzten Nacht nicht verbrannt. Warum nicht? Was passiert damit?

2 Durante las Fallas, Elena está en Valencia y escribe una postal a sus amigos. Escribe la postal.

REPASO 2 UNIDADES 4–6

■■■ ESCUCHAR

2|6

1 a Elena está hablando con su primo Manuel por teléfono. Pero hay un problema técnico. Escucha el texto. ¿Qué entiendes?

2|6

b Apunta los números del 1 al 9 en tu cuaderno. Escucha otra vez y ordena los verbos conjugados en tu cuaderno.

> ir   esperar   charlar   encontrar   colgar   encantar   entrar   comer   estar

■■■ VOCABULARIO

2 a Busca el contrario de las palabras siguientes.

1. mejor – [•••]
2. la verdad – [•••]
3. el norte – [•••]
4. falso/-a – [•••]
5. lejos de – [•••]
6. llevar – [•••]
7. hablar – [•••]
8. la montaña – [•••]
9. encender – [•••]

b Wählt zehn Wörter aus und entwerft Sätze mit Lücken. Tauscht mit euren Banknachbarn die Sätze und füllt die Lücken aus. Korrigiert euch gegenseitig.

> 1. Quiero leer. ¡_____ la luz!
> 2. [•••]

3 a ¿Qué palabras y expresiones conoces para describir una región o un país? Haz un mapa mental en tu cuaderno. ▶ Lista cronológica, p. 155.

b Describe en tu cuaderno tu lugar favorito. Utiliza el vocabulario de **a**.

■■■ PRACTICAR

4 a Completa con un pronombre de complemento directo.

1. Esta camiseta me gusta mucho. [•••] voy a comprar.
2. ¿Dónde están las chicas? No [•••] puedo ver.
3. – Todavía no sé si tengo tiempo esta tarde. ¿[•••] puedes llamar más tarde?
   – ¡Claro, chica!, [•••] llamo a las cuatro.
4. ¿Son tus libros? ¿[•••] has leído todos?
5. Chicos, ¡[•••] invito[1] a mi fiesta de cumpleaños!
6. No encontramos el cine. ¿[•••] puedes ayudar, por favor?
7. Mira, esos dos niños no saben como cruzar la calle. [•••] vamos a ayudar.
8. Ana está buscando su libro de Inglés, pero no [•••] encuentra.

1 invitar *einladen*

b Verkürze die folgenden Sätze. | Hay dos posibilidades.
Ejemplo: Estoy contando a Esteban las novedades[2] del instituto. → Las estoy contando a Esteban.
Estoy contándolas a Esteban.

1. Estoy contando a Esteban las novedades del instituto.
2. ¿Estás llamando a Paula?
3. Aitor y Javi están escribiendo un e-mail a Rafa y su hermana.
4. ¿Estáis haciendo los deberes de Mates?
5. Elena está presentando la Ciudad de las Artes y las Ciencias a la clase.
6. Esteban está preparando un bocadillo.
7. Clara y Paula están leyendo una revista.

2 las novedades *die Neuigkeiten*

cultativo · facultativo · facultativo · facultativo · facultativo · facultativo · facultativo · facultativo · facultativo

Repaso | Unidades 4–6

 5 ¿Qué dicen las personas?

dejar	levantarse	irse	decir	sentarse	ponerse

1 ¡[•••]!   ¡[•••]!   ¡[•••] los zapatos!

2 ¡[•••] la verdad!   ¡[•••]me en paz!   ¡[•••] !

 ### ■■■ APRENDER MEJOR

6 **Einen Text nacherzählen**

Suche dir aus ¡Apúntate! 2 einen Text heraus, den du schon einmal gelesen hast und fasse den Inhalt in einigen Sätzen zusammen. Erzähle ihn deinem Nachbarn / deiner Nachbarin.

Ejemplo: Los chicos van con el profe al museo. Delante del museo le explica a los chicos el plan del día. El plan del día es … (▶ p. 70/71)

> **Destreza**
> Immer wenn du dir eine Geschichte nicht genau merken kannst oder Details durcheinander bringst, kann dir die „Textschlange" helfen.
> Lies den Text und merke dir immer einen oder zwei Schlüsselbegriffe pro Absatz. Versuche diese anschließend zu verknüpfen, damit du die Handlung mündlich wiedergeben kannst.
> Der Trick dabei ist, dass das letzte Wort deines letzten Satzes im ersten Teil des nächsten Satzes noch einmal auftaucht.

■■■ ACTIVIDADES

 7 Jugad en grupos al «Concurso de Centroamérica». ▶ texto, p. 56/57, Pequeño diccionario, p. 147.

Ihr benötigt dazu Pappkärtchen. Beschriftet jedes Kärtchen mit einer Frage und der dazugehörigen Antwort. Tauscht sie dann mit denen von anderen Gruppen aus und spielt.

1. Legt die Kärtchen als Stapel mit dem leeren Rücken nach oben in die Mitte des Tisches.
2. Eine Person nimmt ein Kärtchen auf und liest die Frage vor.
3. Die Person, die die richtige Antwort weiß, bekommt das Kärtchen und darf das nächste ziehen und die Frage vorlesen.

Wer die meisten Kärtchen gesammelt hat, hat gewonnen.

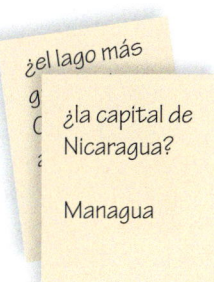

¿el lago más
g…
C…

¿la capital de Nicaragua?

Managua

¿QUIERES SER COMO ELLOS?

¡ACÉRCATE!

A mí me gustaría ser bióloga y trabajar en un parque nacional, por ejemplo, en Ecuador.

Andrea

■ Moira Rubio es fotógrafa y trabaja con chicos en un barrio pobre de Buenos Aires. Moira les enseña a tomar fotos. Los chicos pueden vender sus fotos y ganar un poco de dinero. Además, aprenden cosas útiles para su futuro.

Rubén

Estoy en el grupo de teatro del insti y creo que soy muy bueno. Por eso quiero ser actor.

■ Pau Gasol es jugador de baloncesto en la NBA en los Estados Unidos, donde sólo están los mejores del mundo. En el futuro, Pau quiere estudiar medicina y ser médico como su madre.

Mis padres tienen una panadería y a veces los ayudo. En el futuro, a mí me gustaría trabajar ahí y ser mi propio jefe.

Marco

Adrián

Yo quiero ser como Manuel Patarroyo y ayudar a la gente. Por eso quiero ser químico o médico.

■ Manuel Patarroyo es un científico de Colombia. Hace unos años descubrió una vacuna contra la malaria.

Nuria

Me encanta dibujar. Me gustaría ser dibujante de cómics, pero mis padres no quieren.

■ Pablo Auladell es dibujante de cómics. Hace los dibujos y además escribe las historias.

Quiero ser programadora informática. Además, creo que con esta profesión puedo ganar mucho dinero.

■ Isabel Berríos es la primera entrenadora de fútbol profesional de Chile. Trabaja como entrenadora de niñas y niños en la Universidad de Chile.

Elena

■■■ **COMPRENDER**

▷ 54|2 **1** Lee el texto y formula preguntas para tus compañeros/-as. Ellos / Ellas contestan.

¿Qué quiere ser Pau Gasol?

¿Por qué Rubén quiere ser actor?

54|1
55|5

2 ¿Dónde o con qué / quién trabajan? Forma frases.

Ejemplo: Un dibujante puede trabajar con lápices o con un ordenador.

| biólogo/-a   dibujante de cómics
actor / actriz   jugador / a de baloncesto
programador / a   médico/-a   entrenador / a
jugador / a de fútbol   fotógrafo/-a
científico/-a   químico/-a   profesor / a | en

con | un parque nacional   lápices   un teatro
una pelota   un ordenador   un hospital
un estadio   una cámara de fotos[1]
un laboratorio[2]   la gente   un estadio
un colegio   niños |

1   la cámara de fotos *der Fotoapparat*
2   el laboratorio *das Labor*

■■■ ESCUCHAR

2|8
55|3

3 a Escucha y elige una profesión para cada chico/-a.

Ejemplo: Creo que José quiere ser …

José	Delia	Ana	Anton	Laura

b ¿Y tú? ¿Qué quieres ser en el futuro y por qué? Escribe tres frases y presenta la profesión en clase.

| me gustaría ser [...] porque me gusta / me encanta [...]   Quiero ser como [...]
(En el futuro) quiero ser [...]   Me gusta [...], por eso quiero ser [...] |

■■■ APRENDER MEJOR

55|4

4 Wortfamilien erkennen und bilden

Destreza

Es gibt viele verwandte Wörter, die manchmal ganze „Wortfamilien" bilden. Wenn du einem neuen Wort begegnest, überlege, ob du schon „verwandte" Wörter kennst, z. B. Nomen oder Verben. Diese können dir helfen, das neue Wort zu verstehen.

– In einem Text begegnet dir z. B. das Nomen la visita. Du kannst es verstehen, weil du das Verb visitar (dt.: besuchen) kennst. La visita heißt „der Besuch".

– Das Verb regalar hast du bis jetzt noch nicht gelernt. Du weißt aber, was el regalo heißt, nämlich „das Geschenk". Regalar heißt „schenken".

a Forma familias de tres palabras. Las palabras que faltan están en el texto p. 82–83.

| dibujante de cómics   [...]
[...]   el / la cantante
[...]   [...] | la actuación   la canción
el programa   el dibujo
la foto   el entrenamiento | tomar fotos / fotografiar   [...]
entrenar   actuar
[...]   programar |

b Lee las frases y traduce las palabras en negrita[1] al alemán.

1. ¿Quién es tu **cantante** favorito/-a?
2. Mari **actúa** en un grupo de teatro.
3. A Jorge le gusta **programar** juegos de ordenador.
4. El **entrenamiento** empieza a las 7.
5. ¿Cuál es tu **canción** favorita?
6. Julio tiene un **programa** para dibujar en el ordenador.

1   las palabras en negrita *die fettgedruckten Wörter*

Die fettgedruckten Wörter kennst bis jetzt nur aus der Übung **4**. Du kannst sie aber verstehen, weil du bereits ein Wort aus der Wortfamilie kennst.

A   LOS CHICOS Y SUS ÍDOLOS

2|9
2|10

Juanes

Elena: ¿Visteis ayer el reportaje sobre Juanes en la tele? Me gustaría ir a su concierto en julio. Mi prima lo vio el año pasado y dice que el tío es genial.

5 **Javi:** Bueno … tampoco es para tanto. No es un mal cantante y toca muy bien la guitarra, pero las entradas para sus conciertos son muy caras.

Esteban: Yo prefiero ir a un buen partido de
10 fútbol o de baloncesto. Por cierto, el otro día leí algo sobre Pau Gasol, ¡qué tío más guay!

Elena: Bah, ¿por qué? ¿Sólo porque es muy alto y muy fuerte?

Esteban: ¿Qué dices? ¿No sabes que él es un
15 jugador de baloncesto buenísimo?

Elena: Sí, pero yo prefiero la música y Juanes es un cantante buenísimo. ¿Qué digo? ¡El mejor!

Esteban: Pero con Gasol España ganó el Campeonato mundial de baloncesto hace dos
20 años, ¿no te acuerdas? En el partido contra Argentina Gasol metió 15 canastas. En casa vimos el partido, fue alucinante. Y ahora dime, ¿cuántas medallas tiene Juanes o es tu ídolo sólo porque vende muchos cedés?

25 **Elena:** Claro que no, Juanes no sólo canta, también apoya muchos programas para ayudar a niños en América Latina. El año pasado recibió un premio.

Sarah: Pero para los famosos es muy fácil ayudar.
30 Sólo tienen que salir por la tele y pedir ayuda para los niños de aquí o allá. Para los otros, ayudar es mucho más difícil.

Javi Sí, es cierto. En la fundación de mi tía no tienen nunca suficiente dinero. Hace un mes
35 organizaron un mercadillo, vendieron comida y bebidas, trabajaron todo el día … Nosotros fuimos y los ayudamos, pero recaudaron poquísimo.

Elena: ¿Y qué hace tu tía?

40 **Javi:** Ayuda a chicos que no tienen dinero para comprar libros para el cole. El año pasado fue a Nicaragua y llevó libros y no sé qué más cosas. Mi tía volvió con un montón de fotos.

Sarah: ¡Qué fuerte! ¡La tía de Javi tiene que
45 organizar un mercadillo para ayudar a los niños pobres y Juanes solo tiene que mostrar su cara bonita!

Elena: Vamos, Sarah, estás exagerando. La gente como la tía de Javi es importante, pero los
50 famosos que ayudan como Juanes también. Todos quieren ayudar y eso está muy bien.

Sarah: Bueno, pero …

Esteban: Oye, Sarah, cambiando de tema, ayer conocí a un chico, se llama Daniel. Dice que te
55 conoce.

Sarah: ¿Daniel? Sí, claro. El otro día en la plaza me preguntó por el camino al centro y empezamos a hablar. Luego tomamos juntos una horchata. Es muy simpático …

■■■ COMPRENDER

1 a Busca información sobre las personas en el texto y completa el mapa mental en tu cuaderno.

56|1

b ¿Correcto o falso? Corrige las frases falsas y escríbelas en tu cuaderno.

1. Elena quiere ir a un partido de baloncesto.
2. Esteban prefiere gastar su dinero en un buen partido de balonmano.
3. Gasol ganó el Campeonato mundial de baloncesto con Alemania.
4. En el partido contra Argentina Gasol metió 15 canastas.
5. Juanes apoya programas para ayudar a niños.
6. La fundación de la tía de Javi organizó un Campeonato mundial.
7. La fundación ayuda a chicos en Nicaragua que no tienen dinero para comprar ordenadores para el cole.

■■■ ¡ACUÉRDATE!

2 ¿Qué dice Esteban? Utiliza las formas correctas de cuánto.

1. ¿[•••] amigos van a venir?
2. ¿[•••] naranjas necesito para la macedonia?
3. ¿[•••] azúcar falta?
4. ¿[•••] bocadillos vamos a preparar?
5. ¿[•••] lechuga necesitamos?
6. ¿[•••] platos hay que poner en la mesa?

DELE **3** Completa con las formas correctas de mucho (+) y poco (–).

1. Mari tiene (+) vaqueros y (–) faldas.
2. A Eva le gustan los sándwiches con (+) lechuga y (–) jamón.
3. Alejandro siempre tiene (+) hambre y (–) sed.
4. Daniel tiene (+) amigos pero (–) tiempo.
5. El helado tiene (+) azúcar y (–) vitaminas.
6. La macedonia tiene (+) frutas y (–) azúcar.

■■■ DESCUBRIR

4 a Busca las formas del pretérito indefinido de los verbos volver y recibir en el texto **A**, p. 85. Haz una tabla en tu cuaderno. Complétala con las formas que faltan.
▶▶ Resumen 1, p. 92

	-er	-ir	[•••]
yo	volví	[•••]	[•••]
tú	[•••]		
él / ella			

b Conjuga en la misma tabla el verbo tomar en el pretérito indefinido.   ▶▶ Resumen 1, p. 78
Markiere die Endungen aller drei Verben farbig. Was fällt dir auf?

▪▪▪ PRACTICAR

▶ 56|2 **5** Completa las frases con las formas del pretérito indefinido. Escribe en tu cuaderno.

> *descubrir   comer   volver   escribir   conocer   recibir*

– Hace una semana (yo) [•••] a Sergio.

El domingo pasado Ana le [•••] un mensaje a Mari.

– ¿No (tú) [•••] ayer mi e-mail?

La semana pasada Mario y su primo [•••] en casa de sus abuelos.

– El fin de semana (nosotros) [•••] esta heladería.

– ¿Y cuándo (vosotros) [•••] a Alicante? ¿Hace una o dos semanas?

 6 Completa el diálogo con las formas correctas del pretérito indefinido. Después leed el diálogo.

▶ 56|3

Eva: Ayer (yo / *ir*) a un concierto de Juanes en Valencia. ¡(*ser*) alucinante!
Daniel: ¿Con quién (tú / *ir*)?
Eva: (nosotros / *ir*) Ramón, Luca, Mari y yo.
Daniel: ¿Y cómo (vosotros / *ir*)? Está bastante lejos …
Eva: (nosotros / *ir*) en bus. Ramón y Luca (*leer*) unos cómics, Mari (*leer*) una revista y yo

(*dormir*). Así el tiempo (*pasar*) muy rápido[1].
¿Y tú? ¿Adónde (*ir*)?
Daniel: (*ir*) al cine con Fabio. Pero (nosotros / *ver*) pelis diferentes.
Eva: ¿Y qué (vosotros / *ver*)?
Daniel: Yo (*ver*) una peli con Johnny Depp. Pero a Fabio no le gusta este actor, entonces (él / *ver*) otra peli. Pero no me acuerdo del nombre.

1 rápido adv. *schnell*

▶ 57|4 **7** Completa las frases con las formas correctas del pretérito indefinido.
57|5 **Ejemplo:** 1. Ayer Elena vio un reportaje sobre Juanes.

1. Ayer Elena (*ver*) un reportaje sobre Juanes.
2. El año pasado la prima de Elena (*ir*) a un concierto de Juanes.
3. El otro día Esteban (*leer*) algo sobre Pau Gasol.
4. Hace dos años España (*ganar*) el Campeonato mundial de Baloncesto.
5. Gasol (*meter*) 15 canastas.
6. (*Ser*) un partido alucinante.
7. Hace un mes la fundación de la tía de Javi (*organizar*) un mercadillo.
8. El año pasado la tía de Javi (*ir*) a Nicaragua.
9. Ayer Esteban (*conocer*) a un chico que se llama Daniel.
10. El otro día Daniel le (*preguntar*) por el camino a Sarah.

8 Haced diálogos.

> el jueves pasado
> el año pasado
> hace un mes
> hace una semana
> el otro día
> ayer
> el domingo pasado
> …

> *escribir* un e-mail / un texto para el cole / una carta / …
> *leer* una revista / un libro / …
> *ver* una peli / un partido de futból / …
> *ir* al cine / a un concierto / a una fiesta / a la playa / …
> *ser* alucinante / estupendo / aburrido / divertido …
> *ganar* un partido / …
> *conocer* a un / a chico/-a interesante / al hermano de una amiga …
> *ayudar* a la abuela / a la hermana / a amigos …

> El jueves pasado comí en un restaurante con mis padres. ¿Y tú?

> Yo [•••]

9 a Escribe la historia de Lola y León.

– el lunes pasado / León / *preguntar*le / por el camino al centro / a Lola
– después / los dos *empezar* / a hablar.

– luego / *tomar* / …
– el martes / Lola / *escribir* / …

– veinte minutos después / *llamar* / …
– los dos / *hablar* / … y *quedar* / …

– León / *llegar* / …
– *esperar* / …

b ¿Cómo termina la historia? Escribe el final.

> después de una hora / dos horas / …   a las ocho / nueve / …
> luego   al final   primero   entonces   de repente   enseguida

59|7 **10 a** Completa con buen/-a, buenos/-as (+) y mal/-a, malos/-as (–).

1. Javier Bardem es un (+) actor.
2. Ana es (–) cantante.
3. Pepe es un (–) jugador de fútbol.

4. Ana y Pepe son (+) amigos.
5. Ayer vimos un (–) partido de fútbol.
6. ¿Por qué me miras así? ¿Tienes (–) noticias[1]?

b Forma cuatro frases más.

1 la noticia *die Nachricht*

■■■ VOCABULARIO

11 a Busca el intruso.

1. mercadillo – médico – vacuna – hospital
2. estupendo – fuerte – malo – alucinante
3. entrenador – concierto – canasta – campeonato
4. dibujante – cantante – biólogo – actor

 b Escribe cuatro frases con los intrusos.

■■■ ESCUCHAR

12 a Escucha: ¿qué deportes practican Iker Casillas y Rafael Nadal?

2|11

Diese Wörter helfen dir, den Text besser zu verstehen:
el portero der Torwart
la Eurocopa die Europameisterschaft
el ATP Vereinigung der professionellen männlichen Tennisspieler

 b Escucha otra vez: ¿qué organizaron juntos?, ¿para qué?

2|11

c Escucha una última vez y apunta más información sobre los dos deportistas.

■■■ ACTIVIDADES

 **P 13** ¿Quién es tu ídolo? ¿Por qué? Haz un cartel y presenta a tu ídolo en clase.
59|9

14 a Ayudar – ¿pero cómo? Trabajad en grupos de cuatro o seis. ¿Cómo podéis ayudar tú y tus compañeros en tu barrio / en tu ciudad / a otros países / …? Buscad ideas e inventad eslóganes.

[●●●]

Die Texte von Unidad 7 können dir bei der Ideensuche helfen.

b Presentad vuestras ideas en clase.

B UNA CARTA DE NICARAGUA

Con la campaña «Hoy empieza todo» la organización española **Ayudemos a un niño** ayuda a la escuela IGH-León en Nicaragua con libros y otras cosas importantes para las clases. Una alumna de la escuela les escribió una carta a los miembros de la organización:

León, 10 marzo de 2009

Hola a todos en la asociación:

Soy Analía de Nicaragua. Tengo 13 años y estoy en quinto grado. Les escribo para darles las gracias por todos los libros y las otras cosas que recibimos la semana pasada. Son muy bonitos.

5   Además de los libros encontramos en los paquetes unas bolas de fútbol. ¡Qué sorpresa! Ahora vamos a organizar un campeonato en la escuela. Mi prima Nuria y yo jugamos al fútbol en un equipo[1]. Es el primer equipo de niñas aquí en la escuela y somos mejores que los chicos, pero ellos dicen que no es verdad.

En mi escuela hay muchísimos alumnos, pero sólo hay tres profesores. Por eso las clases están muy
10 llenas. Además, como este año somos muchos en tercero, quinto y sexto grado, algunos van a clases por las mañanas y otros, por las tardes. En mi escuela hay cuatro aulas y un salón de reuniones[2] para actos oficiales como la entrega de notas[3] al final del año o para fiestas. El salón también es el comedor. Como no tenemos cocina, nuestras mamás preparan la comida en el patio.

También tenemos un campo de fútbol, pero tiene tantos huecos[4] que ahora no podemos jugar allí.
15 En verano es un polvazal[5] y en invierno hay mucho barro[6]. Pero nuestros maestros quieren repararlo con nuestros papás[7]. Dicen que con un buen campo podemos organizar mejor el campeonato.

Lo mejor es que tenemos un pozo[8] en el jardín de la escuela. Lo construyeron hace unos años para sacar agua potable[9]. El pozo es muy importante porque no todos tienen agua potable en casa. Además, con el agua, podemos regar[10] una huerta[11] donde sembramos[12] y cosechamos[13] verduras.
20 Pero a mí me gustan más las flores del jardín. Las hay en todos los colores. ¡Qué bonitas se ven!

Hace poco estuvo aquí un grupo de alumnos y profesores de nuestra escuela hermanada[14] IGH-Heidelberg de Alemania. Visitamos juntos algunos sitios de nuestra ciudad y de la región y nos divertimos mucho.

Y ustedes[15], ¿cuándo nos visitan?

25 Muchas gracias por ser nuestros amigos.

Analía

1 el equipo *die Mannschaft*	6 el barro *der Schlamm*	12 sembrar *säen*
2 la reunión *die Versammlung*	7 los papás *los padres*	13 cosechar *ernten*
3 la entrega de notas *el día cuando los chicos reciben su boletín*	8 el pozo *der Brunnen*	14 la escuela hermanada *die Partnerschule*
4 el hueco *das Loch*	9 el agua potable *das Trinkwasser*	15 ustedes *hier: ihr (in Lateinamerika für „vosotros")*
5 el polvazal *(nicar.)* *die Sandwüste*	10 regar *bewässern*	
	11 la huerta *der Gemüsegarten*	

■■■ **COMPRENDER**

1 a Busca información en el texto sobre la escuela en León. Haz una tabla en tu cuaderno y escribe sólo las palabras clave.

la escuela	el deporte	el jardín	los amigos en otros países
– 3 profesores – [•••]			

b Presenta dos temas a tu compañero/-a, él / ella presenta los otros temas a ti.

■■■ **PROYECTO**

2 a Imaginaos: vuestro instituto quiere tener una escuela hermanada en la provincia de León de Nicaragua. Buscad información y fotos sobre la región y la ciudad de León. Preparad un cartel y presentadlo en clase. Trabajad en grupos de cuatro.

> la geografía
> la naturaleza[1]
> las ciudades
> los sitios interesantes
> la gente
> la comida

> Ihr könnt ein Reisebüro kontaktieren, die Botschaft von Nicaragua anschreiben oder nach Informationen im Internet suchen.
>
> www.visitanicaragua.com
> www.nicaraguaportal.de
> embajada.berlin@embanic.de

1 la naturaleza *die Natur*

b Escribid una carta a una escuela en León y presentad vuestro instituto. También podéis preparar un cartel y poner fotos, dibujos, etc.

> los alumnos   los profesores   las asignaturas
> las actividades en el instituto (deporte / música / …)
> las fiestas   el horario   la comida

RESUMEN DE GRAMÁTICA

GH 31|30 **1** **El pretérito indefinido de los verbos en -er e -ir | Das Indefinido der Verben auf -er und -ir**

comer	escribir
comí	escribí
comiste	escribiste
comió	escribió
comimos	escribimos
comisteis	escribisteis
comieron	escribieron

a Wie unterscheidet sich die Konjugation der Verben auf -er und -ir von der der Verben auf -ar?

b Konjugiere die Verben meter, conocer, recibir und salir im Indefinido.

> **!** leer → leí, leíste, leyó, leímos, leísteis, leyeron
> **!** ver → vi, viste, vio, vimos, visteis, vieron

c Worauf musst du bei den Verben leer und ver bei der Rechtschreibung achten?

GH 31|31 **2** **Los adjetivos apocopados buen und mal | Die verkürzten Adjektive buen und mal**

♂

Pablo es un **buen** cantante.
Laura y Alfonso también son **buenos** cantantes.

He tenido un **mal** día.
Los **malos** días pasan.

♀

Alicia es una **buena** cantante.
Marta y Lucía también son **buenas** cantantes.

He tenido una **mala** noche.
Las **malas** noches pasan.

¡Qué buen cantante es!

Este cantante no me parece muy bueno.

GH 32|32 **3** **El determinante propio | Der Begleiter propio**

	♂	♀
singular	propio	propia
plural	propios	propias

El hermano de Maite tiene su **propio** restaurante.
Daniel sólo lee sus **propios** libros.

Mucha gente prefiere vivir en su **propia** casa.
Maite tiene sus **propias** ideas cuando piensa en su futuro.

cultativo · facultativo · facultativo · facultativo · facultativo · facultativo · facultativo · facultativo · facultativo

¿Quieres ser como ellos? | ¡Anímate!

7

¡ANÍMATE!

1

De los 120.000 chicos nicaragüenses que dicen ir a la escuela:

14,9%	Asisten a la escuela y trabajan.
33%	Asisten a la escuela y hacen oficios en la casa.
28,3%	No asisten a la escuela y trabajan.
23%	No asisten a la escuela, trabajan y hacen oficios en la casa.

Con 6 euros al mes, sufragarás una beca escolar.

Son muchos/as los niños y las niñas que tienen que abandonar los estudios para trabajar. En la mayoría de casos, terminan siendo explotados/as.

Con 10 euros al mes, mejorarás la salud de 500 niños y niñas.

Ayudemos a un Niño realiza campañas de prevención e higiene de enfermedades diarreicas y gastrointestinales.

Con 15 euros al mes, 10 familias campesinas podrán obtener un microcrédito.

El sistema de microcréditos a explotaciones agrícolas familiares lleva más de tres años funcionando con éxito.

Con 20 euros al mes, garantizarás atención integral.

A mujeres en situación de riesgo social y/o víctimas de la violencia machista. Darás un futuro a ellas y a sus hijos e hijas.

2

 1 Text 1: Erkläre deinen Eltern:

Wie viel Prozent der nicaraguanischen Kinder
a) … gehen nicht zur Schule
b) … gehen zur Schule, müssen aber nebenbei arbeiten?

 2 Text 2: Erkläre deinen Eltern:

Mit wie viel Euro pro Monat kann die Organisation…
a) … sozial schwachen Müttern und ihren Kindern helfen?
b) … arbeitenden Kindern eine Schulausbildung bezahlen?
c) … Familien auf dem Land Kredite geben?
d) … die Gesundheitsversorgung von 500 Kindern verbessern?

UN VIAJE POR ESPAÑA

¡ACÉRCATE!

Valencia es una de las ciudades más grandes de España.

3

El río Ebro es el segundo río más largo de España.

Creo que estamos perdidos. Busca en el mapa la salida hacia Zaragoza.

Un momento … sí, está cerca. Sólo tenemos que seguir todo recto. Mira, papá, en la guía dice que Goya, el pintor, es de Zaragoza.

4

Pamplona está en la provincia de Navarra. Es famosa por las fiestas de los Sanfermines.

Son 6 euros con 25.

Sorry, I don't understand!

Aitor, ¡ayúdalo! Tú hablas inglés.

5

Donostia es el nombre vasco de San Sebastián. La ciudad está cerca de la frontera con Francia.

¡Por fin hemos llegado! ¿Dónde pongo las maletas?

■■■ COMPRENDER

1 a Busca en el mapa:

| San Sebastián | el Ebro | Zaragoza | Teruel | Madrid | Pamplona | Valencia |

b Contesta las preguntas.

1. ¿Adónde van Aitor y su padre?
2. ¿Dónde paran para comer?
3. ¿Cómo se llaman las provincias que cruzan?
4. ¿Qué es el Ebro?
5. ¿Quién es Goya?
6. ¿Cómo se llaman las fiestas famosas de Pamplona?
7. ¿Qué es Donostia?

VOCABULARIO

 2 Jugad en clase: ¿qué necesitas cuando vas de viaje?, ¿qué metes en tu maleta?

▶ 62|1

1. En mi maleta meto una guía turística.

2. En mi maleta meto una guía turística y … tres pantalones.

3. [•••]

 **3** Haz adivinanzas como en el ejemplo. Tu compañero/-a da la respuesta.
Ejemplo: – Las necesitas para ver mejor en el sol. – Las gafas de sol.

| Lo/s
La/s | necesitas para | buscar el camino.

tomar fotos. | escuchar música.

abrir el coche. | [•••] |

 ESCUCHAR

4 a Escucha los números y escríbelos en tu cuaderno.

2|13

b Escucha, después calcula y apunta el resultado.

2|14

c Escucha y comprueba si tu resultado es correcto.

2|15

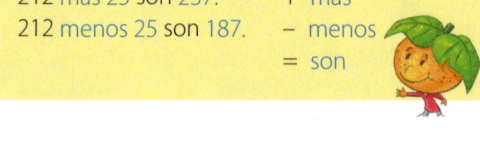

212 más 25 son 237.   + más
212 menos 25 son 187.   – menos
                          = son

ACTIVIDADES

 5 Pregunta a tu compañero/-a. Él / Ella contesta.

▶ 62|2

Santiago de Compostela 613 km

Santander 455 km

Toledo 99 km

Sevilla 532 km

Madrid

Barcelona 619 km

¿Qué distancia hay entre Madrid y [•••]?

Hay más de [•••] kilómetros.

Hay unos [•••] kilómetros.

6 a ¿Qué sabéis de España?

Puedes mirar en el mapa o en el Pequeño diccionario, p. 147.

1. Los habitantes del País Vasco hablan español y [•••].
2. [•••] es la capital de la Comunidad autónoma de Extremadura.
3. La montaña más alta de España es el [•••], en Sierra Nevada.
4. Santander es una ciudad en el [•••] de España.
5. El río Guadalquivir pasa por Córdoba y también por [•••].
6. Las cuatro Islas Baleares se llaman: [•••].
7. Los Pirineos limitan con [•••].
8. En Marruecos hay dos ciudades españolas: [•••] y [•••].

 b Escribe seis frases como en **a** sobre España o una región de España, por ejemplo el País Vasco. Tus compañeros/-as las completan.

A ¡DESCUBRE TU CIUDAD!

2|16
2|17

Iker y Leire, los primos de Aitor, hacen entrevistas a gente en las calles de San Sebastián para el taller de radio de su instituto. Aitor los ayuda.

Leire: Hola, ¿tienes un momento para una
5   entrevista sobre el tema «¡Descubre tu
     ciudad!»?
Chico: Vale, pero yo soy de Madrid.
Leire: Y … ¿qué haces aquí? ¿Eres turista?
Chico: No, no, vivo aquí, soy estudiante.
10 **Leire:** Y viniste a San Sebastián para estudiar …
Chico: Sí, vine hace un año y la ciudad me
     encanta.
Leire: ¡Qué bien!, ¿y ya hablas un poco de vasco?
Chico: ¡Qué va! Todavía no. El vasco es muy difícil
15   y muy diferente al español. Pero este mes he
     empezado un curso.
Leire: ¿Ya has aprendido mucho?
Chico: Pues ya puedo decir cómo me llamo y
     dónde vivo. Sin embargo, todavía tengo que
20   aprender mucho. El otro día en la radio alguien
     dijo algo en vasco y sólo pude comprender un
     par de palabras. Pero aquí el idioma no es un
     problema, porque todos hablan español.

Iker: Hola, señor. ¿Usted es de Donostia?
25 **Señor:** Bueno, más o menos.
Iker: ¿Más o menos? … ¿y por qué?
Señor: Bueno, porque nací y me crié aquí en
     Donostia, pero hace dos años mi mujer y yo
     tuvimos que mudarnos por razones de trabajo
30   a Bilbao.
Iker: ¿Y le gusta Bilbao?
Señor: ¿Bilbao? Me encanta, porque hay
     muchos museos: mi favorito es el Museo
     Guggenheim.
35 **Aitor:** ¿El museo qué?

Señor: El Guggenheim, el museo de arte
     contemporáneo. ¿Nunca has oído hablar de él?
Aitor: Bueno, creo que sí he oído hablar de él,
     pero hasta ahora no he estado allí.

40 **Leire:** Señora, ¿qué sabe usted sobre el País Vasco?
Señora: Bueno. Yo sé muchas cosas. ¿Qué quieres
     saber?
Leire: Humm, a ver … ¿algo sobre la geografía de
     la región?
45 **Señora:** La capital del País Vasco es Vitoria, aunque
     la ciudad más grande es Bilbao. Tiene tres
     provincias: Álava, Guipúzcoa y Vizcaya. Además, la
     montaña más alta es el Aitxuri. Está en el parque
     natural de Aizcorri. Y sobre el origen del pueblo
50   vasco: nadie sabe de dónde venimos.
Leire: ¡Usted sí que sabe!
Señora: Es que yo soy profesora de Historia y
     Geografía. Además, siempre he vivido aquí.

Aitor también quiere hacer una entrevista y habla
55 con dos chicas:

Aitor: Eh … ¿vosotras vivís en San Sebastián?
Luisa: Yo sí, pero ella no. Ella vive en Vitoria.
Aitor: ¿Ah sí? ¿Y cómo te llamas y por qué estás
     aquí?
60 **Nuria:** Me llamo Nuria. El año pasado mi padre
     cambió de trabajo y nos fuimos de San Sebastián.
     Hace una semana Luisa me invitó a venir. Primero
     mis padres dijeron que no … Los padres de Luisa
     tuvieron que hablar con ellos y ya ves, al final me
65   dejaron venir. He llegado hoy y por la tarde
     vamos a ir al paseo de la Concha, ¿quieres venir?
Aitor: ¡Claro!, ¿dónde quedamos?
Iker: Oye, Aitor, tenemos que seguir con las
     entrevistas, ¿te acuerdas?

■■■ COMPRENDER

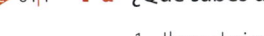 64|1   **1 a** ¿Qué sabes de estas personas? ¿Qué relación tienen con San Sebastián?

     1. Iker y Leire   3. el señor   5. Nuria y Luisa
     2. el chico   4. la señora

b ¿Qué sabes del País Vasco?
Completa el mapa mental con la información del texto.

el País Vasco

■■■ ¡ACUÉRDATE!

2   Completa con mucho/s, mucha/s, mucho o muy.

San Sebastián es una ciudad [•••] bonita. Tiene
montañas, mar, [•••] playas y [•••] barrios bonitos
y tranquilos. En verano, vienen [•••] turistas, sobre
todo del sur de España porque aquí hace menos
calor. ¡Pero a veces llueve [•••], sobre todo en
invierno!
Aquí la gente habla español y [•••] también
hablan vasco. Nadie conoce el origen de esta
lengua, es [•••] difícil y [•••] palabras son [•••]
diferentes al español. Por ejemplo escuela es
ikastola en vasco, la lengua vasca se llama *euskera*
y el País Vasco, *Euskadi*.

■■■ DESCUBRIR

3 a   Suche die Zeitangaben im Text und notiere sie in einer Liste: Nach welchen steht das pretérito
indefinido, nach welchen das pretérito perfecto? ►► Resumen 1, p. 102

| hace un año   el otro día   hace dos años |
| el año pasado   hace una semana |
| primero   al final   este mes   ya |
| nunca   hasta ahora   siempre   hoy |

pretérito indefinido	pretérito perfecto
hace un año	[•••]
[•••]	

b   In welchem der beiden Sätze wird das pretérito indefinido verwendet? In welchem das
pretérito perfecto? ►► Resumen 1, p. 102
Esta semana [•••] a Javi.
La semana pasada [•••] a Javi.

| vi | | he visto |

■■■ PRACTICAR

DELE   **4**   Utiliza las formas correctas de los verbos en pretérito indefinido o pretérito perfecto.
📙 65|4   ►► Resumen 1, p. 102
66|5
67|8b
67|9

1 ¿[•••] (llamar / tú)
hoy a tu madre por
teléfono?

Hoy no.
La [•••] (llamar / yo)
ayer por la
tarde.

2 Esta noche no [•••]
(dormir / yo) bien. Por eso
esta mañana [•••] (llegar / yo)
tarde a clase.

3

El año pasado [•••] (ir / nosotros) de vacaciones a Galicia. Pero este año [•••] (ir / nosotros) al País Vasco.

4

¿Todavía no [•••] (hacer / vosotros) los deberes?

No, es que primero [•••] (tener que / nosotros) que ordenar la habitación …

… y después [•••] (salir / nosotros) con el perro.

5

¿Ya [•••] (ver / vosotros) la nueva película?

Sí, Ana y yo [•••] (ver / nosotros) la película hace dos semanas.

Pues, yo no la [•••] (ver / yo) todavía.

6

El otro día [•••] (conocer / yo) a una chica de Vitoria en la plaza. Y ahora me [•••] (llamar / ella) para invitarme a una fiesta.

65|3
66|6
5 Aitor le escribe a Rafa. Completa con los verbos en pretérito indefinido. ▸▸ Resumen 1, p. 102

> Hola, Rafa: Ayer (*ir* / yo) con mis primos al centro de San Sebastián. Ellos me (*llevar* / ellos) al paseo de la Concha. Allí hay una playa, pero no (*poder* / nosotros) nadar. Iker y Leire (*hablar* / ellos) con mucha gente y les (*preguntar* / ellos) un montón de cosas. Yo (*tener que*) esperar todo el tiempo, pero no importa, al final (*conocer* / yo) a dos chicas muy majas. Una de ellas
> 5 (*venir*) aquí para pasar las vacaciones con su amiga. (*hablar* / nosotros) un rato con ellas, después (*venir*) otros chicos y (*pasar* / nosotros) un buen rato. Las chicas y sus amigos nos (*invitar*) a una fiesta, pero cuando (*llamar* / nosotros) y (*preguntar* / nosotros) a mis tíos y a mi padre, ellos (*decir*) que sí y mi padre (*decir*) que no. Al final no (*poder* / nosotros) ir, pero (*volver* / nosotros) tarde a casa y ¡vaya bronca nos (*echar*) todos! Así es la vida …
> 10 Saludos y hasta pronto, Aitor

68|10 **6** Elige la conjunción correcta para cada frase. ▸▸ Resumen 3, p. 102

1. Aitor ve a las chicas con sus amigos		llega al paseo.
2. Aitor saluda a todos		no conoce a los otros chicos.
3. Dos de los chicos charlan	sin embargo	otros juegan al fútbol.
4. Luisa ve que ya es tarde	aunque	mira el reloj.
5. Ella tiene que irse a casa ya	mientras	dice que mañana tiene otra vez tiempo.
6. Nuria y Aitor se quedan en el paseo	cuando	va a llover.
7. Aitor charla con Nuria		Iker y Leire siguen con las entrevistas.

7 Cuenta tú. Forma frases en presente o en pretérito perfecto.   ▶▶ Resumen 2, p. 102

68|12

En mi instituto En mi familia En mi calle/barrio Yo Mis amigos	nadie nunca	*hacer* excursiones. *saber* hablar chino. *viajar* solo/-a. [•••]	*llamarse* Paco. *ir* al museo. *mudarse*. *tener* un MP3.	*estar* en Costa Rica. *querer* ir al polideportivo. *hacer* una entrevista.

■■■ **ESCUCHAR**

2|18

8 a Durante su viaje a San Sebastián Aitor y su padre escuchan la radio.
Escucha y ordena los programas:

1 una entrevista	2 las noticias¹	3 un programa de música	4 el tiempo	5 un programa de deporte	6 un programa vasco

1 las noticias *die Nachrichten*

b Escucha otra vez y contesta las preguntas.

1. ¿Qué tiempo hace en España?
2. ¿Qué hora es en las Islas Canarias?
3. ¿Quién mete el gol?

■■■ **APRENDER MEJOR**

9 **Vokabeln wiederholen**
Revisa en la lista cronológica (p. 179), las diez primeras palabras del texto **8 A**. Después cierra el libro, escucha y completa las frases con las palabras que faltan.

> Um die Vokabeln einer Lektion zu wiederholen, gibt es verschiedenen Methoden:
> – Du kannst eigene Höraufnahmen mit Hilfe der Lista cronológica (S. 155) erstellen. Zunächst sprichst du laut und deutlich die Vokabeln, dann den spanischen Beispielsatz. Anschließend erstellst du mit 10 Vokabeln (möglichst die, die du dir nicht so gut merken kannst!) einen kleinen Text, den du ebenfalls aufnimmst. Diese Aufnahme kannst du immer wieder anhören.
> – Du kannst die Umschreibungen zunächst ohne die Vokabel aufnehmen. Nach einer kurzen Pause wiederholst du den Satz mit Lösung. So kannst du dich direkt überprüfen.

■■■ **VOCABULARIO**

10 a Relaciona.

hacer criarse mudarse invitar nacer hablar saber decir ser tener venir comprender

una entrevista en Donostia por el trabajo a un amigo en el País Vasco un poco de vasco algo sobre la geografía algo en vasco diferente al español un momento a Donostia para estudiar un par de palabras

b Escribe un texto con seis verbos de **a**.

■■■ **ACTIVIDADES**

11 Nuria pregunta a sus padres si puede ir a San Sebastián, pero al principio ellos dicen que no (p. 97, l. 79). Preparad el diálogo entre Nuria y sus padres, después representad la escena en clase.

67|7

B EL DIARIO DE KEPA

Kepa es un chico que vive en Bilbao. En su diario apunta los problemas con sus padres, las cosas que pasan en el instituto y muchas cosas más.

2|20
2|21

Voy a ver el Museo Guggenheim Bilbao. La verdad es que tenemos que escribir un trabajo sobre el museo, pero estoy muy triste y no sé si voy a poder hacerlo. Mis padres no paran de pelearse[1]. [...] En
5 el instituto hay mucha gente con padres separados y hay muchos que se lo toman con naturalidad, al menos por fuera. Pero a mí no me mola. [...]
La zona del muelle ha cambiado mucho. Al otro lado del puente de Deusto[2], que es una de las
10 entradas de Bilbao desde la costa, han hecho un auditorio[3], bastante grande. [...] El museo está debajo del puente de la Salve[4], un puente de metal pintado de verde. El edificio central del museo está revestido de titanio[5]. Un metal muy
15 brillante que a veces parece gris plata, y otras casi de oro. Pues digo que desde aquí, desde el puente, el Guggenheim Bilbao parece ... parece ...
– Parece un monstruo, si cierras los ojos.
¡Anda, si es la tonta de Sofía! –piensa Kepa.
20 – Pues – digo yo para fastidiar – desde aquí más parece una cebolla[6].
– Una cebolla de oro – dice.
– De titanio –digo yo. [...]
– O un barco[7].
25 Sofía está mucho más simpática que en clase. Debe de ser porque no está con sus amigas. Cuando están en grupo se ponen histéricas.
– ¿Vas a escribir el tema? – pregunta.
– Bueno, tía, es para final de curso, ¿no?
30 – Sí, pero yo lo quiero hacer cuanto antes[8]. Mira, he tomado unos apuntes del museo.
Está muy bien lo que ha hecho.
– Están guay – digo.
– ¿Te pasa algo? – pregunta de repente. [...]
35 – ¿Por qué? – pregunto.
– Es que ... te noto como triste.

No sé qué contestar. Me quedo con la boca abierta. [...] Ella me sigue y dice:
– Oye, si quieres ...
40 – ¿Qué? – pregunto.
– Que podemos hacer el trabajo juntos.
– ¿Por qué? – ¡Qué mosqueo[9]!
– Y ¿por qué no? – dice.
– No sé ... Como siempre estás con tus amigas ...
45 – Bueno – dice, y baja la cabeza – ... es que ... nos hemos enfadado y ... ¡me aburre un montón estudiar sola!
– Ya – le digo –. Bueno ... pues ... de ser así, casi ... el domingo, ¿vale? – y veo que está contenta.
50 – Sí, vale. El domingo. Te voy a llamar para quedar. ¿Vienes en la guía de teléfonos[10]?
– ¡Hombre, somos pobres ...
– ¡Vale ya! – sonríe y me dice adiós con la mano.

1	pelearse *sich streiten*	7	el barco *das Schiff*
2	el Deusto *Viertel in Bilbao*	8	cuanto antes *so früh wie möglich*
3	el auditorio *Konzertsaal*		
4	la Salve *Fluss in Bilbao*	9	el mosqueo *der Ärger*
5	el titanio *Titan (silberglänzendes Metall)*	10	la guía de teléfonos *das Telefonbuch*
6	la cebolla *die Zwiebel*		

Asun Balzola, El efecto Guggenheim Bilbao (texto adaptado),
© Ed. SM 2003

▪▪▪ COMPRENDER

1 Contesta las preguntas. ¿Por qué ...

1. ... Kepa está triste?
2. ... Kepa va al museo?
3. ... Kepa piensa que Sofía es más simpática que en clase?
4. ... Sofía está contenta?
5. ... Sofía no quiere hacer el trabajo con sus amigas?
6. ... Sofía quiere hacer el trabajo con Kepa?

▪▪▪ ACTIVIDADES

2 Por la noche, Sofía escribe en su diario. ¿Qué piensa sobre Kepa? Escribe el texto en tu cuaderno.

RESUMEN DE GRAMÁTICA

1 **Los Verbos | Die Verben**

1.1 El verbo oír | Das Verb oír

oír

oigo
oyes
oye
oímos
oís
oyen

¡Oye! Hay que volver a clase!

¿Qué estás diciendo? No te oigo…

GH 33|33 **1.2 El pretérito indefinido: los verbos irregulares (I) | Das Indefinido: unregelmäßige Formen (I)**

venir	**decir**	**poder**	**tener**
vine	dije	pude	tuve
viniste	dijiste	pudiste	tuviste
vino	dijo	pudo	tuvo
vinimos	dijimos	pudimos	tuvimos
vinisteis	dijisteis	pudisteis	tuvisteis
vinieron	dijeron	pudieron	tuvieron

GH 33|34 **1.3 El pretérito indefinido y el pretérito perfecto | Das Indefinido und das Perfekt**

El pretérito indefinido

La semana pasada perdí mi mochila.
Ayer te llamé.
Hasta el año pasado vivimos en Chile.
El año pasado Sarah fue a Alemania.
Hace dos años fui a Guatemala.

Primero entró Pablo,
luego llegó Paula
y al **final** vino Esteban.

De repente me desperté,
después me levanté
y **entonces** fui al instituto.

El pretérito perfecto

Pero **esta mañana** Diego la ha encontrado.
Hoy te he llamado también.
Hasta ahora no he hablado con mis padres.
En mis vacaciones **siempre** he ido a España.
Nunca he viajado a Costa Rica.
Todavía no he viajado a México.

¿**Ya** han llegado todos tus amigos?

Welche Zeit verwendest du, um etwas aus einem Zeitraum zu erzählen, der sich auf die Gegenwart bezieht?

GH 35|35 **2** **Nunca, nada y nadie antes del verbo | Nunca, nada und nadie vor dem konjugierten Verb**

Nunca he visto un gato verde.
Nadie habla con él.
Nada te he dicho.

Wie lauten die Sätze, wenn du no … nunca, no … nadie und no … nada verwendest?

GH 35|36 **3** **Conectores | Konnektoren**

Jordi es muy inteligente, **sin embargo** no saca siempre buenas notas.
Ahora tiene problemas con el examen de Historia **aunque** ha estudiado mucho.

ultativo · facultativo · facultativo · facultativo · facultativo · facultativo · facultativo · facultativo · facultativo

Un viaje por España | ¡Anímate!

8

¡ANÍMATE!

RESTAURANTE
PLAZA DE TOROS

Entradas

Gazpacho	2,85 €
Ensalada verde	3,50 €
Paella valenciana (para dos personas)	8,40 €
Croquetas de pollo	6,00 €

Mariscos

Calamares fritos	4,20 €
Gambas a la cazuela	4,80 €

Pescados

Pez espada a la plancha	8,00 €
Merluza a la gallega	10,50 €

Carnes

Filete ibérico	9,00 €
Pollo a la plancha	7,30 €
Lomo adobado	8,60 €

Postres

Flan de caramelo	2,50 €
Macedonia	2,50 €

Plaza de Toros de Antequera - Bajo los tendidos del Coso
Tel. (0034) 952 84 46 62

los calamares fritos

el pez espada a la plancha

el flan

1 a Mira el menú, escucha y explica:
¿Qué es
  – entrada
  – gazpacho
  – segundo?

2|22

b Wie fragt man auf Spanisch nach der Rechnung?

2|23

c Estás con tus padres en un restaurante. Ellos no hablan español. Escucha otra vez y contesta las preguntas.

a el tenedor	**c** el cuchillo	**e** la sal	**g** el aceite
b la cuchara	**d** la servilleta	**f** la pimienta	**h** el vinagre

COSAS DE LA VIDA

¡ACÉRCATE!

> Para mí, el problema es la materia. O me pongo las pilas, o saco otra vez un suspenso. Ya vas a ver tú la bronca que voy a tener en casa …

> Oye, ¿me has traído el diccionario de inglés que te presté ayer?

> ¡Jo!, lo he dejado en casa con los apuntes de Ciencias y mis chuletas de Mates.

> Ayer terminé la presentación de Historia. ¡Me da un corte hablar frente a la clase!

> Ay, Esteban, ¡qué exagerado!

> Con las malas notas que estoy sacando este año seguro que voy a tener que repetir curso.

> Pues, yo también tengo que empollar todo el verano porque las recuperaciones ya empiezan en septiembre.

> Pues tiene razón, pero como tú sacas en Historia sobresalientes, no te enteras.

■■■ ¡ACUÉRDATE!

1 a ¿Qué asignaturas conoces? Haz una lista en tu cuaderno.

b Formula adivinanzas como en el ejemplo. Tus compañeros adivinan qué asignatura es.

> … es / son importante/s en esta asignatura. /
> En esta asignatura aprendes algo sobre … / trabajas con …

Ejemplo:

Los números son muy importantes en esta asignatura.

¡Es Mates!

En esta asignatura …

2 a Ordena las sílabas y apunta las palabras en tu cuaderno.

71|1
72|2

lien-so-sa-te-bre	no-ble-ta	pen-sus-so	na-dic-rio-cio	le-ta-chu
ta-pre-ción-sen	pun-a-tes	ma-ria-te	po-em-llar	pe-re-ra-cu-nes-cio

b Forma al menos cinco frases con las palabras de **a**.

3 a Busca en el texto las siguientes expresiones y escríbelas en tu cuaderno.

Sage, dass …

1. es dir peinlich ist, vor der Klasse zu sprechen.
2. du immer gute Noten in Spanisch bekommst.
3. dir etwas ganz schön schwer fällt.
4. du in Technologie nichts mitbekommst.
5. du ein „Sehr gut" in Englisch und ein „Gut" in Mathematik hast.
6. du in Naturwissenschaften gerade so ein „Ausreichend" hast, aber in Technologie ein „Ungenügend".
7. du den ganzen Sommer über pauken musst.
8. dir dein Banknachbar immer seine Notizen zum Abschreiben gibt.
9. du dich ganz schön anstrengen musst.
10. du etwas übertrieben findest.

2|25

b Escucha las soluciones y compara con tus apuntes.

72|3 **4** Haz un mapa mental con todas las palabras y expresiones que están relacionadas con el tema «el instituto». ▶ texto, p. 104/105; lista alfabética, p. 187

el instituto

las notas   las asignaturas

5 a Maripaz y Julián hablan sobre sus notas. Preparad el diálogo y representad la escena en clase.

Julián …   **Maripaz …**

… sagt, dass er in Mathe dieses Jahr viele Probleme hat und dass er entweder ganz schön ranklotzen muss oder noch mal ein Ungenügend bekommt.

→ … erwidert, dass das übertrieben ist.

… sagt, dass sie Recht hat, aber dass sie nichts (von den Problemen in Mathe) bemerkt, weil sie immer eine Eins hat.

→ … erwidert, dass Englisch ihr sehr schwer fällt und sie kaum ein Ausreichend schafft. In Spanisch (Lengua y Literatura) muss sie ein Referat vorbereiten. Aber ihr ist es unangenehm, vor der Klasse zu sprechen.

… schlägt vor, ihr mit dem Referat zu helfen. Spanisch ist sein Lieblingsfach. ←

b Continuad el diálogo y utilizad las expresiones de **4**.

A ¿QUIÉNES HAN SIDO?

2|26
2|27

Al final de un día de clases, a la salida del instituto …

Elena: Hombre, Javi, ¿dónde has estado? Te estoy buscando desde hace dos días.

Javi: Es que he estado todo el día en la biblioteca.
5   Bueno … ayer también estuve allí … y anteayer también. Ya sabes … ¡los exámenes!

Elena: ¡Qué tonta soy! Allí no te busqué. Mira, Luisa, la chica de la otra clase, me dio algunos libros para ti porque no te vio por ningún lado.
10   Como yo tampoco te encontré le di los libros a Rafa. Rafa te dio los libros anoche en casa, ¿no?

Javi: ¿Rafa? A ese ayer ni lo vi. ¿Qué libros te dio? ¿Los de Ciencias de la Naturaleza o los de Geografía?

15 **Elena:** No me acuerdo.

De repente, Javi y Elena ven a un chico pequeño que está llorando …

Javi: Iván, ¿qué te ha pasado? ¿Te has caído?

Iván: No, no me he caído, me han empujado esos
20   chicos de ahí en aquella esquina.

Elena: ¿Cómo que te han empujado?

Iván: No sé, un chico ha puesto un pie encima de mi mochila y me ha quitado mi pelota. Otro chico me ha empujado. ¡Los demás se han
25   echado a reír y me han dicho un montón de cosas!

Javi: ¿Quiénes han sido?

Iván: Esos dos: el chico rubio de pelo rizado y ese otro, el delgado con gafas.

30 **Javi:** Sí, los conozco, son Arturo y Pablo, compañeros de Rafa. Arturo le quitó ayer el monedero a

una chica. Y como se puso agresivo, la chica no supo qué hacer. Al final sus compañeros no hicieron nada y ninguno de ellos la ayudó,
35   porque todos les tienen miedo.

Elena: ¿No os da vergüenza pegarle a uno más pequeño que vosotros?

Arturo: No hemos pegado a nadie. Este se ha caído solo y se ha echado a llorar. Eso ha sido todo.

40 **Javi:** ¡Déjate de cuentos! ¡Que tenéis fama de pegarle a los más pequeños!

Pablo: Y tú, ¿qué quieres? Contigo no estoy hablando. ¡Largaos de aquí!

Elena: ¿Qué? Aquí nadie te tiene miedo.

45 **Esteban:** Chicos, ¿qué pasa?

Javi: Nada. Es que estos lo han empujado a él. Creen que como es más pequeño no se puede defender.

Sarah: ¡Qué vergüenza! ¿Por qué no intentáis
50   empujarnos a nosotros también?

Arturo: ¡Bah! panda de golfos. Chicos, ¡mejor nos vamos de aquí!

Elena: Sí, sí … mejor. Y la próxima vez pensaos mejor con quien os metéis.

■■■ COMPRENDER

1   ¿Correcto o falso? Corrige las frases falsas en tu cuaderno.

73|1

1. Javi ha estado toda la tarde en la biblioteca porque tiene que preparar una presentación.
2. Elena tiene los libros para Javi que le dio Luisa.
3. Cuando Elena y Javi ven a Iván él está muy contento.

4. Arturo y Pablo le han dado a Iván una pelota y han jugado con él.
5. Javi nunca ha visto a Arturo y Pablo.
6. Elena discute con Arturo y Pablo.
7. Esteban y Sarah son amigos de Arturo y Pablo y los defienden.

2 Jugad en parejas con un dado. | **A** sucht sich ein Verb aus der Liste heraus und nennt den Infinitiv.
🚩 73|2   **B** würfelt und nennt die konjugierte Form im pretérito indefinido.   ▶▶ Resumen 1, p. 112

| traer   caerse   hacer   poner   estar |
| dar   ver   buscar |

⚀ yo ⚁ tú ⚂ él/ella ⚃ nosotros/nosotras
⚄ vosotros/vosotras ⚅ ellos/ellas

3 Forma frases con el pretérito indefinido. Hay varias posibilidades.
Ejemplo: ¿Anoche (tú) pusiste la mesa?

1. ¿Anoche (tú)
2. Anteayer Juanjo
3. El sábado pasado (nosotros)
4. El verano pasado Gema y Pepa
5. ¿Ayer (vosotros)
6. El otro día (yo)
7. El año pasado mis amigos y yo
8. Hace tres días (yo)

dar   traer   poner   buscar   ver   caerse   estar   hacer

los apuntes a María
un viaje al País Vasco
una peli interesantísima
en el cine
la mesa   una ensaladilla rusa a la fiesta
en el pasillo del insti
[•••]   información sobre Valencia

4 Haced diálogos. Utilizad el pretérito indefinido.
Ejemplo: 1. – ¿Dónde estuvisteis en las vacaciones el verano pasado?
– Estuvimos en Andalucía[1].

1. ¿Dónde / *estar* (vosotros) / en las vacaciones / el verano pasado?
2. ¿A qué ciudades / *ir* / allí?
3. ¿Qué / *ver* / en Granada?
4. ¿Qué / *traer*?
5. ¿Qué tiempo / *hacer*?
6. ¿*hacer* / una excursión a las montañas?
7. ¿Qué ropa / *ponerse* / en Sierra Nevada?
8. ¿Qué / *comer*?

… en Andalucía.

… a Granada, Sevilla y Cádiz.
En Granada … la Alhambra[2].
… un mapa y un cedé con música de Flamenco.
… muy buen tiempo, pero mucho calor.
… una excursión a la Sierra Nevada[3].
… vaqueros y zapatillas de deporte.
… muchas tapas[4]. ¡Qué ricas!

1 Andalucía *Andalusien, Region in Südspanien*
2 la Alhambra *berühmte Burg in Granada*
3 Sierra Nevada *Gebirgskette in Andalusien*
4 las tapas *spanische Häppchen*

5 a Suche die Zeitangaben. Die Buchstaben zwischen den gesuchten Wörtern ergeben ein Lösungswort mit Artikel.

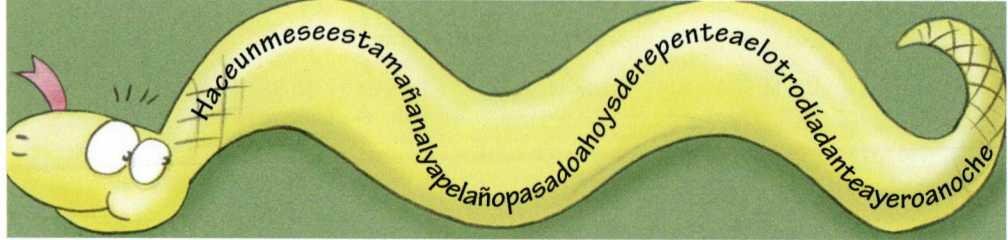

b Ordne die Wörter von **a** dem **pretérito indefinido** oder **pretérito perfecto** zu.

pretérito indefinido	pretérito perfecto

c Completa la tabla con otros «marcadores» que ya conoces. ▶▶ Resumen 1, p. 78

6 Completa las frases con un marcador correcto.

> hace dos años   todavía   nunca
> anoche   hoy
> ayer   hasta este verano   ya   hasta ahora

1. [...] he vivido en un pueblo cerca de Madrid, pero ahora vivo en Valencia.
2. [...] estuve la primera vez en Valencia porque tengo un amigo allí. La ciudad mola mucho.
3. [...] no he estado en el Oceanográfic y [...] no he comido paella valenciana[1].
   Pero [...] he comido muchísimas naranjas valencianas – ¡qué ricas son!
4. [...] estuve todo el día en la playa y [...] fui al cine.
5. [...] no he hecho nada, solo he leído un poco.

1 la paella valenciana *Reispfanne mit Fleisch und Gemüse, Spezialität aus Valencia*

7 a Haz preguntas con la forma correcta del **pretérito indefinido** o del **pretérito perfecto**. Tu compañero/-a contesta. | Wechselt euch ab.
74|3
74|4
75|5
Ejemplo: 1. – ¿Has comido alguna vez torrijas?
– No, nunca he comido torrijas. / Sí, comí torrijas el año pasado en Madrid.

> Achte bei den Antworten auf die richtige Zeitform. Es ist möglich, dass du hier eine andere Zeitform benutzen musst als in der Frage.

1. ¿(tú / *comer*) alguna vez torrijas?
2. ¿Ya (tú / *estar*) en España?
3. ¿Cuándo (tú / *levantarse*) esta mañana?
4. ¿Qué (tú / *hacer*) esta semana?
5. ¿Qué (tú / *hacer*) la semana pasada?
6. ¿Qué (tú / *hacer*) anoche?
7. ¿Ya (tú / *leer*) un libro este año?
8. ¿Qué (tú / *comer*) hoy?
9. ¿Qué (tú / *hacer*) a las ocho de la mañana?
10. ¿Adónde (tú / *ir*) el fin de semana pasado?

b Escribe las preguntas con tus respuestas en tu cuaderno.

75|6 **8** Completa con: algunos / algunas / ningún/-uno / ninguna. ▶▶ Resumen 3, p. 112

Hay [...] chicos, pero no hay [...] chica en clase.

En [...] monedero hay dinero.

No hay [...] chica rubia.

Hay [...] naranjas y [...] plátanos, pero no hay [...] manzana.

[...] lápices son rojos, pero [...] es verde.

[...] gorras son blancas, pero [...] es roja.

9 a Completa con una forma correcta de algún / ningún / alguno / ninguno. ▶▶ Resumen 3, p. 112

1. – ¿Conoces a [...] chico con ojos verdes?
   – Sí, conozco a uno.
2. – ¿Ya has visto [...] película de Paz Vega?
   – No, no he visto [...].

3. – ¿Sabes [...] tema interesante para la presentación de Geografía?
   – No, no sé [...].
4. – ¿Conoces [...] canciones de Enrique Iglesias?
   – No, no conozco [...].

b Escribe dos diálogos más como en **a**.

10 a Contesta cada pregunta con una respuesta negativa. Escribe las frases en tu cuaderno.
Ejemplo: – ¿Puedes oír algo? – No, no puedo oír nada.

1. ¿Puedes oír algo?
2. ¿Has leído algún libro de Isabel Allende?
3. ¿Has estado alguna vez en Valencia?
4. ¿Conoces a alguien de Perú?
5. ¿Tienes alguna pregunta?
6. ¿Qué vas a hacer mañana?
7. ¿Hay alguien en la calle?
8. ¿Ya habéis estado en algún mercadillo en España?
9. ¿Miguel conoce a alguien de Berlín?
10. ¿Sabéis tocar la guitarra?
11. ¿Hay algún chico en la cafetería?

2|28

b Escucha las soluciones y compara con tus respuestas.

■■■ ESCUCHAR

2|29

▶ 76|9
  76|10

11 a ¿Qué expresiones conoces para describir a una persona? Haz un mapa mental en tu cuaderno.

b ¿Quién es? Escucha y relaciona con las personas del dibujo.

c Falta la descripción de una persona del dibujo. Descríbela tú en tu cuaderno.

d Describe un/a compañero/-a de tu clase. Los otros adivinan quién es.

▶ 76|11

■■■ ACTIVIDADES

12 Formad grupos de cinco o seis. Primero elegid una de las situaciones y pensad cómo puede continuar la escena (▶ texto, p. 107). Después, representadla en clase.

1. Algunos chicos están jugando al fútbol con la mochila / el estuche de un/a compañero/-a.
2. Hay cola en el comedor del instituto. Llegan dos chicas mayores que empujan a sus compañeros más pequeños y van a pedir su comida sin hacer cola.
3. Dos chicos/-as pasan, le quitan el monedero a una señora mayor y se van.

Überlegt euch, wo die Handlung spielt (auf dem Schulhof, auf der Straße …), wie viele Personen mitspielen, welche Charaktereigenschaften sie haben und wie man diese am besten darstellt. Schreibt nicht den gesamten Text auf, sondern fertigt Rollenkarten an, auf denen jede/r die wichtigsten Stichwörter für sich notiert.

B LOS SUPERHÉROES NO LLORAN

2|30
2|31

Daniel es un niño. A veces piensa que es una gallina¹. O un gusano². Otras veces, en cambio, piensa que es un superhéroe. Pero en realidad es sólo un niño. Un niño que tiene muchos juguetes y libros en casa pero que no tiene hermanos. En el cole tiene algunos amigos y además tiene una enemiga³: se llama Gina. Daniel no la aguanta porque grita mucho y es muy fuerte. A veces, Gina le quita el bocadillo a Daniel o le pega.

Daniel se siente un poco solo y le pregunta siempre a su madre: «¿Puedo tener un hermanito? Casi todos mis amigos tienen uno». – repite y repite siempre.
Un día su madre le dice que por fin va a tener un hermano. Daniel está muy contento y le busca un nombre a su hermanito: lo quiere llamar Javier. Así, en el futuro los dos van a jugar y él va a ser «Superdán» y su hermano «Superjavi».
Después de nueve meses nace por fin Violeta, su hermana menor.
¿Una hermana? … Pero, ¿por qué una hermana? Daniel quiere un hermano para poder jugar con él y ¡no una hermana! Además, sus padres ya no tienen mucho tiempo para él y poco a poco Daniel empieza a tener problemas: habla cada vez menos y en el cole nunca tiene ganas de nada. Por eso cada vez tiene menos amigos.
Así, en el cole, algunos empiezan a meterse con él y hay chicos que le pegan. La peor es Gina. Daniel no le ha hecho nada y no sabe por qué lo hace. Su tío Ramón le dice que a veces a la gente le gusta la violencia⁴.
Al final, Daniel ya no quiere ir al cole y por mucho tiempo se queda en casa. Cuando vuelve, en el primer recreo, ve una cara nueva. Es el chico que se ha mudado a la casa de enfrente. Parece un chico majo, y por eso a Daniel le da pena ver lo que está pasando.

Gina le ha robado su bocadillo. Ella es más alta y más fuerte que el chico nuevo y ahora se está comiendo su bocadillo. ¿Por qué lo hace? Nadie lo sabe. Pero esta vez Daniel se enfada y hace algo:

– Déjalo en paz, Gina. – ordena.
Gina lo mira de arriba abajo poco impresionada⁵. Da un paso⁶ adelante y habla con una voz como la de su tío:
– Devuélvele⁷ el bocadillo a mi amigo *ahora mismo*.
Gina lo mira con una expresión⁸ que Daniel no le ha visto nunca. […] Da un paso atrás⁹.
– *Ahora mismo*, Gina.
Gina da otro paso atrás. Daniel se pregunta por qué lo mira así. […] La chica sale corriendo. […] Alguien le toca en un hombro¹⁰. Se vuelve.

– Gracias, dice el chico y le sonríe. […] Daniel sonríe también.
– No tiene importancia. Pero quédate conmigo en los recreos, por si vuelve.
– Por mí, estupendo – dice el chico –. ¿Cómo te llamas?
– Daniel. ¿Y tú?
– Yo me llamo Javier.
– Es un buen nombre, amigo – dice Daniel –. Un buen nombre, je, je.

1 la gallina *das Huhn*
2 el gusano *der Wurm*
3 el / la enemigo/-a *der / die Feind/in*
4 la violencia *die Gewalt*
5 impresionado/-a *beeindruckt*
6 dar un paso adelante *einen Schritt nach vorn machen*

7 devolver *zurückgeben*
8 la expresión *der (Gesichts-)Ausdruck*
9 dar un paso atrás *einen Schritt nach hinten machen*
10 el hombro *die Schulter*

*Manuel L. Alonso, Los superhéroes no lloran
(texto adaptado), © ANAYA 1996*

■■■ COMPRENDER

1 a ¿Qué sabes sobre Daniel, Gina y Javier? Apunta la información en tu cuaderno.

b ¿Qué pasa en el próximo recreo? Escribe la próxima escena / el final de la historia.

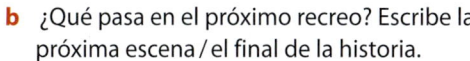

Daniel	Gina	Javier

RESUMEN DE GRAMÁTICA

GH 36|37 **1** **El pretérito indefinido: verbos irregulares (II) | Das Indefinido: Unregelmäßige Verben (II)**

estar	dar	traer	poner	hacer	saber
estuve	**di**	**traje**	**puse**	**hice**	**supe**
estuviste	**di**ste	**traj**iste	**pus**iste	**hic**iste	**sup**iste
estuvo	**dio**	**trajo**	**puso**	**hizo**	**supo**
estuvimos	**di**mos	**traj**imos	**pus**imos	**hic**imos	**sup**imos
estuvisteis	**di**steis	**traj**isteis	**pus**isteis	**hic**isteis	**sup**isteis
estuvieron	**di**eron	**traj**eron	**pus**ieron	**hic**ieron	**sup**ieron

2 **El verbo caerse | Das Verb caerse**

		presente	pretérito indefinido
[yo]	me	**ca**i**g**o	ca**í**
[tú]	te	caes	caiste
[él / ella / ud.]	se	cae	ca**y**ó
[nosotros/-as]	nos	caemos	caímos
[vosotros/-as]	os	ca**é**is	caísteis
[ellos / ellas / uds.]	se	caen	ca**y**eron

GH 37|39 **3** **Los pronombres y determinantes alguno y ninguno | Alguno und ninguno als Pronomen und Begleiter**

I Pronomen

	♂	♀
singular	alguno ninguno	alguna ninguna
plural	algunos –	algunas –

II Begleiter

	♂	♀
singular	**algún** problema **ningún** problema	**alguna** pregunta **ninguna** pregunta
plural	**algunos** problemas –	**algunas** preguntas –

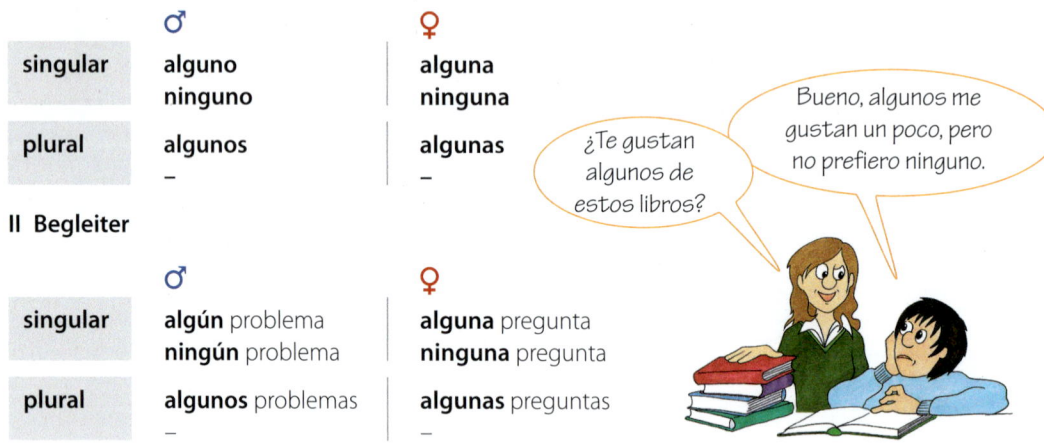

¿Te gustan algunos de estos libros?

Bueno, algunos me gustan un poco, pero no prefiero ninguno.

- ¿Hay **algún** supermercado en este barrio?
- ¿Te gustan **algunos** de estos libros?
- ¿Conoces **algunas** canciones de Juanes?
- ¿Has escuchado **algunos** cedés de música española?

- No, no hay **ninguno.**/ Sí, hay **uno.**
- Me gustan **algunos,** pero no prefiero **ninguno.**
- No, no conozco **ninguna.**
- Sí, ya he escuchado **algunos.**

Wann benutzt Du algún / ningún, wann alguno / ninguno?

GH 38|40 **4** **Los conectores como y porque | Die Konnektoren como und porque**

Me voy a la cama **porque** mañana tengo que levantarme temprano.
Como mañana tengo que levantarme temprano me voy a la cama.

cultativo · facultativo · facultativo · facultativo · facultativo · facultativo · facultativo · facultativo · facultativo

Cosas de la vida | ¡Anímate!

9

¡ANÍMATE!

JUNTA DE ANDALUCÍA

CONSEJERÍA DE EDUCACIÓN
I.E.S. Andrés Benítez

BOLETÍN DE CALIFICACIONES

ALUMNO/A: Felipe Martínez Jiménez
NÚMERO EXP: 2008/69
CURSO: 2º Curso de E.S.O.
UNIDAD: 2C
CONVOCATORIA: Ext (Extraordinaria)

Don Carlos Martínez Ríos
Avda. Manzanilla Nº 0003 9B
Jerez de la Frontera - 11404 (Cádiz)

Ref.Doc.: BolCalAlunfind

EVALUACIÓN

MATERIAS	1 EVA		2 EVA		Ord		Ext
Ciencias de la Naturaleza	SB	9	SB	9	SB	9	
Ciencias Sociales, Geografía e Historia	NT	7	SB	9	NT	8	
Educación Física	NT	7	NT	7	SB	9	
Educación Plástica y Visual	NT	7	SU	5	NT	8	
Lengua Castellana y Literatura	SB	9	NT	8	NT	8	
Inglés	SB	9	SB	9	SB	9	
Matemáticas	SB	9	NT	7	NT	8	
Tecnología	NT	8	NT	7	SB	9	
Religión y Moral Católica	NT	7	NT	7	SB	10	
Francés (Segundo Idioma)	NT	7	NT	8	NT	8	

Cód.Centro: 11008513

Decisión de la promoción: Promociona

Resumen de faltas de asistencia desde 01/09/2008 hasta 10/09/2008

	Justificadas	Injustificadas	Retrasos
Día/s Completo/s	0	0	
Tramo/s Horario/s	0	0	0

Observaciones:

Sello del Centro

Firma del Padre, Madre, o Tutor/a

Les saluda cordialmente,

Concepción de Osma Rodríguez

Tutor/a: Concepción de Osma Rodríguez
Horario tutoría: J 16:55 - 17:50

Nota: Este documento tiene sólo carácter informativo para el alumno/a y su familia, careciendo de valor académico.
Se añadirá un (*) a aquellas materias que han sido objeto de adaptación curricular.

1 Lee el documento y contesta las preguntas.

a Was heißt „Zeugnis", „Unterschrift", „Stempel" und „Mit freundlichen Grüßen" auf Spanisch?

b Für welche Noten stehen die Abkürzungen SB, NT und SU? Was bedeuten deiner Meinung nach die Zahlen dahinter?

2 Erkläre einem spanischen Freund dein deutsches Zeugnis.

REPASO 3 UNIDADES 7–9

■■■ **ESCUCHAR**

1 ¿Verdadero o falso? Escucha y corrige las frases falsas.

2|32

Iván le cuenta a sus padres qué ha pasado.

1. Iván tiene algo en la cabeza.
2. Su madre quiere saber qué ha pasado.
3. Hay unos chicos que siempre se meten con los pequeños que salen del instituto.
4. Esta mañana le han quitado los libros a Iván delante de su casa.
5. Nadie ha ayudado a Iván.
6. Los chicos se llaman Pedro y Arturo.
7. Arturo tiene el pelo rubio y lleva gafas. El otro es más alto y tiene el pelo rizado.

■■■ **PRACTICAR**

2 Completa con una forma de *alguno* / *ninguno*.

La semana próxima queremos organizar nuestra fiesta de verano. Es bastante difícil porque todos los chicos tienen [•••] ideas, pero [•••] idea es perfecta. Bueno, [•••] ideas son buenas, por ejemplo [•••] chicos quieren hacer un mercadillo, pero [•••] quiere organizarlo. Por lo menos, [•••] de mi clase tiene que repetir el curso, pero muchos tienen que empollar bastante para los exámenes. Además, [•••] profesor quiere ayudarnos porque dicen que es nuestra propia fiesta. Pienso que tienen razón, pero [•••] tampoco ven que tenemos muchos exámenes y que [•••] son muy difíciles. [•••] chicas quieren pedir ayuda a sus padres, pero yo pienso que es nuestra fiesta.

3 Forma frases. Utiliza el pretérito indefinido o el pretérito perfecto.

> Schaut euch zuerst die Infinitive an und überlegt: welche der Verben haben unregelmäßige Formen im pretérito indefinido oder im pretérito perfecto?

la semana pasada
esta mañana
hoy
ayer
anteayer
hace dos años
hasta el año pasado
siempre
todavía no
hasta ahora no
nunca
ya

ayudar a …
salir por la tele
hacer entrevistas en la calle
ponerse agresivo/-a
dar los apuntes de Inglés a …
mudarse
preparar la presentación para mañana
invitar a mis amigos
ver el partido de Pau Gasol en la tele
sacar un suspenso en el examen de Mates
vivir aquí
pasar el verano en … / con …
sacar un suspenso / un sobresaliente
empollar mucho
meterse con chicos agresivos

■■■ **VOCABULARIO**

4 a Busca parejas.

ponerse echarse salir sacar

| las pilas   nervioso/-a   agresivo/-a |
| a llorar   por la tele   buenas notas |
| a reír   un suspenso |

b Utiliza cuatro de las expresiones y escribe seis frases en tu cuaderno.

facultativo · facultativo · facultativo · facultativo · facultativo · facultativo · facultativo · facultativo · facultativo

Repaso | Unidades 7–9

5 Busca el sustantivo correspondiente.

jugar	profesional	cantar	dibujar	ayudar	beber

comer	salir	estudiar	apuntar	empollar

■■■ **APRENDER MEJOR**

6 **Ein Wörterbuch benutzen**

a Lee el primer chiste de Jaimito. Después contesta a las preguntas:

1. Was für eine Wortart ist „caminan"?
2. Wie lautet die Grundform?
3. Welche Information zu dem Wort findest du in dem Wörterbucheintrag?
4. Welche Übersetzung passt deiner Meinung nach?

> Va Jaimito a su madre y le pregunta:
> – Mami, mami, ¿los caramelos de chocolate caminan por la pared?
> – Pues no, Jaimito. Los caramelos no <u>caminan</u>.
> – Ah, vale … pues entonces me he comido una <u>cucaracha</u>.

> Jaimito le dice a su padre:
> Papá, papá, no quiero ir al colegio.
> ¿Por qué Jaimito?
> Primero, <u>tengo sueño</u>.
> Segundo, me aburro.
> Tercero, se ríen de mí.
> Entonces dice su papá:
> ¡Pues, tienes que ir!
> Primero, es tu <u>obligación</u>.
> Segundo, tienes 37 años.
> Tercero, eres el director del colegio.

Wortart (Adjektiv)
Wortstamm
Geschlecht (bei Nomen)
Wortart (Verb)

camin|ante 1. *adj.* reisend, wandernd; 2. *s/m* Fußgänger m; Wanderer m.; Reisender m; ~ar *v* gehen; wandern; reisen; *fig* (Redner) schwimmen; ~ata *f* langer Spaziergang m; ~ero 1. *adj* Wege…; 2. *s/m* Straßenwärter

> Im Wörterbuch findest du das Wort, das du suchst, nicht immer auf den ersten Blick. Dort stehen immer der Stamm oder die Grundform eines Wortes, in einem Text jedoch meist eine veränderte Form, z. B. ein konjugiertes Verb. Deshalb musst du zunächst überlegen, wie die Grundform aussieht.
> In einem Wörterbuch findest du außerdem viele Abkürzungen und Zeichen. Deren Bedeutung kannst du auf den ersten Seiten nachschlagen.

b Lee el segundo chiste. | Suche die unterstrichenen Wörter bzw. Ausdrücke in einem Wörterbuch und beantworte die Fragen 1 bis 4 aus der Aufgabe **a**.

■■■ **ACTIVIDADES**

7 Utiliza estas frases y escribe la historia en tu cuaderno.

> sin embargo, Sarah y Elena se meten con los chicos | aunque los chicos se ponen muy agresivos | como Iván está solo en la calle | mientras uno de los chicos empuja a Iván | cuando Esteban y sus amigos vienen | porque todos les tienen miedo

AMÉRICA LATINA

¡ACÉRCATE!

México

Ciudad de
México

Golfo de
México

Belice
Belmo...

Teguci...

Guatemala
Guatemala

El Salvador
San Salvador

Managua
Nicaragua

San José
Costa Ri...

América del Norte

Lucía

Yo vivo en la capital de México. Mi instituto está lejísimos de casa. Si tomo el metro, necesito media hora para llegar. Es un lío, porque el metro siempre está muy lleno. Si tomo el autobús, necesito una hora, pero puedo mirar por la ventana y ver los coches y a la gente. ¡La ciudad parece un hormiguero!

El Zócalo es la plaza más importante de la Ciudad de México y una de las plazas más grandes del mundo.

Centroamérica

Eladio

Yo soy de Guatemala. Vivimos en el campo, cerca de la frontera con El Salvador y Honduras. Mi papá es campesino y mi mamá tiene una tienda. Allí vende de todo y también tortillas. Cuando no voy a la escuela, la ayudo en la tienda. En la escuela hablo español, pero con mis papás y mis abuelos hablo quiché, una lengua maya.

La cultura maya es muy importante en Centroamérica.

Países Andinos

Pedro

Somos de Ollantaytambo, una ciudad cerca de Cuzco, en Perú. Cuando mi abuelo viene a casa, siempre me cuenta leyendas en quechua. Por él conozco muchas leyendas de los incas. Para mí es el mejor abuelo del mundo.

La cordillera de Los Andes va del norte al sur por muchos países de América Latina.

La Habana
Cuba
República
Dominicana
Haití
Puerto Rico
San Juan
duras
Puerto Príncipe
Santo Domingo
namá
Panamá
Mar Caribe
Caracas
Venezuela
Bogotá
Colombia
Quito
uador
Amazonas
Perú
Lima
Cuzco
Lago Titicaca
a cordillera de los Andes
La Paz
Bolivia
Brasil
Paraguay
Asunción
La Pampa
Uruguay
Chile
Argentina
Río de la Plata
Santiago
Buenos Aires
Montevideo
Patagonia
Islas Malvinas
Ushuaia

Caribe

Marta

Mi familia es muy grande y casi todos vivimos en Santo Domingo, la capital de la República Dominicana. Pero una parte de mi familia vive en Haití. Cuando vienen mis primos, siempre escuchamos música. Nos gusta mucho el merengue.

Muchos habitantes del Caribe son de origen africano y europeo.

Casi la mitad de los argentinos vive en Buenos Aires.

Cono Sur

Carlos

Los abuelos de mi mamá son de Italia, los de mi papá, de Polonia y los abuelos de mi tío Raúl son de Alemania. Es que *acá*, en Argentina, hay gente de todos lados, pero sobre todo, de Europa. Vivo en Buenos Aires, pero en diciembre, cuando empiezan las vacaciones de verano, voy a casa de mis primos en la Patagonia.

■■■ COMPRENDER

1 a ¿Qué es? Mira los textos de las páginas 116 / 117 y el mapa de América Latina.

80|1
80|2

Está en América del Norte y es como un hormiguero.

La capital de este país se llama Santo Domingo.

Es una cordillera inmensa. Va del norte al sur por muchos países de América Latina.

Es una región con muchos países pequeños entre el Océano Atlántico y el Océano Pacífico.

Es una ciudad antigua de los incas. Está cerca de Cuzco.

Es una plaza en el centro de Ciudad de México.

Es una lengua maya. La hablan en Centroamérica, por ejemplo en Guatemala.

b Prepara adivinanzas para tus compañeros/-as.
Ejemplo: Es un país del Cono Sur. La capital se llama como una ciudad en España.

■■■ PRACTICAR

2 a Termina las frases y haz propuestas a tu compañero/-a. ▶▶ Resumen 3, p. 126

81|3

1. Si mis padres están de acuerdo [●●●].
2. Si mañana hace buen tiempo [●●●].
3. Si no tienes ganas de ir a la plaza [●●●].
4. Si quieres, [●●●].
5. Si no quieres, [●●●].
6. Si sacas un suspenso en inglés [●●●].

b ¿Qué haces un domingo por la tarde si …

1. … llueve?
2. … tus padres no te dejan salir?
3. … no hay nada en la tele?
4. … tu móvil no funciona?
5. … estás solo/-a en casa?
6. … hace buen tiempo?

81|4 **3** Forma frases con cuando o si. ▶▶ Resumen 3, p. 126

	voy al estadio con mi padre los domingos, siempre compramos helados.
	hace calor mañana, vamos a la piscina.
Cuando	vienen mis abuelos, siempre nos traen fruta o verdura.
Si	Miguel escucha música, no se entera de nada.
	vas al mercado, compra pescado y lechuga.
	vas a la biblioteca, tráeme el libro sobre Argentina.

■■■ ESCUCHAR

4 a Un río famoso: escucha y contesta las preguntas.

2|35
81|5

1. ¿Dónde empieza el viaje del río?
2. Está en la frontera entre tres países. ¿Cuáles son?
3. ¿Por qué ciudad pasa?
4. ¿Dónde termina su viaje?

b Escucha otra vez y mira el mapa de América Latina: ¿cómo se llama el río?

2|35

■■■ PROYECTO

P

5 a Busca la siguiente información sobre Argentina:

1. tres ciudades
2. un plato típico
3. una región
4. una persona famosa

Puedes buscar la información en:
– el Pequeño diccionario, p. 147
– el **texto B**, p. 123
– el mapa del libro
– en internet

b Trabajad en grupos y buscad información sobre otro país de América Latina.

A ¿QUÉ TAL, CHE?

2|36
2|37
2|38

asunto: Ya estamos en Buenos Aires

Hola amig@s:

Desde hace cuatro días estamos en Buenos Aires, en casa de Graciela (la amiga de mi madre) y Felipe (es su hijo, tiene 13 años y es muy divertido).

Cuando miro por la ventana, pienso que todavía estoy en Alicante: más o menos las mismas casas, los
5 mismos coches (¡muchos coches!) y la misma gente. Pero cuando Graciela y Felipe empiezan a hablar, todo es diferente: siempre dicen «vos» en lugar de «tú» y preguntan cosas como: «¿vos querés?» en vez de «¿tú quieres?». Además, Felipe siempre dice «che» (significa «¡oye!» o algo así).

No lo vais a creer, pero aquí, ahora en julio, hace un frío terrible. Siempre tengo que llevar un «pulóver» (así le dicen aquí a los jerseys). Felipe dice que es normal y que normalmente hace más frío todavía porque estamos
10 en invierno. Aquí es todo al contrario que en Alicante. Imaginaos que las vacaciones de verano empiezan ¡¡en diciembre!! Os dejo porque vamos a comer, hoy hay asado, un plato típico argentino, es decir, carne. Aquí comen carne todos los días, muuucha carne.

Un besito, Elena

asunto: Esta ciudad es muy grande

Ayer paseamos por el centro de la ciudad. Allí hay una avenida inmensa, se llama Avenida 9 de Julio. Graciela
15 dice que tiene unos 130 metros de ancho y que probablemente es la avenida más ancha del mundo. En el centro de la avenida hay un obelisco enorme. ¡Me quedé con la boca abierta cuando lo vi!

Graciela y mi madre no me dejan ir sola al centro, ni tomar sola el «subte» (así se llama el metro aquí). Me gustaría mucho ir de compras sin ellas, pero no hay manera. Mi madre no quiere comprender que ya soy mayor, y Graciela dice que me puedo perder fácilmente (es que Buenos Aires tiene 13 millones de habitantes).
20 Así que prácticamente siempre salgo con mi madre y Felipe o Graciela viene con nosotras. Ya hemos visitado la Plaza de Mayo, hemos paseado tranquilamente por el Río de la Plata, que es tan grande que no parece un río, sino el mar, y también hemos visto el puerto.

Esta tarde hemos ido a Palermo, un barrio con muchos parques. Felipe dice que en Palermo hay un zoológico con un bosque y un lago donde puedes ir en barca y ver lémures. Si tenemos tiempo y si mi madre nos deja,
25 me va a llevar allí.

Elena

¿Qué te parece la idea?

Me parece bien, ¡a ver si convenzo a mi madre!

¿Para qué necesitas más dinero?

Para ir al zoológico.

asunto: ¿Qué tal, che?

Hola chic@s:

Desde el domingo pasado estamos en Ushuaia, la ciudad más al sur de Argentina. El vuelo duró casi cuatro horas. ¡Es que Ushuaia está casi en el fin del mundo! ¿Por qué hemos venido aquí? ¡Pues para esquiar, porque
30 hay mucha nieve! Sólo que el viento es tan fuerte que casi todos los árboles están torcidos. ¡Además, vimos pingüinos y nos entendemos estupendamente con ellos porque también hablan español! ;-) ¡Son preciosos! Estoy tan contenta. Éstas son las mejores vacaciones de mi vida. La semana que viene vamos a volver a Alicante y os voy a enseñar todas las fotos.

Y vais a ver que Argentina mola. Nos vemos,
35 Elena

▶ 82|1 **1** Lee el texto y completa el mapa mental en tu cuaderno.

las diferencias entre
Argentina y España

**Elena en
Argentina**

sus actividades en
Buenos Aires

sus actividades en
Ushuaia

El barrio Palermo

Ushuaia

■ ■ ■ DESCUBRIR

2 a Von welchen Adjektiven werden die Adverbien abgeleitet? Aus welcher Form des Adjektivs wird
das Adverb gebildet? ▶▶ Resumen 2, p. 126
 – En Buenos Aires Elena sale prácticamente siempre con su madre y con Felipe o Graciela.
 – Elena y los pingüinos se llevan estupendamente.

 b Wie werden die Adverbien der Adjektive gebildet, die nur eine Form im Singular haben?
 – Probablemente la Avenida 9 de Julio es la avenida más ancha del mundo.
 – En Buenos Aires Elena se puede perder fácilmente.

3 a Forma los adverbios. ▶▶ Resumen 2, p. 126

| claro | enorme | normal | atento | perfecto | tranquilo |

 b Utiliza los adverbios de **a** en las siguientes frases.

1. Elena y Felipe se llevan [●●●].
2. [●●●] me levanto a las siete de la mañana.
3. España ha ganado [●●●] el partido.

4. Los chicos escuchan [●●●].
5. Me gusta pasear [●●●] por mi barrio.
6. Elena se alegra [●●●].

■ ■ ■ PRACTICAR

▶ 83|4
 83|5
4 ¿Adjetivo o adverbio? Completa las frases. Utiliza: tranquilo, normal, fácil, práctico.
1. En julio hace mucho frío en Buenos Aires. Felipe dice que es [●●●].
2. [●●●] Felipe pasa las vacaciones de verano en Ushuaia.
3. Palermo es un barrio [●●●] de Buenos Aires.
4. Paseamos [●●●] por el Río de la Plata.
5. [●●●] todos los días voy en el «subte», el metro de Buenos Aires.
6. Ir en «subte» es muy [●●●].
7. El español que hablan en Argentina no es [●●●] a veces: hay muchas palabras diferentes.
8. En Buenos Aires te puedes perder [●●●].

5 Haced diálogos con ¿para qué? – Para … ▸▸ Resumen 4, p. 126

83|6 **Ejemplo: A:** ¿Para qué necesitas el libro? **B:** Lo necesito para estudiar.

> *necesitar* dinero
> *querer ir* a Palermo
> *ir* a Ushuaia
> *ir* a la Patagonia
> *tomar* el metro
> *tomar* el autobús
> …

> *comprar* vaqueros nuevos *esquiar*
> *ver* pingüinos *visitar* el zoológico
> no *llegar* tarde al insti
> *mirar* por la ventana y ver los coches [**...**]

82|2 **6 a** Completa el poema con mismo / misma / mismos / mismas. ▸▸ Resumen 1, p. 126

¡Estoy harto! Siempre lo mismo:
   Estoy siempre en el [**...**] barrio,
      con la [**...**] gente
      y las [**...**] tiendas:
5   la [**...**] panadería,
         el [**...**] cibercafé,
         los [**...**] kioscos.
      Voy al [**...**] instituto,
      veo a los [**...**] amigos,
10   a los [**...**] profes,
         y tengo las [**...**] asignaturas …
         ¡¡Qué vida más aburrida!!

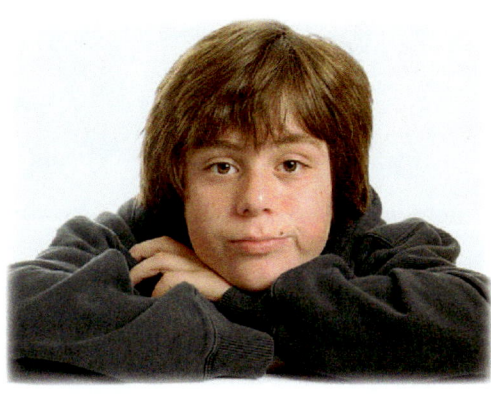

b ¿Estás de acuerdo con el chico? Escribe también un poema. Puedes utilizar:

> ¡Estoy hasta las narices!
> ¡Qué bien!
> ¡Estoy feliz!
> ¡Estoy muy contento/-a!

> la calle   la casa   la familia
> el piso   la habitación
> la paga   los hermanos
> los problemas   las broncas
> los chistes   los compañeros [**...**]

> los árboles   el cielo
> las nubes   el sol
> el tiempo   el horizonte
> las tormentas   el frío
> el calor   los pájaros [**...**]

82|3 **7** Completa con desde hace, hace, desde. ▸▸ Resumen 5, p. 126

[**...**] un año fui a Chile con mis padres. Visitamos a unos amigos de mi madre. Ellos viven
5   en Santiago de Chile [**...**] dos años. Este año ellos han venido a vernos a Alemania. Ahora, ellos están aquí [**...**] una semana, es decir, [**...**] el lunes pasado. [**...**] tres días su
10   hijo Pablo y yo fuimos a ver un partido de fútbol.

Soy Yoni y vivo en California. Mis padres se fueron a los Estados Unidos [**...**] 20 años. Son de México. [**...**] una   5 semana vinimos a México para visitar a nuestra familia. Nos estamos quedando en casa de mis abuelos, en un pueblo cerca de la Ciudad de México. [**...**] cuatro días están aquí también mis primos   10 que viven en la capital. ¡Es muy divertido!

8 Apunta las respuestas a las preguntas (en pretérito indefinido) en una hoja. Después recoged las hojas y repartidlas otra vez. Uno lee su hoja en voz alta y los otros adivinan quién es.

1. ¿Con quién estuviste ayer durante el recreo?
2. ¿Adónde fuiste el viernes pasado después de las clases?
3. ¿Qué cenaste hace dos días?
4. ¿Qué ropa te pusiste el lunes pasado?
5. ¿Dónde estuviste hace un año?

9 a Haz diálogos con una forma de ir o venir.

b Elige una situación de **a** y continúa el diálogo.

10 a Busca parejas. | Welche Wörter passen zusammen? Es gibt manchmal mehrere Möglichkeiten. Begründe deine Wahl.

Ejemplo: Esquiar y la nieve forman pareja porque sólo puedes esquiar cuando hay nieve.

ancho esquiar el campo el invierno el metro el mar el bosque el quechua un lémur el merengue	el Río de la Plata la nieve el zoológico esquiar ir en barca el subte los incas el campesino la música el árbol

 b Inventa más parejas para tus compañeros.

11 a Escucha y apunta información sobre estos lugares.

2|39

1   la selva   *der Urwald*

la selva[1] de la Amazonía

el Río de la Plata

el lago Titicaca

b ¿Dónde están estos lugares? Escucha otra vez y mira el mapa.

B DETALLES DE ARGENTINA

El gaucho

El gaucho vive en la pampa, una región de
Argentina donde hay mucho ganado[1].
Tradicionalmente va siempre a caballo para
cuidar el ganado, pero hoy también utiliza el
5 coche para hacer su trabajo.

Mafalda

Es el cómic más popular en Argentina. Mafalda es
una niña que vive con sus padres y su hermano en
Buenos Aires. Mafalda se interesa mucho por la
política, el medio ambiente[6] y la paz[7] en el mundo. 20
Sólo hay una cosa que odia: la sopa.

El asado

Esa es la comida favorita de los argentinos. En
muchos restaurantes del país puedes ir a comer
asado, es decir carne y chorizo asados, con una
salsa[2] muy picante. Se llama *chimichurri* y es una
10 salsa con aceite y vinagre.

El fútbol

El deporte más popular en Argentina es el fútbol.
Argentina ganó dos veces la Copa Mundial de
Fútbol. La selección femenina de fútbol ganó el
título de campeón sudamericano hace unos años. 25
Los clubes deportivos más importantes de
Argentina son El Club Atlético Boca Juniors y el
Club Atlético River Plate. A los argentinos les
encanta ir al estadio y cantar canciones para
apoyar a su equipo. 30

El mate

Es una bebida amarga[3] preparada con hojas de
yerba mate, una planta típica del sur de América
Latina. La palabra mate viene del quechua *mati*
que significa «vaso para beber». Los argentinos
15 sirven el mate en una calabaza[4] y lo beben con
una bombilla[5].

El tango

Sin duda el baile más
famoso de Argentina
es el tango. Es un
estilo musical típico de
las ciudades de 35
Buenos Aires y Rosario.
Sus canciones cuentan
historias tristes de
amor. El instrumento
más importante para 40
tocar el tango es el
bandoneón.

---

1 el ganado *die Rinderherde*
2 la salsa *die Soße*
3 amargo/-a *bitter*
4 la calabaza *hier: Trinkgefäß für Mate*

5 la bombilla *eine Art Strohhalm aus Metall*
6 el medio ambiente *die Umwelt*
7 la paz *der Frieden*

Die folgenden Aufgaben könnt ihr entweder nacheinander bearbeiten oder ihr bildet fünf Expertenteams: Jedes Team bearbeitet ein Thema.

El tango

2|40

1 Escucha dos tangos: ¿cuál prefieres?

2 Apunta en una hoja por qué te gusta el primer / segundo tango y por qué no te gusta el otro. Puedes utilizar:

1. Prefiero el primer tango porque es	moderno/-a divertido/-a original
2. Prefiero el segundo tango porque es	romántico/-a alegre para bailar
3. Me gustan los dos porque son	[•••] interesante

1. No me gusta el primer tango		para bailar tradicional
2. No me gusta el segundo tango	porque (no) es	para gente joven
3. No me gusta ninguno		moderno/-a aburrido/-a

3 Habla con dos compañeros: ¿qué tango prefieren ellos?

¿Por qué prefieres …?	El primer tango mola mucho porque…
¿Por qué no te gusta …?	Prefiero el segundo tango porque …
¿Y tú?	Me encanta el tango … porque …

El fútbol

Completa con las formas correctas del pretérito indefinido.

Diego Armando Maradona [•••] (nacer) en Buenos Aires, en una familia de ocho hijos. A los diez años [•••] (jugar) por primera vez al fútbol en un equipo de chicos.
Un año después, el equipo [•••] (ganar) 136 partidos con Maradona. Por eso él [•••] (recibir) el nombre de «el pibe (= el chico) de oro». A los 17 años [•••] (entrar) en el equipo nacional de Argentina. Cinco años después [•••] (irse) a España para jugar en el F. C. Barcelona. Después [•••] (trabajar) en Italia. Con Maradona el equipo de Nápoles [•••] (ganar) el campeonato de Italia dos veces.
En el año 1986 el equipo nacional argentino [•••] (ganar) el Campeonato Mundial en México.

El asado

Haz la tarea **A** o **B**.

A Suche die Wörter, die du nicht verstehst, in einem zweisprachigen Wörterbuch. Erkläre einer Freundin, die kein Spanisch versteht, was asado ist und wie man dazu chimichurri zubereitet. Notiere die Erklärung in Stichworten.

>> **Chimichurri** <<
1/2 taza de aceite de oliva
2/3 taza de vinagre
1/2 taza de cebolla picada
1 cucharadita de ajo picado muy fino
1/8 taza de perejil picado fino
1/8 taza de orégano seco
1 cucharada de ají molido
1 y 1/4 cucharadita de sal

>> Mezclar todos los ingredientes y dejar un día o por lo menos dos horas.

B Busca la receta de dulce de leche, por ejemplo en www.cocinadelmundo.com. | Lies die Erklärungen dazu durch und erkläre einem Freund, der kein Spanisch versteht, was dulce de leche ist. Notiere die Erklärung in Stichworten.

El mate

2|41

Escucha y contesta las preguntas:
1. ¿Qué significa tomar mate para los argentinos?
2. ¿Cómo toman los argentinos el mate?
3. ¿Qué es el mate para los gauchos?

Mafalda

Describe la tira cómica. ¿Qué le dice Mafalda a su madre? Después, escribe el final de la historia en tu cuaderno.

| Mafalda | dice que [•••]
 pregunta [•••]
 piensa que [•••] | La madre de Mafalda pregunta | si [•••]
 dice que [•••] |

© 10 años con Mafalda, Quino, Buenos Aires 2005, Ediciones de la Flor

RESUMEN DE GRAMÁTICA

Tenemos el mismo problema.

GH 39|41 **1** **El determinante mismo | Der Begleiter mismo**

♂	♀
el **mismo** restaurante	la **misma** casa
los **mismos** coches	las **mismas** cosas

GH 39|42 **2** **Los adverbios | die Adverbien**

adverbio	adjetivo
Ana estudia **tranquilamente** en su cuarto.	tranquil**o/-a**
Los chicos charlan **alegremente**.	alegre
Carlos se enfada **fácilmente**.	fácil
Habla muy **bien** español.	❗ bueno/-a
Habla muy **mal** español.	❗ malo/-a

a Bilde die Adverbien von: activo/-a und difícil.

Hoy es un día **normal**. | **Normalmente** me levanto a las siete.
Hoy es un día **perfecto**. | Todos me conocen **perfectamente**.
Hoy es un día **fantástico**. | José sabe dibujar **fantásticamente**.

b Auf welches Element im Satz bezieht sich das Adverb und auf welches das Adjektiv?

GH 40|43 **3** **La oración condicional en presente | Der Bedingungssatz im Präsens**

Si quieres ir en autobús, tienes que comprar un billete.

Podemos ir a la piscina **si** hace buen tiempo.

Llámame esta noche **si** necesitas ayuda.

GH 41|44 **4** **¿por qué? y ¿para qué? | ¿por qué? und ¿para qué?**

¿**Para qué** necesitas el dinero? | Lo necesito **para** comprar un libro.
¿**Por qué** quieres ir al zoológico? | **Porque** me gustan los animales.

Wie gibst du para qué im Deutschen wieder?

GH 41|45 **5** **Las preposiciones desde, desde hace y hace | Die Präpositionen desde, desde hace und hace**

Hace una semana empezaron las vacaciones.
Desde hace una semana voy todos los días a la playa.
Y **desde** el primer día me parece todo aburrido.

GH 42|46 **6** **La conjunción tan … que | Die Konjunktion tan … que**

Esta mochila es <u>tan</u> pesada <u>que</u> no la puedo llevar.

cultativo · facultativo · facultativo · facultativo · facultativo · facultativo · facultativo · facultativo · facultativo

América Latina | ¡Anímate!

10

¡ANÍMATE!

2|42

Fronteras en América

Voy a cruzar
para no perder
tengo el motor
dentro del corazón[1]
y quiero, quiero, quiero más.
Voy a caminar
bajo el ardiente[2] sol.

Fronteras en América.
Fronteras en América.
Si quieres darme marcha
Si quieres darme marcha
Si quieres darme marcha
Si quieres darme marcha.

[…]

© *Los Pericos: Fronteras en América*

1 el corazón *das Herz*
2 ardiente *brennend*

1   Preparad un mapa mental: ¿qué es para vosotros América?

BALANCE 2

COMPRENSIÓN AUDITIVA

1 Escucha sobre el tiempo en San Sebastián, los Pirineos, Granada y Extremadura. ¿Qué símbolo corresponde a qué sitio?

2|43

 **a**  **b**  **c**  **d**

COMPRENSIÓN LECTORA

2 Lee el texto «El chocolate conquista el planeta». | Finde heraus, welcher der 10 Sätze zu welchem Textabschnitt passt.

1. Die Europäer haben heute den höchsten Schokoladenverbrauch.
2. Die Spanier entdecken im 16. Jahrhundert als erste Europäer den Kakao.
3. Die Kakaobohne wird in Zentralamerika entdeckt.
4. Die Völker der Maya und Azteken erfinden die erste Trinkschokolade.
5. In England wird die erste Tafel Schokolade hergestellt.
6. Heiße Schokolade wird bis zum 19. Jahrhundert nur von reichen Personen getrunken.
7. Der Begriff „Schokolade" geht auf die Azteken zurück.
8. In der Schweiz wird die Milchschokolade erfunden.
9. Die Spanier erfinden die „heiße Schokolade" und süßen sie mit Zucker.
10. Kinder essen erst seit dem 19. Jahrhundert Schokolade.

El chocolate conquista el planeta

Del mono al humano

La historia del chocolate empieza en México, hace mucho tiempo. Los monos[1] comen las semillas[2] del árbol de cacao que crece en el
5 campo. Los humanos los observan y deciden tostar las semillas para ver si se pueden comer. Así descubren que los granos[3] de cacao sirven para hacer el chocolate.

Una bebida sagrada
10
Ya 300 años antes de Cristo, los mayas cultivan cacao. Luego, los aztecas empiezan también a
15 cultivarlo. Esos pueblos tuestan y muelen los granos de cacao y los

mezclan con agua, harina de maíz y especias[4]. Es una bebida para los jefes que les permite comunicarse con los dioses. Los aztecas la 20 llaman *xocoatl*.

Pasión por el chocolate caliente

En el siglo[5] XVI, los españoles conquistan México y descubren el cacao. Lo cultivan y lo envían a España. Los españoles cambian la receta de los 25 aztecas y echan azúcar a la bebida. La sirven en una chocolatera. Así nace el chocolate caliente,[6] que le encanta a los españoles. Mucha gente lo toma para tener más energía.

ultativo · facultativo · facultativo · facultativo · facultativo · facultativo · facultativo · facultativo · facultativo

Balance

Una moda europea

30 En los siglos XVII y XVIII, el chocolate se pone de moda en Francia, Inglaterra y Alemania. Es una bebida reservada para los reyes y para la gente rica. Los confiteros 35 fabrican bombones de chocolate, y los médicos recetan el cacao como medicamento. En 1777, se produce en Barcelona 40 por primera vez chocolate de forma mecánica.

La industria del chocolate

45 En el siglo XIX, la elaboración del chocolate se industrializa poco a poco. Máquinas convierten los granos de cacao en polvo. En Suiza[7] inventan el chocolate con leche. 50

La primera tableta de chocolate se produce en Inglaterra. Luego, miles de tabletas salen de las fábricas. En esa época, también los niños empiezan a comer chocolate.

Un regalo para las fiestas 55

Hoy, los mayores consumidores de chocolate del mundo somos los europeos. Los suizos son los primeros: un suizo come unos 10 kilos por año. Los gustos son diferentes en los países, pero en todos ellos, el 60 chocolate es un regalo. En Europa, la mayoría de chocolate se vende en Navidad y en Pascua.

De: Reportero Doc (texto adaptado) 65

1 el mono *der Affe*	3 el grano *die Bohne, das Korn*	4 la especia *das Gewürz*
2 la semilla *der Samen*		5 el siglo *das Jahrhundert*

6 caliente *heiß*
7 Suiza *die Schweiz*

■■■ **EXPRESIÓN ORAL**

3 Imagina que vas a pasar dos semanas de las vacaciones con un/a primo/-a o un/a amigo/-a y sus padres en Alicante. Haced planes de vacaciones y discutid.

> (No) tengo ganas de …   Quiero ir a …   Quiero visitar / hacer / …
> (No) me gusta …   Me encanta …   ¿Por qué no vamos a …?   [•••]

> hacer un curso de español   visitar el castillo de Santa Bárbara
> ir a la playa   aprender baile español   ir a Valencia
> salir a la montaña   buscar el instituto de Elena, Sarah y sus amigos
> hacer excursiones   levantarse temprano / tarde   ir al Centro 14
> leer mucho   ir al cine   [•••]

Im Pequeño diccionario, S. 147 und in vielen Lektionen findest du weitere Informationen über Alicante und Umgebung.

■■■ **EXPRESIÓN ESCRITA**

4 a Describe la tira cómica[1] de Matías[2] en tu cuaderno.

1 la tira cómica *der Comicstrip*

2 Matías *bekannte argentinische Comicfigur*

> Ma' *mamá*
> andar *gehen*
> sinceramente *um ehrlich zu sein, ganz ehrlich*

b Matías sale con la tortuga a la calle. ¿Qué pasa? ¿Qué dice la gente? ¿Cómo sigue la historia? Escribe un texto en tu cuaderno.

P **c** Si quieres, dibuja el final de la historia o inventa otra tira cómica.

LECTURA: **TIEMPO DE ESCARCHA**

CAPÍTULO 1

Óscar tiene que pasar el verano en el pueblo, en casa de su abuelo.

El pueblo es como una cárcel[1]. Y el otro, mayor, con cine y más posibilidades, queda a veinte kilómetros. Demasiado para ir y volver en bicicleta.

5

Se siente como un prisionero[2].

Sin olvidar al abuelo.

Vive solo, y no quiere a nadie más en la casa.

10 Una vez cada tres o cuatro meses, una mujer – y él mismo – le hace una limpieza general. Pero, fuera de eso, todo lo hace él mismo: cocina, friega los platos, hace la cama …

– A eso se le llama responsabilidad compartida[3],

15 porque si vives aquí, tienes que hacer tu parte.

Óscar le escucha horrorizado. Este primer día es para él una pesadilla[4].

– Aquí no hay mucho que hacer por la noche – le dice su abuelo –, así que nos acostamos

20 temprano, y también nos levantamos temprano. Teniendo en cuenta[5] que estás de vacaciones, si te pones en pie a las ocho[6] ya está bien. Desayuno, y luego a hacer las camas. Naturalmente, no tienes que venir conmigo al

25 campo, a trabajar un poco. No es necesario. Pero comemos a las dos, y a la una te quiero

aquí para empezar a preparar las cosas. Luego …

Óscar no ha fregado nunca un plato en su vida, ni ha hecho nunca su cama, ni … 30

– Y aún te queda todo el día libre para pasarlo bien – dice su abuelo.

Lo peor llega en ese momento.

– Abuelo, ¿dónde tienes la televisión?

– ¿Televisión, dices? ¿Y para qué queremos aquí 35 esa porquería[7]? Yo siempre he oído la radio, que te permite imaginar las cosas y además te deja hacer tú mismo otras, sin necesidad de estar quieto como un tonto, pegado a la pantalla; y total para ver gente hablar. ¡La radio 40 sí vale la pena, Óscar, y fíjate qué buen aparato tengo!

Decididamente, aquello es peor de lo que ha esperado.

---

1 la cárcel *das Gefängnis*	5 Teniendo en cuenta que *Unter Berücksichtigung der Tatsache, dass*
2 el prisionero *der Gefangene*	
3 la responsabilidad compartida *die geteilte (= gemeinsame) Verantwortung*	6 si te pones en pie a las ocho *etwa: wenn du um acht aufstehst*
4 la pesadilla *der Albtraum*	7 la porquería *die Schweinerei*

CAPÍTULO 2

Los primeros días en el pueblo son muy aburridos. Óscar no conoce a nadie, sólo a una vecina y a su hija, que se llama Asun. Un día, Óscar va al pueblo y se encuentra con cuatro chicos que le parecen

5 *bastante agresivos. Tiene miedo de ellos, sin embargo sigue y los saluda.*

– Hola – les dice.

Los cuatro chicos se miran entre sí, y luego lo miran a él.

10 – ¿Qué hay, pijo[1]? – dice uno de los chicos que parece ser el jefe.

– Me llamo Óscar – dice él.

– Te llamarás como quieras, pero eres un pijo y siempre vas a ser pijo – dice el otro.

Óscar se siente mal, pero no lo quiere mostrar. 15

– Voy a pasar aquí unos días y no conozco a nadie.

– Pues ya conoces a Asun – dice uno de ellos.

– Es que los de ciudad son muy ligones[2] – dice otro –. No tienen más que hacer girar las llaves 20 del coche en el dedo.

Tres de los chicos empiezan a reírse de Óscar. El jefe del grupo, en cambio, no dice nada. Óscar y él se miran. Es un chico alto, corpulento, de

---

1 el pijo *etwa: der Schnösel, der Angeber*	2 ser ligón/-ona, del verbo ligar *flirten*

ultativo · facultativo · facultativo · facultativo · facultativo · facultativo · facultativo · facultativo · facultativo

Lectura: Tiempo de escarcha

25 manos grandes y brazos musculosos. Lleva una
camiseta vieja.
– ¿Qué hace un pijo como tú en un sitio como
este?
– He venido a pasar unos días con mi abuelo.
30 – ¿El viejo Valerio es tu abuelo?
– Sí.
– ¿Qué te parece eso, Chapa? – le dice uno de
los chicos al jefe. – Menuda sorpresa, ¿no?
Chapa no contesta, pero se acerca a Óscar y lo
35 empuja.
– Que te diviertas[3], pijo.
Y Chapa se va con sus amigos. Óscar se queda
solo en la calle y no sabe qué hacer.
– ¿No te han dejado jugar? – le pregunta Asun.
40 Óscar no se ha dado cuenta de que Asun lo ha
visto todo.
– ¿Qué tiene contra mí? – quiere saber.
– ¿Lo preguntas en serio?
– Sí.
45 – Pues no tienes más que mirarte. Deberías
comprenderlo.
Se mira de arriba abajo.
– ¿Qué pasa?
– Llevas unas zapatillas de marca, estupendas,
50 unos pantalones perfectos y una camiseta de
esas que salen en la tele, en los anuncios
americanos de refrescos[4] o en las películas para
jóvenes. Chapa se siente incómodo[5], y los
demás se limitan a seguirle. ¿Sabes cómo te
55 llaman?
– Pijo.

Ella baja los ojos.
– Lo siento – dice ella.
Óscar no sabe qué decir, hasta que de pronto
pregunta: 60
– ¿Y tú, por qué me hablas?
– Porque yo sí quiero ser tu amiga – dice Asun –.
Me gustaría que me contaras cosas de la
ciudad, de dónde vives, de lo que haces, de
cómo son allí los chicos y las chicas … ya sabes, 65
todo eso.
– Puedo hacerlo – dice él –. Mejor dicho … me
gustaría hacerlo.
– Los demás también van a aceptarte, dales
tiempo. 70
– Creo que me odian.
– Odiar es una palabra muy fuerte, ¿no te parece?
Lo que pasa es mucho más simple: no eres del
pueblo, y encima pareces diferente. Esto está
muy lejos del resto del mundo. 75
– No sé cómo podéis vivir aquí – dice Óscar –.
– Yo vivo aquí y me gusta – dice Asun.
Óscar cree que ha metido la pata[6] y mira a Asun.
Ella lleva una blusa de color blanco, y unos
vaqueros viejos, muy cortos. 80
– ¡No digo que esto esté mal! – se excusa él –,
pero una vez se ha vivido en una ciudad …
– ¿Estás de vacaciones?
– Sí.
– ¿Y tus padres? 85
– Tienen trabajo – contesta Óscar –. Hace ya
mucho tiempo que no he visto a mi abuelo y
por esta razón he venido a pasar el verano aquí.

---

3 ¡Que te diviertas! *Viel Spaß!*
4 los anuncios americanos de refrescos *amerikanische
Werbung für Erfrischungsgetränke*

5 incómodo/-a *unbehaglich*
6 Ha metido la pata. *Er ist ins Fettnäpfchen getreten = Er hat
etwas Falsches gesagt/getan.*

CAPÍTULO 3

*Unos días después Óscar va a la piscina del pueblo.
Cuando sale, encuentra a Asun, que vuelve en
bicicleta a su casa.*
– Voy a casa, ¿y tú?
5 – Yo también.
Los dos empiezan a andar juntos. Asun le
pregunta:
– ¿Qué tal el agua?
– Bien – dice él sin mucho entusiasmo –, pero es
10 muy aburrido bañarse solo y no tener a nadie
con quien hablar o jugar. ¿Tú no vas nunca a la
piscina?
– A lo mejor el domingo, por eso de que es fiesta.

Pero normalmente ayudo en casa, y a veces le
echo una mano a mi padre. 15
– ¿No tienes hermanos o hermanas?
– No.
– Yo tampoco.
– ¿Te importa?
– Creo que no, ¿y a ti? 20

– Yo tenía[1] un hermano, un año menor que yo, pero se murió[2] poco antes de cumplir los seis[3].

– Vaya – dice Óscar.

25 – Nació enfermo. No fue una sorpresa, aunque … lo sentimos igual, claro. – Oye, esta noche hay cine – dice –. ¿Por qué no vienes?

– ¿Cine?

– Al aire libre[4], en la pared de la iglesia. Se ponen bancos y sillas. Mi madre se ocupa de vender 30 refrescos, pipas, cacahuetes[5] y caramelos en la parte de atrás, junto al lugar donde se instala el proyector.

– ¿Y qué película hacen?

Asun empieza a reírse.

35 – ¡Y yo qué sé! – contesta –. No importa la película. Lo importante es hacer algo, salir, reunirnos[6] todos …

1 yo tenía *ich hatte*
2 se murió *er ist gestorben*
3 poco antes de cumplir los seis (años) *kurz bevor er sechs Jahre alt wurde*

– Pero tú vas con tus amigas y amigos, ¿no?

– Vamos, sí, pero no es exactamente como 40 piensas. Quiero decir que nos encontramos allí. Aquí la gente no es como la de la ciudad, que queda en un sitio, o el chico va a buscar a la chica.

– Yo no conozco a nadie. Bueno … a casi nadie.

– ¿Y por eso no quieres ir? 45

– Bueno, pero, ¿puedo ir a buscarte?

– ¿Quieres?

– Sí, claro – confirma él.

Asun se detiene. Han llegado a su casa, aunque Óscar ni siquiera se ha dado cuenta. 50

– Entonces, de acuerdo – dice ella –: esta noche tenemos una cita .

Una cita[7].

Es la primera vez que queda con una chica.

4 al aire libre *draußen*
5 (las) pipas, (los) cacahuetes *Sonnenblumenkerne, Erdnüsse*
6 reunirse *sich treffen*
7 una cita *eine Verabredung*

CAPÍTULO 4

Cuando los dos van al cine por la noche, se encuentran otra vez con Chapa y sus amigos delante de la iglesia.

– Eh, tú.

5 Óscar gira la cabeza[1]; sin embargo, el chico no lo mira a él, sino a ella.

Asun no dice nada. Espera.

– ¿Es que no tienes bastante con lo que hay aquí, que has de fijarte[2] en el primero que viene de 10 fuera? – pregunta Chapa.

Óscar da un paso en su dirección. Aunque Chapa se queda donde está, Asun se interpone[3] rápidamente entre ellos.

– Oye, Chapa … – empieza a decir Óscar.

15 – No hablo contigo … todavía – dice el jefe del grupo sin mirarlo.

– Haz el favor, Chapa – dice ella.

El chico se pone furioso.

– ¡Él se va a ir y tú te vas a quedar aquí!, ¿sabes? 20 – grita.

La mano de Asun se cierra sobre el brazo de Óscar.

– Entremos, por favor – pide ella.

Después del cine, Asun y Óscar vuelven juntos a casa.

1 girar la cabeza *den Kopf drehen, wenden*
2 que has de fijarte *etwa: musst du dich interessieren für*
3 se interpone entre ellos *sie stellt sich zwischen die beiden*
4 comportarse *sich verhalten*

– Lo siento mucho. – dice Asun. 25

– ¿Lo de Chapa? Yo también, por ti. No sé qué vas a pensar.

– ¿Yo? Nada. Somos amigos, ¿no?

– Sí.

– De todas formas, alguien debería darle una 30 lección. ¿Por qué se comporta[4] de esta manera?

– Es una historia muy larga.

– ¿Ah, sí?

– Chapa se llama en realidad Ernesto. Tiene una 35 vida muy difícil, parece que su madre se escapó[5] con un hombre que vino al pueblo a pintar. Yo creo que por eso tiene odio a todos los extraños.

– Xenofobia[6]. 40

– ¿Qué?

– Se llama así: xenofobia. Odio a los extranjeros.

– Ah, pues será eso – confirmó Asun –. Sea como sea[7], fue muy cruel[8], más de lo que nadie 45 puede imaginar. Desde entonces, él y su padre están solos. Tal y como lo veo yo, lo único que ha hecho estos últimos años ha sido buscar la

5 se escapó *sie ist geflüchtet*
6 la xenofobia *der Fremdenhass*
7 sea como sea *wie auch immer*
8 cruel *grausam*

··cultativo · facultativo · facultativo · facultativo · facultativo · facultativo · facultativo · facultativo · facultativo

Lectura: Tiempo de escarcha

50 forma de ser un poco el líder de todos los chicos del pueblo.

Cuando los dos llegan a casa de Asun, Óscar se despide de ella:

– Gracias por llevarme al cine.

– Tonto, – contesta ella.

55 – Hasta mañana.

– Hasta mañana.

Asun entra y Óscar se queda un rato más en la calle, sin saber por qué. Por la ventana puede ver a Asun que está hablando son su madre. Por primera vez en el pueblo Óscar se siente feliz. 60 Ha pasado un buen día. Tiene una amiga. Y ya no tiene miedo de Chapa y sus compañeros.

© Jordi Sierra i Fabra,
Tiempo de escarcha (texto adaptado) 1988 / Ed. SM 2006

■■■ COMPRENDER / ACTIVIDADES

Capítulo 1

1 ¿Qué sabes de Óscar, de su abuelo y del pueblo? Apunta la información que hay en el texto en un mapa mental.

Capítulo 2

2 Corrige las frases falsas.

1. En el pueblo, Óscar no conoce a nadie, sólo a una vecina y a su hija.
2. La hija se llama Asun.
3. En la calle, Óscar se encuentra con cuatro chicos que parecen bastante agresivos.
4. Uno de los chicos se llama Valerio.
5. Chapa parece ser el jefe del grupo.
6. Óscar se ríe de los chicos y empuja a Chapa.
7. Asun ha venido para hablar con Chapa.
8. Asun quiere ser la amiga de Óscar. Dice que quiere saber todo sobre su vida en la ciudad.
9. Asun dice que los otros chicos odian a Óscar porque no es del pueblo y porque es diferente de ellos.
10. Asun quiere irse del pueblo porque la vida allí le parece muy aburrida.

3 Explica: ¿por qué los chicos del pueblo dicen que Óscar es un pijo?

Capítulo 3

 4 Completa las series con otra palabra del texto. Después utiliza estas palabras para escribir un resumen del capítulo **3**.

1. piscina – bicicleta – [●●●]
2. hermanos – Asun – [●●●]
3. cine – iglesia – [●●●]
4. bancos y sillas – caramelos – [●●●]
5. hacer algo – amigos y amigas – [●●●]
6. Óscar – cita – [●●●]

Capítulo 4

5 ¿Quién es?

1. Están delante de la iglesia.
2. Habla con ellos en un tono bastante agresivo.
3. No lo mira.
4. No dice nada.
5. Tiene miedo.
6. Vuelven juntos a casa después del cine.
7. Es agresivo porque tiene muchos problemas.
8. Dejó a su familia.
9. Por primera vez se siente bien.

Los cuatro capítulos

 6 Describe a Chapa en tu cuaderno.

> su familia   su ropa   ¿Cómo es?
> sus amigos   sus actividades

 7 ¿Quién es para ti el personaje más simpático / interesante de la historia? ¿Por qué?

8 ¿Qué piensas de Chapa y Óscar? ¿Pueden ser amigos o no? Escribe en tu cuaderno cómo continúa la historia.

ANEXO

EL ALFABETO | Das Alphabet

a	[a]	e	[e]	j	[xota]	n	[ene]	r	[erre]
b	[be]	f	[efe]	k	[ka]	ñ	[eɲe]	s	[ese]
c	[θe]	g	[xe]	l	[ele]	o	[o]	t	[te]
ch	[tʃe]	h	[atʃe]	ll	[eʎe]	p	[pe]	u	[u]
d	[de]	i	[i]	m	[eme]	q	[ku]	v	[uβe]

w	[uβe doble]
x	[ekis]
y	[iɣrjeɣa]
z	[θeta]

LOS SIGNOS DE PUNTUACIÓN | Die Zeichen im Satz

los dos puntos

Hola, chicos**:**

el guión

Esta semana he recibido muchos e-mails. ¡Muchas gracias!

Ayer paseamos por el centro de Buenos Aires. All**í** hay una avenida

la minúscula

inmensa y en el centro de la avenida **h**ay un obelisco enorme.

el acento ortográfico o la tilde

los signos de exclamación

¡Me quedé con la boca abierta cuando lo vi**!**

Me gustaría mucho ir de compras sola, pero no hay manera **…** Mi

los puntos suspensivos

mamá no quiere y Graciela dice que me puedo perder fácilmente

los paréntesis

(es que Buenos Aires tiene 13 millones de habitantes**)**.

Esta tarde vamos a ir a Palermo, un barrio muy bonito con un

el punto

zoológico muy grande**.**

Desde ayer Felipe me está preguntado: «**¿**Vos querés venir

las comillas

conmigo al zoológico**?**»

los signos de interrogación

el guión largo

«El zoológico de Palermo mola mucho» **–** dice y se echa a reír**;** pero

el punto y coma

la verdad es que él no sabe cómo es, porque fue allí ya hace

muchos años.

la tilde

Por cierto, Esteban**,** escríbele a Felipe y dile quién es Pau Gassol,

porque dice que aquí nadie lo conoce. Aquí tienes su dirección:

la coma

felipearias**@**yahoo.arg

LA MAYÚSCULA

Besos,

la arroba

Elena

LA PRONUNCIACIÓN | Die Aussprache

Las consonantes | Die Konsonanten

[β]	avenida, habitación		[k]	kilo, conejo
[b]	visitar, beber, bocadillo		[l]	libro, lechuga
[θ]	cenar, zapato, ciudad, lápiz		[m]	pluma, mochila
[tʃ]	mucho		[n]	macedonia, plátano
[d]	danza, deporte		[ŋ]	pregunta, centro
[ð]	cuaderno, estudiar, madre		[ɲ]	piñata, niño
[f]	profesor, foto		[p]	pizarra, pollito
[x]	colegio, torrija		[r]	pero
[g]	gato, goma		[rr]	barrio, arroz, rincón
[ɣ]	regalo, tortuga		[s]	castillo, silla
[j]	desayuno		[t]	cuatro, puerta
[ʎ]	zapatilla, sillón		[(k)s]	examen

Las vocales | Die Vokale

[a]	pan
[e]	empezar
[i]	bicicleta, muy
[o]	caro
[u]	zumo

Der Vokal **-u-** wird nicht gesprochen nach **q** sowie zwischen **g** und **e** bzw. **i**: **qu**e, **qu**ien, **gu**itarra, ju**gu**ete. In manchen Fällen wird das **u** ausgesprochen. In diesen Fällen steht **ü**.

Los diptongos | Die Gleitlaute

[ei]	voleibol
[eu]	euro
[ai]	baile
[au]	restaurante
[oi]	voy
[j]	bien, Alemania, barrio, ciudad
[w]	agua, jueves, antiguo, cuidado

REGLAS DEL ACENTO ORTOGRÁFICO | Regeln für die Betonung

1. Wörter, die auf **-n**, **-s** oder **Vokal** enden, werden auf der vorletzten Silbe betont.

	me	sa	
pa	**ta**	ta	
	mu	cho	

2. Wörter, die auf **Konsonant** (außer **-n**, **-s**) enden, werden auf der letzten Silbe betont.

mo	ni	**tor**	
ac	ti	vi	**dad**

3. Wörter, deren Betonung von dieser Regel abweicht, haben einen Akzent auf der betonten Silbe.

a	**llí**		
vi	**vís**		
pá	gi	na	
Ma te	**má**	ti	cas

ár	bol	
háms	ter	
fá	cil	
di	**fí**	cil

LOS DÍAS DE LA SEMANA | Die Wochentage

el lunes	el viernes
el martes	el sábado
el miércoles	el domingo
el jueves	

LOS MESES DEL AÑO | Die Monate des Jahres

enero	abril	julio	octubre
febrero	mayo	agosto	noviembre
marzo	junio	septiembre	diciembre

LOS NÚMEROS EN ESPAÑOL | Die spanischen Zahlen

Los números cardinales | Die Grundzahlen

0	cero	18	dieciocho	101	cien**to** uno/-a, un		
1	uno, una, un	19	diecinueve	135	cien**to** treinta y cinco		
2	dos	20	veinte	200	*doscientos/-as*		
3	tres	21	veintiuno/-a, -ún	300	*trescientos/-as*		
4	cuatro	22	veintidós	400	*cuatrocientos/-as*		
5	cinco	23	veintitrés	500	quinientos/-as		
6	seis	26	veintiséis	600	*seiscientos/-as*		
7	siete	30	treinta	700	*setecientos/-as*		
8	ocho	31	treinta y uno/-a, y un	800	ochocientos/-as		
9	nueve	32	treinta y dos	900	*novecientos/-as*		
10	diez	33	treinta y tres				
11	once	40	cuarenta	1 000	*mil*		
12	doce	50	cincuenta	2 000	*dos mil*		
13	trece	60	**ses**enta	10 000	*diez mil*		
14	catorce	70	**set**enta	100 000	*cien mil*		
15	quince	80	ochenta	200 000	*doscientos/-as mil*		
16	dieciséis	90	**no**venta	500 000	*quinientos/-as mil*		
17	diecisiete	100	ciento, cien	1 000 000	un millón		
				2 000 000	dos millones		

La fecha | Die Jahreszahlen

Anders als im Deutschen werden im Spanischen die Jahreszahlen ab 1000 in Tausenderschritten angeben:

1992 mil novecientos noventa y dos

2005 dos mil cinco

Um eine Jahreszahl als Datum anzugeben, benutzt man die Präposition *en*:

Mi hermano nació **en** 1992 (mil novecientos noventa y dos).

Los números ordinales | Die Ordnungszahlen

1º	el primero	1ª	la primera	❗	el primer piso
2º	el segundo	2ª	la segunda		
3º	el tercero	3ª	la tercera	❗	el tercer piso
4º	el cuarto	4ª	la cuarta		
5º	el quinto	5ª	la quinta		
6º	*el sexto*	6ª	*la sexta*		
7º	*el séptimo*	7ª	*la séptima*		
8º	*el octavo*	8ª	*la octava*		
9º	*el noveno*	9ª	*la novena*		
10º	*el décimo*	10ª	*la décima*		

EXPRESIONES PARA DISCUTIR | Redemittel zum Diskutieren

Expresar tu opinión | Deine Meinung äußern

(Yo) creo que [•••].

(Yo) pienso que [•••].

Estoy de acuerdo, pero [•••].

Me parece bien, sin embargo [•••].

Preguntarle a alguien su opinión | Die Meinung von jemandem erfragen

¿Qué te parece (si …)?

¿Qué piensas (de …)?

¿Qué crees (de …)?

¿Estás de acuerdo?

Estar de acuerdo | Zustimmen

Vale.

Tienes razón.

Estoy de acuerdo (con …).

Me parece bien.

Estoy de acuerdo, pero sólo si (tu vienes).

Si (tu ordenas tu habitación), yo te ayudo.

No estar de acuerdo | Ablehnen

No tienes razón.

No estoy de acuerdo (con …).

Me parece mal.

Cambiar de tema | Das Gesprächsthema wechseln

Cambiando de tema, [•••].

EL ESPAÑOL EN LA CLASE | Spanisch im Unterricht

Hilfe erbitten / anbieten:

¿Puedo ayudarte?	Kann ich dir helfen?
¿Puedes ayudarme?	Kannst du mir helfen?
Tengo problemas con […]. ¿Qué puedo hacer?	Ich habe Probleme mit […], was soll ich tun?
¿Tienes un boli / lápiz?	Hast du einen Kuli / Bleistift?

Um Wiederholung bitten:

Perdón, ¿puede hablar más despacio, por favor?	Entschuldigung, können Sie bitte langsamer sprechen?
Perdón, (yo) no lo entiendo.	Entschuldigung, ich verstehe das nicht.
¿Puede explicarlo otra vez?	Können Sie das noch einmal erklären?
¿Puede repetirlo otra vez, por favor?	Können Sie das bitte wiederholen?

Um Hinweise oder Erklärungen bitten:

¿Cuánto tiempo tenemos?	Wie viel Zeit haben wir?
Tengo una pregunta.	Ich habe (noch) eine Frage.
¿Puede explicar […]?	Können Sie […] erklären?
(Yo) no he entendido el / los ejercicio/s.	Ich habe die Aufgabe/n nicht verstanden.
No entiendo la palabra / frase «[…]».	Ich verstehe das Wort / den Satz „[…]" nicht.
¿Cómo se dice «[…]» en alemán / en español?	Was heißt „[…]" auf Deutsch / auf Spanisch?
¿Se puede decir también «[…]» ?	Kann man auch „[…]" sagen?
¿Qué significa / quiere decir «[…]»?	Was bedeutet „[…]"?
¿Cómo se pronuncia «[…]»?	Wie spricht man „[…]" aus?
¿Cómo se llama esto en español?	Wie heißt das auf Spanisch?
¿Qué?	Was?
¿Cómo?	Wie bitte?
¿Puede poner un ejemplo, por favor?	Können Sie bitte ein Beispiel nennen?
¿Cómo se escribe «[…]»?	Wie schreibt man „[…]"?
¿Se escribe «[…]» con / sin «s»?	Schreibt man „[…]" mit / ohne „s"?
¿Qué es eso?	Was ist das?
¿En qué página está?	Auf welcher Seite steht das?
¿Es correcto / incorrecto?	Ist das richtig / falsch?

Vorschläge erbitten / machen:

¿Sigo?	Soll ich weitermachen?
¿Qué hacemos ahora?	Was machen wir jetzt?
Empezamos desde el principio.	Wir fangen von vorne an.
Ahora te toca a ti. Después le toca a él / ella.	Jetzt bist du dran. Danach ist er / sie dran.
Leed el texto por turno / haciendo cada uno un papel.	Lest den Text abwechselnd / mit verteilten Rollen.

Sich entschuldigen:

Lo siento, no lo he hecho a propósito.	Tut mir leid, das habe ich nicht mit Absicht getan.
Lo siento, (no) es culpa mía.	Tut mir leid, das ist (nicht) meine Schuld.

INDICACIONES PARA LOS EJERCICIOS | Übungsanweisungen

Busca información / las parejas / las ciudades / las partes / expresiones en el texto.	Suche die Information / die Paare / die Städte / die Teile / die Ausdrücke im Text.
Busca el contrario / el intruso / la receta.	Suche das Gegenteil / das falsche Wort / das Rezept.
Combina.	Verbinde.
Compara con tu solución.	Vergleiche mit deiner Lösung.
Completa las frases.	Vervollständige die Sätze.
Comprueba.	Überprüfe.
Conjuga el verbo.	Konjugiere das Verb.
Continúa el diálogo.	Führe den Dialog fort.
Copia el cuadro.	Zeichne die Tabelle ab.
Cuenta.	Erzähle.
Da ejemplos.	Gib Beispiele.
Describe a (Cristina).	Beschreibe (Cristina).
Discutid las propuestas.	Diskutiert die Vorschläge.
Elige […].	Wähle […] aus.
Empieza con […].	Beginne mit […].
Encuentra las palabras.	Finde die Wörter.
Escribe el resumen.	Schreibe eine Zusammenfassung.
Explica (en alemán / español).	Erkläre (auf deutsch / spanisch).
Formad frases / grupos.	Bildet Sätze / Gruppen.
Forma los adverbios / familias de palabras.	Bilde die Adverbien / Wortfamilien.
Formula adivinanzas / una frase.	Formuliere Rätsel / einen Satz.
Habla con tus compañeros.	Sprich mit deinen Mitschülern.
Haced una lista / diálogos.	Erstellt eine Liste / Dialoge.
Haz un cartel / un mapa mental / una tabla.	Erstelle ein Plakat / eine Mind Map / eine Tabelle.
Inventad más preguntas / eslóganes.	Erfindet mehr Fragen / Slogans.
Jugad en grupos / con un dado.	Spielt in Gruppen / mit einem Würfel.
Marca con una equis.	Markiere mit einem X.
Mira el plano.	Schau auf den Stadtplan.
Preparad un ejercicio / eslóganes / una exposición.	Bereitet eine Übung / Slogans / eine Ausstellung vor.
Recita un poema.	Sage ein Gedicht auf.
Recoged / Repartid las hojas.	Sammelt die Blätter ein. / Verteilt die Blätter.
Revisa en la lista.	Überprüfe in der Liste.
Relaciona los dibujos / los pronombres con […].	Verbinde die Zeichnungen / die Pronomen mit […].
Relaciona con las personas.	Verbinde mit den Personen.
Termina las frases.	Beende die Sätze.
Representad la escena.	Spielt die Szene.
Toma apuntes.	Mach dir Notizen.
Traduce las palabras.	Übersetze die Wörter.
Utiliza los verbos / el **pretérito perfecto** / el **futuro inmediato** / una forma de […].	Verwende die Verben / das **pretérito perfecto** / das **futuro inmediato** / eine Form von […].

CÓMO ESCRIBIR UNA CARTA | Wie du Briefe schreiben kannst

Marta García Rojas
Paseo de la Castellana, 66
28071 Madrid

Tipp: Wenn du einen Brief schreibst, achte auf die spanische Schreibweise des Datums (ein de vor der Jahresangabe). Außerdem vergiss nicht den Doppelpunkt nach der Anrede sowie die Großschreibung danach.

Buenos Aires, 18 de diciembre de 2008

Anrede für einen Bekannten oder für einen Freund.	Hola, Antonio: Querido Pablo / Querida Manuela:
Formelle Anrede	Estimado señor González / Estimada señora Aguilar:
Formelle Anrede. Der Empfänger ist dir unbekannt.	Estimados[1] señores y señoras:
Beispiel für einen Brief an das Fremdenverkehrsamt.	Mi familia y yo queremos pasar las vacaciones en Ushuaia. ¿Pueden enviarnos[2] folletos[3] de la región?
Beispiel für einen Brief an einen Freund / eine Freundin.	¿Cómo estás? Mi familia y yo estamos pasando unos días en casa de mi abuela. Pronto va a ser Navidad[4] y toda mi familia ha venido a estar con los abuelos. Estoy muy contento porque mis primos también están aquí. Y tú, ¿dónde vas a pasar la Navidad?
Du lässt Grüße an die Eltern ausrichten.	Saluda a tus padres de mi parte.
Du beendest einen Brief an Freunde oder Familie.	Besos,
Du beendest neutral einen Brief.	Saludos,
Du beendest einen formellen Brief.	Atentamente,

1 Estimados *Sehr geehrte*

2 enviar *senden*

3 el folleto *Prospekt*

4 la Navidad *Weihnachten*

CÓMO CORREGIR TUS FALTAS | Wie du Fehler selbst korrigieren kannst

Wenn du einen spanischen Text geschrieben hast, solltest du ihn Korrektur lesen. Die Chance, selber Fehler zu finden, ist größer, wenn du deinen Text mehrmals durchliest und bei jedem Durchlesen nur auf einen bestimmten Punkt der Grammatik achtest. Aus den folgenden Vorschlägen kannst du dir eine persönliche „Fehlersuchliste" erstellen.

1. Hast du die Begleiter, Artikel und Adjektive an das Geschlecht und die Zahl des Nomens angepasst?

    vuest**ras** amig**as**, **el a**gua fresca *f.*, **el a**ula llena *f.*, **los** pintor**es**, un**os** chandal**es** amarill**os** y nuev**os**

2. Hast du an die Verschmelzung des Artikels gedacht?

    el zapato **del** chico
    Dale el cuaderno **al** profe.

3. Und an die Verkürzung bestimmter Adjektive?

    el **buen** amigo, el **mal** jugador

4. Stimmen die Verbformen mit ihrem Subjekt überein?

    Hay pocas personas. / Poc**os** jueg**an** al fútbol. / **Nadie** sabe el camino.

5. Hast du an die Akzente der Fragewörter gedacht?

    ¿Qu**é** quieres? / ¿Ad**ó**nde vas? / ¿De d**ó**nde eres? …

6. Und an die Akzente der Pronomen **tú**, **él**, **mí**?

    T**ú** eres mi amiga. / **Él** es mi hermano. / A m**í** me gustar**í**a aprender alemán.

7. Hast du auf die Unregelmäßigkeiten bestimmter Verben / Verbformen geachtet?

    Siempre v**ue**lvo temprano del insti. / ¿Qu**ie**res ir al centro? **Sigue** esta calle todo recto.

8. Hast du die richtige Vergangenheitsform verwendet?

    Ayer **estuve** con Teresa.
    Esta mañana **he estado** en el instituto.

VERBOS CON PREPOSICIONES | Verben und ihre Ergänzungen

antes de + *inf.*	vor + *Infinitiv*
acordarse de alg., a/c	sich (an jdn. / etw.) erinnern
alegrarse de a/c	sich (über etw.) freuen
avisar a alg.	jdn. benachrichtigen, jdm. Bescheid sagen
criarse en	aufwachsen in
empezar a + *inf.*	anfangen (etw. zu tun)
encontrarse con alg.	sich mit jdm. treffen
enseñar a + *inf.* a alg.	jdm. etw. zeigen / beibringen
enterarse de a/c	etw. mitbekommen
estar lleno de a/c	voll sein
guardar en a/c	auf etw. speichern, aufbewahren
hacer un favor a alg.	jdm. einen Gefallen tun
invitar a + *inf.* a alg.	jdn. einladen etw. zu tun
ir a + *inf.*	etw. tun werden
jugar a a/c	etw. spielen
limitar con a/c	angrenzen
llegar a	ankommen
llevarse bien / mal con alg.	sich mit jdm. gut / schlecht verstehen
meterse con alg.	sich mit jdm. anlegen
mudarse a	umziehen nach
participar en a/c	an etw. teilnehmen
pasar por a/c	durch etw. durchgehen, an etw. vorbeigehen
pensar en alg., a/c	an jdn. / etw. denken
quejarse de alg., a/c	sich über jdn. / etw. beklagen
seguir con a/c	mit etw. weitermachen
tener cuidado con alg., a/c	auf jdn. / etw. aufpassen
terminar de + *inf.*	etw. beenden
trabajar como a/c	arbeiten als etw.
volver a	zurückkommen nach

Die blaugedruckten Verben sind unregelmäßig oder haben eine Besonderheit.

LOS VERBOS | Die Verben

Hier findest du die Konjugationen oder Konjugationsmuster aller Verben, die du in **¡Apúntate! 1** und **2** gelernt hast.

1 Los verbos auxiliares | Die Hilfsverben

infinitivo	ser	estar	haber	
presente	soy	estoy	he	
	eres	estás	has	
	es	está	ha	hay
	somos	estamos	hemos	
	sois	estáis	habéis	
	son	están	han	
pretérito indefinido	fui	estuve	hube	
	fuiste	estuviste	hubiste	
	fue	estuvo	hubo	
	fuimos	estuvimos	hubimos	
	fuisteis	estuvisteis	hubisteis	
	fueron	estuvieron	hubieron	
imperativo	sé, sed	está, estad		
gerundio	siendo	estando	habiendo	
participio	sido	estado	habido	

2 Los verbos regulares en -ar/-er/-ir | Die regelmäßigen Verben auf -ar/-er/-ir

infinitivo	charlar	comer	vivir
presente	charlo	como	vivo
	charlas	comes	vives
	charla	come	vive
	charlamos	comemos	vivimos
	charláis	coméis	vivís
	charlan	comen	viven
pretérito indefinido	charlé	comí	viví
	charlaste	comiste	viviste
	charló	comió	vivió
	charlamos	comimos	vivimos
	charlasteis	comisteis	vivisteis
	charlaron	comieron	vivieron
imperativo	charla, charlad	come, comed	vive, vivid
gerundio	charlando	comiendo	viviendo
participio	charlado	comido	vivido

⚠ **tocar:** *pretérito indefinido:* toqué
ebenso: **buscar, explicar, practicar, sacar, significar**
⚠ **apagar:** *pretérito indefinido:* apagué
ebenso: **pagar, pegar**
⚠ **cruzar:** *pretérito indefinido:* crucé
ebenso: **organizar**

⚠ **creer:** *pretérito indefinido:* creyó, creyeron, *gerundio:* creyendo
⚠ **leer:** *pretérito indefinido:* leyó, leyeron, *gerundio:* leyendo

⚠ **salir:** *presente:* salgo, sales, … *imperativo:* **sal**
⚠ **abrir:** *participio:* abierto
⚠ **escribir:** *participio:* escrito
⚠ **descubrir:** *participio:* descubierto

3.1 Verbos con diptongación: e → ie

infinitivo	**pensar**	**entender**
presente	pi**e**nso	ent**ie**ndo
	pi**e**nsas	ent**ie**ndes
	pi**e**nsa	ent**ie**nde
	pensamos	entendemos
	pensáis	entendéis
	pi**e**nsan	ent**ie**nden
pretérito indefinido	pens**é**	entend**í**
	pens**aste**	entend**iste**
	pens**ó**	entend**ió**
	pens**amos**	entend**imos**
	pens**asteis**	entend**isteis**
	pens**aron**	entend**ieron**
imperativo	pi**e**nsa, pensad	ent**ie**nde, entended
gerundio	pensando	entendiendo
participio	pensado	entendido

ebenso: **cerrar**, **empezar**, **apretar**, **sentarse**
⚠ **empezar:** empe**c**é
⚠ **fregar:** fre**gu**é

ebenso: **defenderse**, **perder**, **encender**
⚠ **preferir:** *pretérito indefinido:* prefirió, prefirieron
⚠ **querer:** *pretérito indefinido:* qu**is**e, qu**is**iste …
⚠ **sentir:** *pretérito indefinido:* s**i**ntió, s**i**ntieron
⚠ **tener:** *presente:* ten**go**, ti**e**nes …,
imperativo: **ten**, *indefinido:* t**uv**e, t**uv**iste …

3.2 Verbos con diptongación: o → ue

3.3 El verbo jugar: u → ue

infinitivo	**encontrar**	**mover**	**jugar**
presente	enc**ue**ntro	m**ue**vo	j**ue**go
	enc**ue**ntras	m**ue**ves	j**ue**gas
	enc**ue**ntra	m**ue**ve	j**ue**ga
	encontramos	movemos	jugamos
	encontráis	movéis	jugáis
	enc**ue**ntran	m**ue**ven	j**ue**gan
pretérito indefinido	encontr**é**	mov**í**	ju**gu**é
	encontr**aste**	moviste	jugaste
	encontr**ó**	movió	jugó
	encontr**amos**	movimos	jugamos
	encontr**asteis**	movisteis	jugasteis
	encontr**aron**	movieron	jugaron
imperativo	enc**ue**ntra, encontrad	m**ue**ve, m**o**ved	j**ue**ga, jugad
gerundio	encontrando	moviendo	jugando
participio	encontrado	movido	jugado

ebenso: **contar**, **acordarse**, **comprobar**, **contar**, **costar**, **mostrar**, **sonar**
⚠ **colgar:** *pretérito indefinido:* col**gu**é

ebenso: **doler**, **llover**
⚠ **poder:** *pretérito indefinido:* p**u**de, p**u**diste …
⚠ **torcer:** tuer**z**o
⚠ **volver:** *participio:* **vuelto**

3.4 Verbos con debilitación vocálica: **e → i**

infinitivo	**seguir**
presente	sigo
	sigues
	sigue
	seguimos
	seguís
	siguen
pretérito indefinido	seguí
	seguiste
	siguió
	seguimos
	seguisteis
	siguieron
imperativo	sigue, seguid
gerundio	siguiendo
participio	seguido

ebenso: **pedir**, **repetir**

3.5 Verbos de tipo conocer: **c → zc**

infinitivo	**conocer**
presente	conozco
	conoces
	conoce
	conocemos
	conocéis
	conocen
pretérito indefinido	conocí
	conociste
	conoció
	conocimos
	conocisteis
	conocieron
imperativo	conoce, conoced
gerundio	conociendo
participio	conocido

ebenso: **nacer**, **parecer**

4 Los verbos irregulares | Die unregelmäßigen Verben

infinitivo	**decir**	**hacer**	**ir**	**saber**
presente	**digo**	**hago**	**voy**	**sé**
	dices	haces	**vas**	sabes
	dice	hace	**va**	sabe
	decimos	hacemos	**vamos**	sabemos
	decís	hacéis	**vais**	sabéis
	dicen	hacen	**van**	saben
pretérito indefinido	dije	hice	fui	supe
	dijiste	hiciste	fuiste	supiste
	dijo	hizo	fue	supo
	dijimos	hicimos	fuimos	supimos
	dijisteis	hicisteis	fuisteis	supisteis
	dijeron	hicieron	fueron	supieron
imperativo	di, decid	**haz**, haced	**ve, id**	sabe, sabed
gerundio	diciendo	haciendo	**yendo**	sabiendo
participio	**dicho**	**hecho**	**ido**	sabido

infinitivo	**venir**	**ver**	**caerse**	**dar**
presente	**vengo**	veo	me ca**igo**	d**oy**
	vienes	**ves**	te caes	das
	viene	**ve**	se cae	da
	venimos	**vemos**	nos caemos	damos
	venís	**veis**	os ca**é**is	dais
	vienen	**ven**	se caen	dan
pretérito indefinido	vine	vi	me caí	di
	viniste	viste	te caíste	diste
	vino	vio	se ca**y**ó	dio
	vinimos	vimos	nos caímos	dimos
	vinisteis	visteis	os caísteis	disteis
	vinieron	vieron	se ca**y**eron	dieron
imperativo	ven, venid	ve, ved	cáete, caeos	da, dad
gerundio	vi**n**iendo	vi**e**ndo	ca**y**endo	dando
participio	venido	visto	caído	dado

infinitivo	**oír**	**poner**	**reír**	**traer**
presente	o**igo**	pon**go**	río	tra**igo**
	o**y**es	pones	ríes	traes
	o**y**e	pone	ríe	trae
	oímos	ponemos	reímos	traemos
	oís	pon**é**is	reís	traéis
	o**y**en	ponen	ríen	traen
pretérito indefinido	oí	**pu**se	reí	tra**j**e
	oíste	**pu**siste	reíste	tra**j**iste
	o**y**ó	**pu**so	rio	tra**j**o
	oímos	**pu**simos	reímos	tra**j**imos
	oísteis	**pu**sisteis	reísteis	tra**j**isteis
	o**y**eron	**pu**sieron	rieron	tra**j**eron
imperativo	o**y**e, oíd	pon, poned	ríe, reíd	trae, traed
gerundio	o**y**endo	poniendo	riendo	tra**y**endo
participio	oído	**puesto**	reído	traído

ebenso: **sonreír**

PEQUEÑO DICCIONARIO DE CULTURA Y CIVILIZACIÓN

Kleines landeskundliches Wörterbuch

SPANIEN

GEOGRAFISCHES / ORTE, PLÄTZE, MUSEEN

el Aitxuri *1511 m*
Höchster Berg des Baskenlandes in der Provinz Guipuzkoa im Nationalpark Aizcorri. Aitxuri ist baskisch und bedeutet „weißer Stein". **U8** / A

Alicante *ca. 322 400 Einwohner*
Spanische Hafenstadt an der Costa Blanca (dt.: „Weiße Küste"). Am Mittelmeer im Süden der autonomen Region Valencia gelegen. Amtssprachen sind Spanisch und Valencianisch. Zu den wichtigsten Wirtschaftszweigen gehören Weinbau, Tourismus und Olivenölproduktion. Eine berühmte Sehenswürdigkeit ist das Castillo de Santa Bárbara, eine der größten Burganlagen Europas. Von Alicante aus besteht eine Fährverbindung zu den balearischen Inseln, z. B. nach Mallorca. **U2** / Ac

Álava
Südlichste Provinz der Autonomen Gemeinschaft Baskenland. Hauptstadt: Vitoria. Die bergige Landschaft ist von Weideland und Laubwäldern geprägt. Álava grenzt im Süden an den Fluss Ebro. **U8** / A

Andalucía *(dt. Andalusien)*
Autonome Region im Süden Spaniens. Hauptstadt: Sevilla. Andalusien ist nicht nur die südlichste Festlandregion Spaniens, sondern auch ganz Europas. Bei Tarifa, der südlichsten Stadt, liegen Europa und Afrika nur 14 km voneinander entfernt, getrennt durch die Straße von Gibraltar. Berühmt ist die Region u.a. durch ihre Musik, den Flamenco. Historisch bedeutende Städte sind Granada, Sevilla und Córdoba. Die Region wird umrahmt von einer 830 km langen Küste am Mittelmeer und Atlantischen Ozean. **U9** / A

Aspe *ca. 19 300 Einwohner*
Gemeinde in der autonomen Region Valencia, ca. 25 km von Alicante entfernt, im Tal des Flusses Vinalopó gelegen. Sehenswert sind z. B. eine Festungsanlage aus dem 12. Jahrhundert sowie Brücken und Aquädukte aus dem 18. und 19. Jahrhundert. **U3** / Ac

Barcelona *ca. 1,6 Mio Einwohner*

Hauptstadt der autonomen Region Katalonien und zweitgrößte Stadt Spaniens. Am Mittelmeer gelegen. Amtssprachen sind Katalanisch und Spanisch. Bekannt sind u. a. die belebte Flaniermeile Las Ramblas mit ihren Akrobaten, Musikern, Blumen-und Vogelverkäufern und die drei Häfen. **U8** / Ac

Bilbao *ca. 350 000 Einwohner*

Bedeutende Industrie- und Hafenstadt in der Autonomen Region Baskenland. Im Norden Spaniens, 10 km vor der Atlantikküste und an den Flüssen Deusto und Salve gelegen. Die Stadt hat eine interessante Mischung aus alter und neuer Architektur. Weltberühmt ist das Guggenheim-Museum im alten Hafengelände, in dem moderne Kunst ausgestellt wird. **U1** / Ac

Cáceres *ca. 90 800 Einwohner*
Hauptstadt der Autonomen Region Extremadura, im Westen Spaniens gelegen. Bekannt durch das historische Stadtzentrum mit Gebäuden aus dem Mittelalter und der Renaissance. Viele schätzen die Stadt auch wegen der zahlreichen jährlich stattfindenden Musikfestivals. Cáceres hat sich für das Jahr 2016 für den Titel Kulturhauptstadt Europas beworben. **U1** / Ac

el castillo de Santa Bárbara
Eine der größten Burganlagen Europas und Wahrzeichen von Alicante, auf dem 166 m hohen Berg Monte Benacantil gelegen. Sie zählt zu den beliebtesten Ausflugszielen der Stadt. **U2** / Ac

la Cuidad de las Artes y de las Ciencias

Modernes Wissenschafts- und Kulturzentrum in Valencia. Der Komplex umfasst mehrere eigenwillige Gebäude, die der Kunst, Wissenschaft und Technik gewidmet sind: ein großes 3D-Kino und Planetarium („L'Hemisfèric"), ein Wissenschaftsmuseum für Kinder („Museo de las Ciencias Príncipe Felipe"), einen extravaganten Opern-und Musikpalast mit vier Sälen („Palau de les Arts Reina Sofía") sowie das weltweit größte Aquarium („l'Oceanográfic"). **U6** / Ac

el Ebro *910 km*
Zweitgrößter Fluss Spaniens nach dem Río Tajo. In der Nähe von Tarragona mündet der Ebro ins Mittelmeer. An dieser Stelle ist das Naturschutzgebiet Parc Natural del Delta de l'Ebre entstanden. **U8** / Ac

Elche / La Dama de Elche *ca. 222 000 Einwohner*
Elche ist eine spanische Stadt, ca. 20 km nordwestlich von Alicante gelegen und bekannt für ihre Palmengärten. Im größten, dem Palmeral, stehen mehr als 11000 Palmen. In der Umgebung von Elche wurde 1897 eine historische Steinskulptur gefunden, die eine Frau mit einem besonderen Haarschmuck darstellt: die Dama de Elche. Sie stammt vermutlich aus dem 4. Jahrhundert v. Ch. und wurde von den Iberern gefertigt, der ersten Volksgruppe auf spanischem Boden. **U3** / B

Extremadura *ca. 1,1 Mio Einwohner*
Autonome Region im Westen Spaniens an der Grenze zu Portugal. Die Hauptstadt ist Mérida. Die Region ist bekannt für ihre Stein- und Korkeichenhaine. In diesen wird das iberische Schwein gehalten: eine halbwilde Schweinerasse mit schwarzem Fell. Die Tiere ernähren sich von Eicheln und liefern den berühmten luftgetrockneten Edelschinken „jamón ibérico". **U8** / Ac

las Fallas / museo Fallero

Museum in Valencia, das den „Fallas" gewidmet ist. Vom 15. – 19. März findet jedes Jahr in Valencia ein Frühlingsfest, „Las Fallas", statt. Hauptattraktion sind dabei buntbemalte Puppen aus Pappmaché, die „ninots". Jedes Jahr wird die schönste Puppe gewählt und kommt ins Museum. Alle anderen Puppen werden verbrannt. **U6** / Ac

Galicia *ca. 2,8 Mio Einwohner*

Autonome Region im Nordwesten Spaniens. Die Hauptstadt ist Santiago de Compostela. Amtssprachen sind Galicisch und Spanisch. Wegen der üppigen Vegetation und

des häufigen Regens wird Galicien auch als „Irland Spaniens" bezeichnet. Bekannt geworden ist die Region in den letzten Jahren vor allem durch den Jakobsweg, einen historisch bedeutenden Pilgerweg. Tausende von Menschen aller Nationalitäten – unter ihnen viele Jugendliche – wandern hier jedes Jahr nach Santiago de Compostela. Die in vielen Ländern Europas aufgestellten Wegweiser sind mit einer Jakobsmuschel gekennzeichnet. **U1** / Ac

el Guadalquivir *657 km*
Längster Fluss Andalusiens und drittlängster Fluss Spaniens. **U8** / Ac

el museo Guggenheim

Museum für moderne und zeitgenössische Kunst in Bilbao im Baskenland. Es wurde 1997 im alten Hafengelände erbaut und hat eine Ausstellungsfläche von 11000 qm. Der futuristische Bau aus Titan, Glas und Kalkstein wird jährlich von mehreren Hunderttausend Touristen besucht. **U8** / A

Guipúzcoa *ca. 690 000 Einwohner*
Baskische Provinz im Norden des Baskenlandes am Golf von Biskaya (Atlantischer Ozean) und an der Grenze zu Frankreich. Die Hauptstadt ist San Sebastián. Die Landschaft ist geprägt vom Kantabrischen Gebirge und Ausläufern der Pyrenäen. **U8** / A

las islas Baleares *ca. 1,03 Mio. Einwohner*
Spanische Inselgruppe im Mittelmeer, bestehend aus Mallorca, Ibiza, Formentera und Menorca. Amtssprachen: Katalanisch und Spanisch. Beliebte Urlaubsregion.

U8 / Ac

Madrid *ca. 3,2 Mio Einwohner*

Seit 1561 Hauptstadt Spaniens. Regierungs- und Königssitz. Wirtschafts- und Kulturzentrum des Landes und weltberühmt für seine Museen (z. B. Museo del Prado) und Heimat des Fußballvereins Real Madrid. **U3** / Ac

el museo de las Ciencias Príncipe Felipe
Wissenschaftsmuseum für Kinder und Jugendliche in Valencia in der Anlage Ciudad de las Artes y de las Ciencias. Die Besucher können hier Experimente durchführen, um naturwissenschaftliche Vorgänge besser zu verstehen.
U6 / Ac

Navarra *ca. 600 000 Einwohner*
Kleine autonome Region im Norden Spaniens, an der Grenze zu Frankreich gelegen. Hauptstadt: Pamplona. Amtssprachen sind Baskisch und Spanisch.
U7 / A

el parque natural de Aizcorri
Naturpark in der baskischen Provinz Guipúzcoa, der zu verschiedenen sportlichen Aktivitäten einlädt, wie z.B. Wandern und Gleitschirmfliegen. Hier steht der Aitxuri, der höchste Berg des Baskenlandes (1511 m).
U8 / A

el País Vasco *(baskisch: Euskadi) ca. 2,7 Mio Einwohner*

Autonome Region im Norden Spaniens. Hauptstadt: Vitoria / Gasteiz. Größte Stadt: Bilbao. Amtssprachen sind Baskisch und Spanisch. Das Baskenland besteht aus den drei Provinzen Álava, Guipúzcoa und Biskaya und ist sehr grün und fruchtbar. Typisch ist ein anhaltender Nieselregen, der „Chirrimirri". Die Landschaft ist von den Pyrenäen und dem Kantabrischen Gebirge geprägt.
U8 / A

Pamplona *ca. 200 000 Einwohner*
Hauptstadt der autonomen Region Navarra. Pamplona liegt auf einer Hochebene am Fluss Arga. Durch die Stadt führt der Jakobsweg, ein berühmter europäischer Pilger- und Fernwanderwegweg. Die größte Attraktion in Pamplona sind die jährlich vom 6. bis 14. Juli stattfindenden Sanfermines, ein Volksfest mit farbenprächtigen Straßenumzügen, Feuerwerk und Stierkämpfen.
U8 / Ac

el paseo de la Concha

Strandpromenade in San Sebastián an der Bahía de la Concha, einer großen muschelförmigen Bucht (la concha = dt.: die Muschel).
U8 / A

Pontevedra *ca. 80 000 Einwohner*
Küstenstadt am Atlantischen Ozean in der autonomen Region Galicien im Nordwesten Spaniens. Hier finden jährlich viele tradtionelle Feste statt, z.B. das „Begräbnis des Papageis Ravachol", ein Spektakel zum Ende des Karnevals, bei dem sich die Bewohner der Stadt mit ihren Haustieren versammeln.
U1 / Ac

San Sebastián *(baskisch: Donostia) ca. 183 000 Einwohner*
Nordspanische Küstenstadt am Golf von Biskaya (Atlantischer Ozean) in der autonomen Region Baskenland. Jedes Jahr finden hier im September internationale Filmfestspiele statt, bei denen der beste Film mit der Goldenen Muschel ausgezeichnet wird.
U1 / Ac

Tabarca (la isla de) *ca. 92 Einwohner*
Kleine Insel im Mittelmeer, etwa 5 km von der Küste von Alicante entfernt. Länge: ca. 800 m, Breite: ca. 380 m. In den Sommermonaten wird sie von vielen Touristen besucht.
U3 / B

Torrevieja *ca. 94 000 Einwohner*
Drittgrößte Stadt in der Provinz Alicante, am Mittelmeer gelegen. Die Hälfte der Einwohner von Torreviejas sind Engländer, Deutsche und Nordeuropäer, die das warme Mittelmeerklima und das südliche Flair schätzen.
U3 / B

Tuy *ca. 17 000 Einwohner*
Spanische Stadt in der autonomen Region Galicien, an der Grenze zu Portugal gelegen. Sehenswert ist die Kathedrale von Santa María, die zu den schönsten Kirchen Galiciens zählt.
U1 / Ac

Valencia *ca. 800 000 Einwohner*

Hauptstadt und kulturelles Zentrum der autonomen Region Valencia, am Mittelmeer gelegen. Nach Madrid und Barcelona ist Valencia die drittgrößte Stadt Spaniens. Eine große Attraktion ist die Ciudad de las Artes y de las Ciencias, ein modernes Kultur- und Wissenschaftszentrum mit futuristischen Bauten und dem weltweit größten Aquarium. Eine Attraktion ist auch das fünf Tage dauernde Frühlingsfest „Las Fallas". Dabei stellen die einzelnen Stadtviertel übergroße Puppen aus Pappmaché und Holz aus, und es finden Umzüge, Feuerwerke und Festessen statt.
U3 / A

el valle de Ayora
Landstrich mit waldreichen Tälern und Bergen in der autonomen Region Valencia, nahe der Stadt Ayora. Beliebtes Erholungsgebiet.
U4 / Ac

Vitoria *(baskisch: Gasteiz) ca. 220 000 Einwohner*
Hauptstadt des Baskenlandes, in der Provinz Álava gelegen. Das Dorf Gasteiz wurde 1811 zu einer Stadt erweitert, die auf den Namen Nueva Victoria (dt.: „Neuer Sieg") getauft wurde. Vitoria ist Sitz internationaler Unternehmen, z.B. von Mercedes Benz und Michelin.
U8 / A

Vizcaya *(baskisch: Bizkaia)*
Baskische Provinz an der Nordküste des Atlantischen Ozeans. Die Hauptstadt ist Bilbao. Der Golf von Biskaya wurde nach dieser Provinz benannt. **U8** / A

Zaragoza *ca. 600 000 Einwohner*
Hauptstadt der Autonomen Region Aragonien, am Ebro gelegen. Sehenswürdigkeiten sind u.a. die Basílica del Pilar, das größte barocke Bauwerk Spaniens und Wahrzeichen der Stadt. In der Kirche befindet sich eine Säule (span.: „el pilar"), auf der die Jungfrau Maria erschienen sein soll – so sagt eine Legende. Saragossa war Gastgeber der Weltausstellung Expo 2008. **U8** / Ac

PERSONEN

Bardem, Javier *(geb. 1969)*

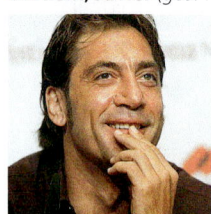

Spanischer Schauspieler aus Gran Canaria. Preisträger vieler internationaler Auzeichnungen. 2008 erhielt er den Oscar für seine Rolle in dem Film „No Country for Old Man". **U7** / A

Bisbal, David *(geb. 1979)*
Spanischer Sänger aus Almería, der bei einer Castingshow entdeckt wurde. In Spanien und Lateinamerika feiert Bisbal große Erfolge. Mehrere Alben von ihm sind mit Platin ausgezeichnet worden. **U7** / A

Casillas, Iker *(geb. 1981)*
Spanischer Fußballspieler aus Madrid. Casillas ist Torwart bei Real Madrid. Sein Spitzname ist San Iker (dt.: „Heiliger Iker"), da er ein außergewöhnliches Talent hat, Bälle zu halten. **U7** / A

Gasol, Pau *(geb. 1980)*
Spanischer Basketballspieler aus Katalonien, der seit 2008 bei den Los Angeles Lakers in der NBA (National Basketball Association) spielt. Er gilt als einer der besten spanischen Basketballspieler. **U7** / A

Goya y Lucientes, Francisco de *(1746 – 1828)*

Berühmter spanischer Maler und Grafiker aus Aragonien. Er war am spanischen Königshof tätig, malte jedoch auch viele Bilder, auf denen er das spanische Volk darstellte. In seinem Spätwerk verarbeitete er in seinen Grafiken und Bildern die politischen und sozialen Probleme seiner Zeit. Seine letzten vier Lebensjahre verbrachte Goya im französischen Exil. **U8** / Ac

Nadal, Rafael *(geb. 1986)*
Spanischer Tennisspieler aus Mallorca. Spielt seit seinem vierten Lebensjahr Tennis und wird von seinem Onkel trainiert. Seit 2008 ist Nadal die Nr. 1 der Tennisweltrangliste. **U7** / A

Ñíguez, Aarón *(geb. 1989)*
Spanischer Fußballspieler, in Elche geboren. Position: Stürmer. Aarón Ñíguez gilt als eines der größten Fußballtalente Spaniens. Als Jugendnationalspieler nahm er bereits an mehreren Europa-und Weltmeisterschaften teil, u.a. im Jahr 2008 an der U20 Kanada und der U19 in Österreich. **U3** / B

Vega, Paz *(geb. 1976)*

Spanische Filmschauspielerin aus Sevilla. Vega erhielt für ihre Darstellungen viele nationale und internationale Auszeichnungen, u.a. auf den Internationalen Filmfestspielen in Cannes. **U9** / A

SONSTIGES

Centro 14
Jugendtreffpunkt in Alicante. Jugendliche können hier in verschiedenen Arbeitsgemeinschaften mitwirken, künstlerisch tätig werden, das Internet nutzen und Orientierungsgespräche, z.B. Berufsberatung, in Anspruch nehmen. **U5** / A

Mestalla
Stadion in Valencia und Spielstätte eines der besten spanischen Fußballvereine, des FC Valencia. Um die Zuschauerplätze auf 70 000 zu erhöhen, wurde 2004 mit Umbauarbeiten begonnen. **U6** / A

la paella valenciana
Spanisches Reisgericht aus Valencia, das in einer großen Pfanne zubereitet wird. Die wichtigsten Zutaten sind Reis, Olivenöl, Knoblauch, Kaninchen- und Hühnerfleisch, Tomaten, Paprika und grüne Bohnen. Safran gibt dem Gericht seine typische gelbe Farbe. **U9** / A

los Sanfermines

Fest in Pamplona zu Ehren des Schutzpatrons der Stadt (San Fermín), das jedes Jahr vom 6. bis zum 14. Juli gefeiert wird. Die größte Attraktion sind die Stierkämpfe und die Stierläufe. Die Stiere werden von den Läufern durch die Straßen der Stadt zur Stierkampfarena getrieben, wo im Anschluss die traditionellen Stierkämpfe stattfinden. Begleitet wird das Spektakel von farbenprächtigen Umzügen, Feuerwerken und Konzerten. **U8** / Ac

el vasco *(Euskera, dt.: Baskisch)*

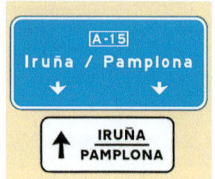

Sprache des Baskenlandes. Das Baskische wird im Baskenland, der spanisch-französischen Grenzregion an der Atlantikküste, von etwa 700 000 Menschen gesprochen 500 000 Sprecher leben in Spanien. Geografische Namen werden im Baskenland auf zwei Sprachen angegeben: auf Spanisch und auf Baskisch. **U8** / A

LATEINAMERIKA

GEOGRAFISCHES / ORTE, PLÄTZE, MUSEEN

América del Norte
Nördlicher Teil des amerikanischen Doppelkontinents. Zu Nordamerika gehören die USA, Kanada und Mexiko. Die Fläche Nordamerikas beträgt ca. 23 752 700 km². **U10** / Ac

los Andes

Längste Gebirgskette der Welt. Die Anden erstrecken sich von Venezuela über Kolumbien und Peru bis in den Süden von Argentinien und Chile. Insgesamt sind sie 7 500 km lang. Es gibt hier eine Reihe von Vulkanen, von denen vier noch aktiv sind. Der höchste Berg der Anden, der Aconcagua, liegt in Argentinien und ist 6 962 m hoch. **U10** / Ac

Argentina *ca. 39,4 Mio Einwohner*

Republik im Süden Südamerikas. Die Hauptstadt ist Buenos Aires. Amtssprache ist Spanisch. Argentinien ist flächenmäßig der achtgrößte Staat der Erde und verfügt über nahezu alle Klimazonen. Über 90 % der argentinischen Bevölkerung stammen von europäischen Einwanderern ab, davon etwa 65 % von Italienern und Spaniern. Aber auch die polnischen, jüdischen und deutschen Einwanderer haben die Kultur des Landes geprägt. Die beliebteste Sportart der Argentinier ist der Fußball. Die argentinische Nationalmannschaft gehört zu den erfolgreichsten der Welt. **U10** / Ac

la Avenida 9 de julio
Bekannteste Allee in der argentinischen Hauptstadt Buenos Aires. Die Hauptstraße ist 130 m breit und hat 10 Fahrspuren in beide Richtungen. Benannt wurde die Allee nach dem argentinischen Unabhängigkeitstag, dem 9. Juli 1816. Bis zu diesem Tag gehörte Argentinien zum spanischen Königreich. **U10** / A

Belice *ca. 315 000 Einwohner*

Mittelamerikanisches Land an der Karibikküste. Hauptstadt: Belmopán. Einziges Land in Mittelamerika, in dem Englisch offizielle Amtssprache ist. Das liegt daran, dass Belize lange eine britische Kolonie war, die erst 1981 ihre Unabhängigkeit erlangte. Fast die Hälfte der Bevölkerung hat jedoch Spanisch als Muttersprache oder spricht eine Mayasprache. **U5** / Ac

Belmopán *ca. 15 000 Einwohner*
Seit 1970 Hauptstadt von Belize. Das wirtschaftliche und kulturelle Zentrum von Belize ist jedoch Belize-Stadt, die ehemalige Hauptstadt. **U5** / Ac

Buenos Aires *ca. 2,7 Mio Einwohner*
Hauptstadt Argentiniens. Gelegen am Río de la Plata, einer trichterförmigen Flussmündung in den Atlantik. Im Großraum Buenos Aires (Gran Buenos Aires) leben ca. 12 Mio. Menschen. Die Stadt hat mehr als 170 Theater, zahlreiche Museen und Verlagshäuser und gilt als eines der wichtigen kulturellen Zentren Lateinamerikas. Buenos Aires ist weltweit durch seine lebendige Tangoszene und seine vielen Fußballclubs bekannt. **U10** / A

el canal de Panamá *81,6 km*
Der Panamakanal ist eine künstliche Wasserstraße, die die Landenge von Panama durchschneidet und den Atlantik mit dem Pazifik verbindet. Die erste Durchfahrt mit Schiffen erfolgte 1914. Heute wird er jährlich von ca. 14 000 Schiffen befahren. **U5** / Ac

el Caribe *ca. 35 Mio Einwohner*

Die Karibik ist eine Region im westlichen, tropischen Teil des Atlantischen Ozeans. Sie besteht aus dem Karibischen Meer und den dort gelegenen Inseln und Inselgruppen. Im Süden grenzt das karibische Meer an Südamerika, im Westen an Mittelamerika und im Norden an die karibischen Inseln Kuba, Haiti, die Dominikanische Republik und Puerto Rico. Die wichtigsten Sprachen in der Karibik sind Spanisch (70 %) und Englisch (ca. 28 %). Die Bewohner der karibischen Inseln sind zum überwiegenden Teil afrikanischer und europäischer, aber auch indischer und chinesischer Herkunft. Auf allen Inseln herrscht tropisches Klima. **U5** / B

Centroamérica *ca. 40 Mio Einwohner*
Landbrücke, die Nord- und Südamerika miteinander verbindet. Geografisch reicht Zentralamerika somit vom Süden Mexikos bis zum Süden Panamas. Es umfasst die Staaten Guatemala, Belize, El Salvador, Honduras, Nicaragua und Costa Rica. Außer in Belize ist die Amtssprache in allen Ländern Spanisch; es werden daneben aber auch die indigenen Sprachen der Urbevölkerung gesprochen. Es herrscht vorwiegend tropisches Klima. Zentralamerika ist wichtiges Anbaugebiet für Bananen und Kaffee. **U5** / Ac

Colombia *ca. 42 Mio Einwohner*

Land im Norden Südamerikas, am Pazifischen Ozean und Karibischen Meer gelegen. Die Hauptstadt ist Bogotá, und die Amtssprache ist Spanisch. Der Name des Landes ist von Christoph Kolumbus abgeleitet. Kolumbien ist international für seinen Fußball, Radsport und seine Musik bekannt, z. B. durch die Sänger Shakira und Juanes. **U7** / Ac

el Cono Sur

Der „Südkegel" ist die südlichste Region Südamerikas und umfasst Uruguay, Chile, Argentinien und den Süden Brasiliens. Die Landschaft des Südkegels ist geprägt durch die Anden (Gebirge), Patagonien (Gletscher), die Pampa (Weideland) und die Atacamawüste. **U10**/ Ac

Costa Rica *ca. 4,2 Mio Einwohner*

 Land in Zentralamerika, das an das Karibische Meer und den Pazifischen Ozean grenzt. Die Hauptstadt ist San José, die Amtssprache ist Spanisch. Im Land herrscht tropisches Klima. In Costa Rica gibt es noch sehr aktive Vulkane. Höchster Berg ist der Chirripó Grande (3 820 m). **U5**/ Ac

Cuzco *ca. 320 000 Einwohner*

Hauptstadt der Provinz Cusco in Peru. Die Stadt wurde 1200 n. Ch. gegründet und war bis zum 16. Jahrhundert Hauptstadt des Inkareiches. Cusco liegt in den Anden in 3 416 m Höhe. In der Umgebung befinden sich zahlreiche Sehenswürdigkeiten, die an die Kultur der Inka erinnern. Als Ausgangspunkt zu der Inkastadt Machu Picchu ist die Stadt weltbekannt geworden und wird von vielen Touristen besucht. **U10**/ Ac

El Salvador *ca. 6,9 Mio Einwohner*

 Kleinstes Land Zentralamerikas. Die Hauptstadt ist San Salvador, die Amtssprache ist Spanisch. Es herrscht tropisches Klima. El Salvador ist von zahlreichen Vulkanen durchzogen von denen der höchste, Santa Ana, 2 365 m hoch ist. **U5**/ Ac

Guatemala *ca. 12,7 Mio Einwohner*

 Bevölkerungsreichstes Land in Zentralamerika. Die Hauptstadt ist Guatemala-Stadt, die Amtssprache ist Spanisch. Außerdem sind sieben Mayasprachen anerkannt., u. a. Quiché. Guatemala gilt als die Wiege der Mayakultur. Die Maya machen heute etwa 40 % der guatemaltekischen Bevölkerung aus. Guatemala ist bedeutender Exporteur von Kaffee, Zucker, Bananen und Baumwolle. **U5**/ Ac

Ciudad de Guatemala *ca. 4 Mio Einwohner*

Hauptstadt von Guatemala und wirtschaftliches, politisches und kulturelles Zentrum des Landes. Guatemala-Stadt liegt im Landesinneren und ist die größte Stadt Zentralmerikas. Bereits vor 2 000 Jahren wurde dieser Ort von den Maya besiedelt. Ruinen aus dieser Zeit sind noch heute in Guatemala-Stadt zu sehen. **U5**/ Ac

Honduras *ca. 7,3 Mio Einwohner*

 Land in Zentralamerika, das an das Karibische Meer und den Pazifischen Ozean grenzt. Die Hauptstadt ist Tegucigalpa, die Amtssprache ist Spanisch. In Honduras befindet sich das größte zusammenhängende Regenwaldgebiet Mittelamerikas, in dem u. a. Raubkatzen wie Jaguar und Puma leben. **U5**/ Ac

el lago de Nicaragua *(oder: Lago Cocibolca)*

Größter See Mittelamerikas. Er ist doppelt so groß wie der größte See Deutschlands, der Bodensee. **U5**/ Ac

León / Nicaragua *ca. 158 000 Einwohner*

Stadt im Westen Nicaraguas, unweit vom Pazifischen Ozean. Das Stadtbild ist geprägt von der spanischen Architektur aus der Kolonialzeit. Hier steht die älteste Kathedrale Zentralamerikas **U7**/ B

Managua *ca. 1,8 Mio Einwohner*

Hauptstadt von Nicaragua, am Lago Managua (Managua-See) im Landesinneren gelegen. Sie wurde 1819 gegründet und 1931 und 1972 schon zweimal durch Erdbeben zerstört. **U5**/ Ac

México *ca. 107,5 Mio Einwohner*

 Bevölkerungsreichstes spanischsprachiges Land der Welt, im Süden Nordamerikas gelegen. Die Hauptstadt ist Mexiko-Stadt, und die Amtssprache ist Spanisch. Die Landschaft ist sehr vielfältig: Es gibt z. B. Hochgebirge mit Vulkanen, Wüsten und tropische Wälder. Die mexikanische Küche ist auch außerhalb Mexikos sehr beliebt, insbesondere die tacos, fajitas, burritos und enchiladas, die alle aus dünnen Maisfladen (tortillas) hergestellt werden. **U5**/ Ac

Ciudad de México *ca. 8,7 Mio Einwohner*

Hauptstadt von Mexiko. Im Großraum der Stadt leben 19,2 Millionen Menschen. Damit ist Mexiko-Stadt eine der größten Metropolregionen der Erde. Die Stadt ist von der Gebirgskette Sierra Nevada umgeben und wurde von den Azteken gegründet, die zwischen dem 14. und 16. Jahrhundert in Mexiko gelebt haben. Der Legende nach soll ihnen ein aztekischer Gott gesagt haben, dass sie an der Stelle eine Stadt bauen sollen, an der ein Adler auf einem Kaktus sitzt und eine Schlage frisst. Dieses Bild ist heute das Wappen von Mexiko. **U10**/ Ac

Nicaragua *ca. 5,5 Mio Einwohner*

 Größtes Land Zentralamerikas, an den Pazifischen Ozean und das Karibische Meer grenzend. Die Hauptstadt ist Managua, und die Amtssprache ist Spanisch. Nicaragua wird parallel zur Pazifikküste von einer Kette aktiver Vulkane durchzogen, weshalb es auch das „Land der tausend Vulkane" genannt wird. 1998 wurde Nicaragua von einem Hurrikan stark zerstört. **U5**/ Ac

Ollantaytambo

Stadt im südlichsten Teil Perus, ca. 60 km nördlich von Cusco. Wie Cusco wurde Ollantaytambo von den Inkas gebaut und ist das einzige noch erhalten gebliebene Beispiel für die Bauweise der Inka. **U10**/ Ac

Palermo / Buenos Aires

Größter, sehr lebendiger Stadtteil von Buenos Aires mit zahlreichen Bars, Restaurants und Galerien sowie Villen, Botschaften, Parks und einem Zoo. Palermo zieht vor allem viele junge und kreative Menschen an. **U10**/ A

Panamá *ca. 3,3 Mio Einwohner*

 Südlichstes Land Zentralamerikas. Die Hauptstadt ist Panama-Stadt und die Amtssprache ist Spanisch. Weltberühmt ist der Panama-Kanal, der den Atlantischen mit dem Pazifischen Ozean verbindet und jährlich von etwa 14 000 Schiffen befahren wird. **U5** / Ac

Ciudad de Panamá *ca. 810 000 Einwohner*

Hauptstadt von Panama, an der pazifischen Küste und am Panamakanal gelegen. Die Stadt wurde 1519 von den spanischen Eroberern gegründet und hat heute ein sehr modernes Stadtbild. Acht der zehn größten Hochhäuser Lateinamerikas stehen in Panama-Stadt. **U5** / Ac

el parque nacional Tortuguero

Der Parque Nacional Tortuguero, der „Platz an den die Schildkröten kommen" ist ein Nationalpark und liegt an der Karibikküste von Costa Rica. Er ist ca. 300 km² groß. Neben Schildkröten leben hier u.a. Brüllaffen, Faultiere und Kapuzineräffchen. **U5** / B

la Patagonia

Landgebiet in Südamerika, das sowohl den Süden Argentiniens als auch Chiles umfasst. Die Landschaft ist geprägt durch die Pampa (Steppen-und Weideland) und große Eismassen. Die zahlreichen Seen sind Heimat für Flamingos und andere Wasservögel. In Patagonien befinden sich zwei große Nationalparks, die gern von Touristen besucht werden. **U10** / Ac

el Perú *ca. 28 Mio Einwohner*

 Südamerikanisches Land, das an den Pazifischen Ozean grenzt. Die Hauptstadt ist Lima, die Amtssprachen sind Spanisch sowie die Inkasprachen Quechua und Aymara. Perus Landschaft ist besonders durch die Anden und den wasserreichsten Fluss Lateinamerikas, den Amazonas, geprägt. Weltberühmt sind die zahlreichen Hinterlassenschaften der Inkakultur. **U10** / Ac

la Plaza de Mayo / Buenos Aires

Berühmter Platz in Buenos Aires, benannt nach dem Mai 1810, als der Kampf Argentiniens um seine Unabhängigkeit begann. Hier stehen viele historische Gebäude, u.a. der Präsidentenpalast. **U10** / A

República Dominicana *ca. 9,5 Mio Einwohner*

 Inselstaat im karibischen Meer. Die Hauptstadt der Dominikanischen Republik ist Santo Domingo, die Amtssprache ist Spanisch. Die Dominikanische Republik liegt auf der Insel Hispaniola, auf der sich auch Haiti befindet.

el Río de la Plata *290 km*

Gigantischer Mündungstrichter der beiden Flüsse Paraná und Uruguay in den Atlantischen Ozean, an der Grenze zwischen Uruguay und Argentinien. Er ist 220 km breit. Sein Name geht auf die großen Silbervorkommen zurück, die über ihn verschifft wurden (plata = dt.:Silber). Die uruguayische Hauptstadt Montevideo und die argentinische Hauptstadt Buenos Aires sind die größten Städte am Río de la Plata. **U10** / A

San José *ca. 340 000 Einwohner*

Hauptstadt von Costa Rica, 1160 m hoch gelegen und von Bergen und Vulkanen umgeben. Es herrschen ganzjährig fast immer konstante Temperaturen von 20° C. Die Stadt ist Regierungssitz sowie wirtschaftliches und kulturelles Zentrum des Landes. **U5** / Ac

San Salvador *ca. 1,6 Mio Einwohner*

Hauptstadt von El Salvador, am Fuße des Vulkans San Salvador gelegen. Wirtschaftliches, politisches und kulturelles Zentrum des Landes. Die Bevölkerung des Ballungsraumes mitgerechnet, ist San Salvador die zweitgrößte Stadt Mittelamerikas. Sie wurde im Jahr 1525 von den spanischen Eroberern gegründet. In den letzten 100 Jahren hat sich ihre Einwohnerzahl beinahe verzehnfacht. **U5** / Ac

Santo Domingo *ca. 2 Mio Einwohner*

Hauptstadt der Dominikanischen Republik, gegründet von Bartolomeo Kolumbus, dem Bruder von Christoph Kolumbus. **U10** / Ac

el Tajumulco *4 200 m*

 Vulkan in Guatemala und höchster Berg Mittelamerikas. Der Krater ist 50 m breit. Man vermutet, dass der Vulkan nicht mehr aktiv ist. **U5** / Ac

Tegucigalpa *ca. 1,2 Mio Einwohner*
Hauptstadt von Honduras, auf einer Höhe von 940 m im südlichen Teil des Landes gelegen. Tegucigalpa ist eine der wenigen Hauptstädte dieser Welt, die keine Eisenbahnlinie haben. **U5** / Ac

Ushuaia *ca. 64 000 Einwohner*

Südlichste Stadt Argentiniens und Hauptstadt der Provinz Tierra del Fuego (*dt.:* Feuerland). Das Klima ist das ganze Jahr über relativ kalt und feucht. Ushuaia ist Ausgangspunkt für Antarktisexpeditionen und durch die Nähe zum Feuerland-Nationalpark beliebtes Ziel für viele Touristen. **U10** / A

el Zócalo
Wichtigster Platz in Mexiko-Stadt und einer der größten Plätze der Welt. Der offizielle Name dieses Platzes lautet Plaza de la Constitución. Auf dem Zócalo (dt.: Sockel) finden häufig Konzerte statt. **U10** / Ac

PERSONEN

Juanes *(geb. 1972)*
Kolumbianischer Popsänger aus Medellín. In Deutschland wurde er mit dem Hit „La camisa negra" bekannt. Juanes versteht sich als politischer Künstler: er ist in vielen Hilfsorganisationen engagiert und gilt als „Friedensbotschafter" Kolumbiens. **U7** / A

SONSTIGES

los incas

Indianische Hochkultur, die in Südamerika zwischen dem 13. und dem 16. Jahrhundert ihre Blütezeit erlebte. Das Inkareich erstreckte sich von Ecuador über Chile bis nach Argentinien. Die Sprache der Inka ist Quechua, eine Sprache, die noch immer von den Ureinwohnern gesprochen wird. Weltberühmt ist die Inkastadt Machu Picchu. Sie ist noch in ihrem ursprünglichen Zustand erhalten. **U10** / Ac

los mayas

Hochkultur in Mittelamerika, die ihre Blütezeit zwischen 600 und 900 n. Chr. erlebte. Die Maya waren schon vor der Eroberung Amerikas durch die Spanier ein hoch entwickeltes Volk. Sie hatten z. B. einen sehr exakten Kalender und ein eigenes Schriftsystem. Beweise ihrer kunstvollen Architektur finden sich in Form von Ruinen in Mittelamerika. Heute leben noch etwa 6 Millionen Maya im Süden Mexikos, in Guatemala, Belize und Honduras. Sie sprechen ca. 30 verschiedene Mayasprachen. **U5** / Ac

el quechua
Quechua ist die Sprache der Ureinwohner im Andenraum. Sie ist mit über 7 Mio Sprechern die meistgesprochene indianische Sprache Südamerikas. **U10** / Ac

el quetzal

Der Quetzal ist ein grün und rot gefiederter Vogel mit langen Federn. Er lebt in den Wäldern Zentralamerikas und ist als Wahrzeichen Guatemalas auf der Flagge des Landes abgebildet. Sogar die guatemaltekische Währung wurde nach ihm benannt. Der Quetzal gilt den Maya als heiliges Tier. **U5** / Ac

el tucán

Tropischer Vogel, der in den Regenwäldern Mittel- und Südamerikas beheimatet ist. Tukane erkennt man leicht an ihren großen und starken Schnäbeln, die häufig bunt sind. **U5** / Ac

LISTA CRONOLÓGICA

Symbole und Abkürzungen

~ bezeichnet die Lücke, in die das neue Wort einzusetzen ist.

= bezeichnet Wörter und Wendungen mit gleicher oder ähnlicher Bedeutung.

≠ bezeichnet Wörter und Wendungen mit gegensätzlicher Bedeutung.

[1] bezeichnet ein Wort, das angeglichen werden muss. Die richtige Form steht am Ende des Kapitels.

👁 bezeichnet eine sprachliche Besonderheit, auf die du aufpassen musst.

Die blaugedruckten Verben sind unregelmäßig oder haben eine Besonderheit.

Grundschrift = obligatorischer Wortschatz

adj.	adjetivo, Adjektiv
adv.	adverbio, Adverb
alg.	alguien, jemand / en/-m
arg.	argentino, argentinisch
a/c	alguna cosa, algo, etwas
f.	femenino, Femininum
fam.	familiar, umgangssprachlich
inf.	infinitivo, Infinitiv

kursiv = fakultativer Wortschatz

ing.	inglés, englisch
lat. am.	latinoamericano, lateinamerikanisch
m.	masculino, Maskulinum
n.	neutro, Neutrum
pl.	plural, Plural
sg.	singular, Singular
sust.	sustantivo, Nomen
umg.	umgangssprachlich

 1

EL CAMPAMENTO DE VERANO

¡ACÉRCATE!

el campamento	das Ferienlager	El ~ es muy divertido.
el verano	der Sommer	En el ~ estamos en un campamento.
encantar	gefallen (sehr)	≠ odiar / – ¿Te gusta ese restaurante? – ¡Sí, me ~[1]!
montar a caballo	reiten	Elena ~[2] los lunes.
hacer una excursión	einen Ausflug machen	Nosotros ~[3] a la playa.
la excursión (*pl.* excursiones)	der Ausflug	***ing.:*** excursion / Hago bocadillos para la ~.
Tuy	Tui *Stadt in Spanien*	
mola/n *a/c fam.*	etwas ist / sind cool	La camiseta de Aitor ~[4].
la cabaña	die Hütte	Durante las vacaciones Elena vive en una ~.
les	ihnen *indirektes Objektpronomen*	
¡Voy a pasármelo muy bien!	Ich werde viel Spaß haben.	
todos/-as	alle	En el campamento ~[5] son simpáticos.
el ruido	der Lärm	
tremendo/-a	schrecklich	En el campamento el ruido es ~[6].
el pescado	das Fischgericht *Essen*	Me encanta el ~.

el pez

el pescado

1

No me gusta nada.	*hier* Das mag ich gar nicht.	
San Sebastián	*Stadt im Nordosten Spaniens*	
el / la compañero/-a	*hier* der / die Mitbewohner/in	Alina, Bea y Mar son las ~[7] de Elena.
Londres	London *Hauptstadt von Großbritannien*	
Lisboa	Lissabon *Hauptstadt von Portugal*	
Cáceres	*Stadt in Spanien*	
participar (en *a/c*)	(an etw.) teilnehmen	
el torneo	das Turnier	Los chicos quieren participar en el ~.
ganar	gewinnen *Spiel*, verdienen *Geld*	Aitor quiere ~ el torneo.
Pontevedra	*Stadt in Spanien*	
practicar deporte/s	Sport machen / treiben	A Aleixo no le gusta ~.
Me gustaría […].	Ich würde gerne […].	~ hacer una excursión a la montaña.
bucear	tauchen	Mañana queremos ~.
os	euch *indirektes Objektpronomen*	
jugar (a *a/c*) (u → ue)	(etw.) spielen	– ¿Vosotros ~[8] al fútbol?
el balonmano	der Handball	– No, pero sabemos jugar al ~.
nos	uns *indirektes Objektpronomen*	

1A ¿QUÉ ESTÁS HACIENDO?

la vida	das Leben	Nos encanta la ~ en el campamento.
el / la monitor/a	*hier* der / die Betreuer/in	Los ~[9] trabajan en el campamento.
el / la otro/-a + *sust.*	der / die / das andere + *Nomen*	Para Elena, Aitor no es simpático, pero los ~[10] chicos sí.
el juego	das Spiel	
Puntomanía	*Name eines fiktiven Spiels*	
hacer la cama	das Bett machen	A Elena no le gusta ~.
el punto	der Punkt	
todos los + *sust.*	jede + *Nomen*, alle + *Nomen*	
todas las + *sust.*	jede + *Nomen*, alle + *Nomen*	~[11] mañanas desayuno pan.
todos los días	jeden Tag	Hago mi cama ~.
estar limpio/-a	sauber sein	Mi habitación no ~[12].
ayudar (en *a/c*)	(bei etw.) helfen	Elena ~[13] todas las mañanas en la cocina.
el / la campeón/-ona, (*pl.* campeones/-as)	der / die Sieger/in	*ing.:* champion / Las chicas quieren ser las «~[14] del campamento».
el parque de atracciones	der Vergnügungspark	Ellas quieren ganar una excursión a un ~.
el parque	der Park	
poner la mesa	den Tisch decken	
limpiar	sauber machen, putzen	Elena ayuda a ~ la cocina.
el comedor	*hier* der Speisesaal	El ~ del campamento es muy grande.
fregar (e → ie)	abwaschen *Geschirr*	Después de comer los chicos tienen que ~.
el plato	der Teller	*ing.:* plate
los platos	das Geschirr	Fregar ~ no es muy divertido.

1 A

Ayudar en casa:

| cocinar | ordenar | hacer la cama | poner la mesa | fregar los platos | limpiar |

todo el + *sust.*	der ganze + *Nomen*	Quiero leer ~ libro.
toda la + *sust.*	die ganze + *Nomen*	No quiero fregar platos ~ mañana.

<u>todo el</u> día = <u>der ganze</u> Tag	<u>toda la</u> cabaña = <u>die ganze</u> Hütte
<u>todos los</u> días = <u>jeden</u> Tag	<u>todas las</u> cabañas = <u>jede</u> Hütte; <u>alle</u> Hütten

estar de vacaciones	in den Ferien, im Urlaub sein	La madre de Elena también ~[15].
las vacaciones	die Ferien, der Urlaub	***ing.:*** vacation / Durante las ~ los chicos juegan mucho.
el / la vecino/-a	der / die Nachbar/in	Tres de los ~[16] son simpáticos.
fantástico/-a	fantastisch	Los vecinos son los «cuatro ~[17]».
la cena	das Abendessen	Después de la ~ Marta cuenta chistes.
el rato	die Weile	Todos los días Elena habla un ~ con Sarah.
tomar el pelo a alg. *fam.*	jdn. auf den Arm nehmen	
pesado/-a	lästig	≠ simpático/-a / Aitor es ~[18].
la cabeza	der Kopf	Ana lleva un sombrero en la ~.
nada más	*hier* sonst nichts, *auch* nichts mehr.	
llamar por teléfono	anrufen	Elena no puede ~ a Sarah.
venir (e → ie)	kommen	≠ ir
¿Qué te pasa?	Was ist mit dir los?	
aguantar	ertragen	Elena no ~[19] los chistes pesados.
la tontería	die Dummheit, der Blödsinn, der Quatsch	Para Elena, Aitor dice muchas ~[20].
Me cae bien / mal.	Ich finde ihn/sie nett / nicht nett.	
mal *adv.*	schlecht	≠ bien
para colmo	noch dazu	
la biblioteca	die Bibliothek	En la ~ hay muchos libros.
estar hasta las narices *fam.*	die Nase voll haben	Elena ~[21] de los chistes de Aitor.
la nariz (*pl.* narices)	die Nase	
¡Tranquilo/-a!	*hier* Bleib ruhig!	
No es para tanto.	*etwa* Es ist nicht so schlimm. / Übertreibe nicht!	

PARA COMUNICARSE

Du bist sicher, dass du bei etwas Spaß haben wirst:	¡Voy a pasármelo muy bien!
Du willst wissen, ob etwas deinem Gesprächpartner auch gefällt:	(La camiseta) mola, ¿no?
Etwas gefällt dir sehr:	Me encanta (el fútbol).
Etwas gefällt dir nicht:	No me gusta (el pescado). / (Los animales) no me gustan (nada).
Jemand nervt dich / ist dir unsympathisch:	(Aitor) es un pesado. / ¡Me cae mal!
Du fragst jemanden, was mit ihm los ist:	¿Qué te pasa?
Du hast die Nase voll:	¡Estoy hasta las narices!
Du würdest gern etwas tun:	Me gustaría (aprender a bucear).

1. encanta   2. monta a caballo   3. hacemos una excursión   4. mola   5. todos   6. tremendo   7. compañeras   8. jugáis   9. monitores   10. otros   11. todas las   12. está limpia   13. ayuda   14. campeonas   15. está de vacaciones   16. vecinos   17. fantásticos   18. pesado   19. aguanta   20. tonterías   21. está hasta las narices

2 EL PRIMER DÍA

¡ACÉRCATE!

el primer día	der erste Tag	Hoy es ~ de clases.
el / la primer/a + *sust.*	der / die / das erste + *Nomen*	
el instituto = el insti *fam.*	allgemeine bildende Schule	
el coche	das Auto	
ir en coche / bici	mit dem Auto / Fahrrad fahren	
No te preocupes.	Mach dir keine Sorgen.	
el camino	der Weg	El ~ al instituto es interesante.
el pie	der Fuß	Mis ~[1] son muy grandes.
(**ir**) a pie	zu Fuß gehen	Aitor quiere ~ al instituto.

ir a pie	ir en bici	ir en coche	ir *en tren*	ir *en avión*
zu Fuß gehen	Fahrrad fahren	Auto fahren	mit dem Zug fahren	mit dem Flugzeug fliegen

el señor	der Herr	Un ~ explica a Aitor el camino.
la señora	die Dame, die Frau	La ~ que trabaja en el kiosco canta muy bien.
disculpar	entschuldigen, verzeihen	Señor, ~[2], ¿puede ayudarme?

2   usted   Sie *höfliche Anrede*   – Señor, ¿~ sabe dónde está el instituto San Vicente?

cruzar *a/c*   etw. überqueren   – Sí, tienes que ~ esta calle.

seguir (e → i)   jdm. / etw. folgen   Después, tienes que ~ esta calle hasta la esquina …

todo recto   (immer) geradeaus   Luego sigue esa avenida ~.

coger *a/c*   *hier* abbiegen, *auch* etw. nehmen   Para ir al centro puedes ~ esta calle o la otra.

> Achte darauf, dass das **-g-** von „coger" vor -a und -o zur **-j-** wird.
> coger: Yo siempre co**j**o esta calle para ir al insti.

el / la segundo/-a + *sust.*   der / die / das zweite + *Nomen*   El ~[3] día en el instituto todo es más fácil.

a la derecha (de)   rechts   Coge la segunda calle ~.

a la izquierda (de)   links   ≠ a la derecha (de) / La panadería está ~ del cine.

unos / unas   einige, ein paar   Estoy charlando con ~[4] chicos.

lejos   weit   ≠ cerca / El hospital está ~.

hay que + *inf.*   man muss + *Inf.*   Para tener buenas notas ~ estudiar.

el bus *fam.* = el autobús   der Bus   Para ir al instituto hay que tomar el ~.

¡Qué va!   Ach was!   – ¿Tu insti está lejos? – ~, está muy cerca.

el semáforo   die Ampel   En esta calle hay dos ~[5].

ve / id *imperativo de ir*   Geh! / Geht!

¿Está claro?   Ist das klar?   – … y ese es el camino. ~. – Sí, gracias.

¡Creo que sí!   Ich glaube schon!

el / la portero/-a   der Hausmeister   En el instituto hay un ~[6] muy simpático.

esperar   auf jdn. / etw. warten, jdn. erwarten   El portero ~[7] a Aitor.

por poco   beinahe, fast   ~ no entras.

¡Uf!   Uff!

el aula *f.*   das Klassenzimmer   = la clase / Aitor busca su ~.

2 A   UNA SORPRESA

la sorpresa   die Überraschung   *ing.:* surprise

el pasillo   der Flur   En el ~ del instituto hay muchos chicos.

estar perdido/-a   *etwa* sich verlaufen / verfahren   Pero sólo Aitor ~[8].

el tío *fam.*   *hier* der Typ *umg.*   Para Sarah, Aitor es un ~[9] simpático.

Mi t**í**o viene todos los domingos a casa.   ¿Sabes quién es ese t**í**o?

explicar *a/c* **a** *alg.*   (jdm.) etw. erklären   *ing.:* to explain

2 A

irse	weggehen	≠ llegar / Ana no quiere ~ de la playa.
deprisa	schnell	Sarah se va ~.
la vez (*pl.* veces)	das Mal	Hoy es la primera ~ que Sarah ve a Elena después de las vacaciones.
recibir	etw. bekommen, erhalten	Hoy los chicos ~[10] el horario nuevo.
el / la tercer/a + *sust.*	der / die / das dritte + *Nomen*	El miércoles es el ~[11] día de la semana.

Vor einem männlichen Substantiv im Singular verlieren die Adjektive
primero und tercero das **-o** :
el primer día   el tercer cedé

el / la cuarto/-a + *sust.*	der / die / das vierte + *Nomen*	El jueves es el ~[12] día de la semana.
el / la quinto/-a + *sust.*	der / die / das fünfte + *Nomen*	El viernes es el ~[13] día de la semana.
ducharse	sich duschen	Después del deporte, Sarah y Elena ~[14].
ponerse	sich etw. anziehen	Y luego las chicas ~[15] la ropa.
¿Qué te parece/n + *sust.*?	*etwa* Wie findest du + *Nomen*?	¿~[16] esas chicas?
majo/-a *fam.*	nett, sympathisch	≠ pesado/-a, = simpático/-a / Esa chica es ~[17].
Me parece/n + *adj.*	Ich finde + *Adj.*	El otro chico también ~[18] majo.

– ¿Qué te parece esa chica?   – ¿Qué te parecen los amigos de Ana?

– Me parece simpática.   – Me parecen interesantes.

la cafetería	die Cafeteria	
sentarse (e → ie)	sich (hin)setzen	Javi ~[19] al lado de Elena.
la aventura	das Abenteuer	***ing.:*** adventure / Elena cuenta sus ~[20].
quejarse (de)	sich (über jdn. / etw.) beklagen	Ella ~[21] de los chicos del campamento.
sin parar	*etwa* ohne Pause	La chica habla ~.
parar	stoppen, halten	
ponerse así *fam.*	*hier* komisch werden	– Sarah, Esteban, ¿por qué ~[22] así?
hablar hasta por los codos *fam.*	*etwa* reden wie ein Wasserfall	– Elena, tú ~[23].
el codo	der Ellbogen	
tanto que + *inf.*	so viel zu + *Inf.*	¡Tengo ~ estudiar para el examen!
Tengo tanto que contar.	Ich habe so viel zu erzählen.	
levantarse	aufstehen	Sarah ~[24] para escribir algo en la pizarra.
la cola	die Warteschlange, die Reihe	En el comedor siempre hay una ~ muy larga.
empezar (a + *inf.*) (e → ie)	anfangen (etw. zu tun)	≠ terminar (de + *inf.*)
alto/-a	groß *Menschen*, hoch *Berge / Gebäude*, laut *Geräusche*	Aitor es un chico ~[25].
ponerse rojo/-a (como un tomate) *fam.*	rot werden (wie eine Tomate)	Elena ve a Aitor y ~[26].
demasiado	zu viel	Esto es ~.
presentar	jdn. / etw. vorstellen	Sarah ~[27] a un chico.

2A

llamarse	heißen	El chico ~ [28] Aitor.
la casualidad	der Zufall	
alegrarse (de *a/c*)	sich (über etw.) freuen	Tú ~[29] porque hoy es tu cumpleaños.
acordarse (de *alg., a/c*) (o → ue)	sich (an jdn./etw.) erinnern	¿No ~[30] de mí? Soy Aitor.

PARA COMUNICARSE

2

Du willst jemanden beruhigen:	Tranquilo/-a./No te preocupes.
Du willst eine fremde Person ansprechen:	Disculpe./Perdone.
Du fragst, wo etwas ist:	¿Usted sabe dónde está (el instituto San Vicente)?
Du willst einen Weg beschreiben:	Cruza esta avenida/calle.
	Sigue todo recto hasta (la calle Pintor Gisbert).
	Coge la primera/segunda calle a la derecha/izquierda.
Du sagst, dass etwas nah oder weit entfernt liegt:	Está cerca/lejos.
Etwas ist nicht so, wie jemand denkt:	¡Qué va!
Du fragst, ob etwas klar ist?	¿Está claro?
Du sagst, dass dir etwas klar ist. Du bist aber nicht 100% sicher:	Creo que sí.
Etwas wäre beinahe passiert:	¡Por poco (llegas tarde al examen)!
Du entschuldigst dich:	¡Lo siento!
Du fragst jemanden nach seiner Meinung:	¿Qué te parece?
Du sagst wie du etw./jdn. findest:	Me parece (majo/-a).
Jemand wird rot:	(Elena) se pone roja (como un tomate).
Du sagst einem Freund, dass er zu viel redet:	¡Hablas hasta por los codos!
Etwas passiert zufällig:	¡Qué casualidad!

1. pies 2. disculpe 3. segundo 4. unos 5. semáforos 6. portero 7. espera 8. está perdido 9. tío 10. reciben 11. tercer 12. cuarto 13. quinto 14. se duchan 15. se ponen 16. Qué te parecen 17. maja 18. me parece 19. se sienta 20. aventuras 21. se queja 22. os ponéis 23. hablas hasta por los codos 24. se levanta 25. alto 26. se pone roja (como un tomate) 27. presenta 28. se llama 29. te alegras 30. te acuerdas

3 UNA EXCURSIÓN

¡ACÉRCATE!

el pueblo	das Dorf, *auch* das Volk.	≠ la ciudad/El ~ de los abuelos de Javi está cerca de Alicante.
el tiempo	das Wetter, *auch* die Zeit	
Hace buen/mal tiempo.	Das Wetter ist gut/schlecht.	
Hace sol.	Die Sonne scheint.	
detrás (de)	hinterher, hinten	~ de Javi y Rafa viene Aitor.
¡Qué calor/frío hace!	*etwa* Ist das heiß/kalt!	
Hace calor/frío.	Es ist warm/kalt.	

3   el calor   die Hitze, die Wärme

el frío   die Kälte

llover (o → ue)   regnen   Mi abuelo dice que va a ~.

la nube   die Wolke   ¿Ves esas ~[1]?

la tormenta   das Gewitter, der Sturm   Los chicos ven la ~ desde la ventana.

faltar   fehlen, *hier* brauchen *zeitlich*   Javi, ¿~[2] mucho para llegar?

la torre   der Turm   En el pueblo hay una ~.

la iglesia   die Kirche   La torre es de la ~.

pasar (por *a/c*)   durch etw. durchgehen,   Por aquí no podemos ~.
                       an etw. vorbeigehen

pasar   passieren, geschehen

¿Qué le pasa?   Was ist los mit ihr / ihm?

si   ob   La chica quiere saber ~ puede comer.

– ¿Quieres comer? – <u>Sí</u>.   – ¿Qué dice? – Ella quiere saber <u>si</u> quiere comer.

la pausa   die Pause   Elena está cansada, por eso quiere hacer una ~.

estar mal   sich schlecht fühlen   – Chicos, ¿no vais hoy al cole?, ¿~[3]?

doler (o → ue)   weh tun, schmerzen   – Sí, nos ~[4] la cabeza.

estar enfermo/-a   krank sein

tener calor/frío   jdm. warm / kalt sein

Tengo calor. = Mir ist warm.   Tengo frío. = Mir ist kalt.

el dolor   der Schmerz

el dolor de cabeza   das Kopfweh, die Kopfschmerzen   Elena se siente mal. Tiene ~.

terrible *adj.*   schrecklich, furchtbar   ***ing.:*** terrible / El dolor de cabeza es ~.

la pierna   das Bein   Elena ha hecho mucho deporte, por eso le duelen las ~[5].

3

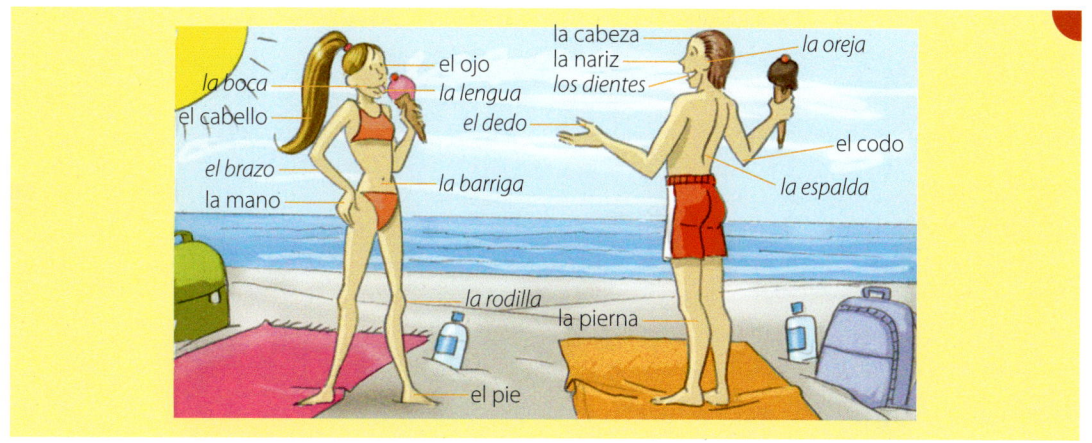

seguir (e → i) (con)	fortfahren, weiterlaufen, weitermachen (mit)	Elena no puede ~.
ir a buscar	*hier* jdn./etw. abholen	El abuelo de Javi ~[6] a las chicas.
el cielo	der Himmel	El ~ es azul.
el horizonte	der Horizont	En la playa puedes ver el ~.
el árbol	der Baum	En la casa de los abuelos hay muchos ~[7].
el bosque	der Wald	Cerca del pueblo hay un ~.
arriba *adv.*	oben, darauf, darüber	
abajo *adv.*	unten, hinunter	≠ arriba / Mario te está esperando ~.

3 A ¡HA TENIDO SUERTE!

la suerte	das Glück	
tener suerte	Glück haben	
mientras	während	~ los chicos comen, los padres hablan.
el grupo	die Gruppe	
el / la socorrista	der / die Ersthelfer/in	Los ~[8] ayudan a la chica.

El socorrista ayuda a la señora.   La socorrista ayuda a los chicos.

el grupo de socorristas	das Erste-Hilfe-Team	En el insti hay un ~,
los primeros auxilios	die erste Hilfe	En el grupo los chicos aprenden ~.
cuando	(immer) wenn, als	~ los chicos llegan a casa, leen algo.

Vergleiche:

¿Cuándo tocas la guitarra?   – Toco la guitarra cuando tengo tiempo.

no [...] nadie	niemand	En esta casa ~ vive ~.
la llave	der Schlüssel	La vecina tiene la ~ de la casa.
la nevera	der Kühlschrank	En la ~ hay agua fría.
el vendaje	der Verband	Elena vuelve con un ~.
impresionante *adj.*	beeindruckend	El vendaje es ~.
la muleta	die Krücke	Además, ella lleva una ~.

sonreír	lächeln	Elena está ~[9] otra vez.
no […] nada	nichts	Cuando Elena tiene un problema su abuela dice: ~ es ~.
torcer *a/c* (o → ue)	etw. umknicken	

> Achte darauf, dass **-c-** vor **-a** und **-o** zu **-z-** wird: torcer – Yo me tuer**z**o el pie.

el/la + *sust.* + **derecho/-a**	(der/die/das) rechte + *Nomen*	Me duele el pie ~[10].
avisar (a *alg.*)	jdn. benachrichtigen, jdm. Bescheid sagen	
dejar *a/c* a *alg.*	jdm. etw. hinterlassen	
todavía no	noch nicht	
el mensaje	die SMS, die Mitteilung, die Nachricht	*ing.:* message / Esteban escribe un ~ a su madre.
Valencia	*Stadt in Spanien*	
No sé qué hacer.	Ich weiß nicht, was ich tun soll.	
No pasa nada. *fam.*	Das macht nichts. / Alles ist in Ordnung.	– No comprendo este texto. – ~. Podemos leer lo juntos.
pasar la noche	übernachten	
el sitio	der Platz, der Ort	En nuestra casa hay ~ para todos.
dormir (o → ue)	schlafen	Yo ~[11] en mi cama.
montar *a/c*	etw. aufbauen	Mario ~[12] la tienda.
la tienda de campaña	das Zelt	*ing.:* tent
el jardín (*pl.* jardines)	der Garten	La tienda de campaña está en el ~.
no […] nunca	nie	Los chicos ~ han dormido ~ ahí.
fuera	draußen	Hoy los chicos no duermen en la casa. Ellos duermen ~.
sonar (o → ue)	klingeln, erklingen	El móvil de Elena ~[13].
asustarse	sich erschrecken	Elena ~[14] cuando ve el perro.
esta mañana	heute morgen	~ he desayunado cereales.
el accidente	der Unfall	*ing.:* accident

El accidente: el socorrista   la socorrista   *la ambulancia*

la herida   el vendaje   las muletas   *el botiquín*

¡Vaya + *sust.*! *fam.*	Was für ein/e + *Nomen*!	– ¡~ desayuno ha preparado la abuela!
echar una bronca a *alg.* *fam.*	jdn. ausschimpfen	Esta mañana mis padres me ~[15].
la bronca	der Ärger, der Streit	
imprudente *adj.*	unvorsichtig	*ing.:* imprudent / Esteban no ha sido ~.

3A

PARA COMUNICARSE

3

Du sagst, dass das Wetter gut/schlecht ist:	Hace buen/mal tiempo.
Die Sonne scheint:	Hace sol.
Es ist heiß:	¡Qué calor hace!/Hace (mucho) calor.
Du vermutest, dass es regnen wird/Gewitter geben wird:	Creo que va a llover/haber tormenta.
Etwas ist dir viel zu anstrengend:	Ya no puedo más.
Du willst wissen, ob es noch lange dauert, bis du irgendwo ankommst:	¿Falta mucho para llegar?
Du übermittelst eine Frage von jemandem:	Quiere saber (cuándo vienes)./Pregunta si (vienes hoy o mañana).
Du fragst, was mit jemandem los ist:	¿Qué le pasa a (Elena)?
Du fragst eine Person, ob ihr etwas weh tut:	¿Te duele algo?
Du fragst eine Person, ob sie sich schlecht fühlt:	¿Estás mal?/¿Estás enfermo/-a?
Dir tut etwas weh:	Me duele (el pie)./Me duelen (las piernas)./Tengo dolor de (cabeza)./Tengo algo en (el pie).
Du weiß nicht, was du tun sollst:	No sé qué hacer.
Du musst zum Arzt gehen:	Tengo que ir al médico.
Macht nichts:	No pasa nada.
Du gibst wieder, was gerade jemand gesagt hat:	Dice/n que (puedo dormir aquí).

1. nubes   2. falta   3. estáis mal   4. duele   5. piernas   6. va a buscar   7. árboles   8. socorristas   9. sonriendo   10. derecho   11. duermo   12. monta   13. suena   14. se asusta   15. han echado una bronca

4 ## ASÍ ES LA VIDA

¡ACÉRCATE!

llevarse bien/mal con *alg.*	sich mit jdm. gut/schlecht verstehen
Hoy no es mi/tu/su día.	Heute ist nicht mein/dein/sein/ihr Tag.
pasar *a/c* **a** *alg.*	etw. (weiter)geben an jdm.

weitergeben: Esteban le pasa la leche a su hermana.

bei jdm. vorbeigehen: Javi y Sarah pasan por casa de Elena.

verbringen: Los chicos pasan la mañana en la playa.

übernachten: Javi pasa la noche en casa de sus abuelos.

durchgehen, an etw. vorbeigehen: No podemos pasar por esta calle.

geschehen, passieren: ¿Qué pasa?

4	darse prisa	sich beeilen	Javi tiene que ~ para tomar el autobús.
	de sobra	mehr als genügend	Es temprano, tengo tiempo ~.
	el beso	der Kuss	
	el abrigo	der Mantel	Javi tiene frío, por eso lleva su ~.
	el favor	der Gefallen	*ing.:* favour
	hacer un favor a *alg.*	jdm. einen Gefallen tun	
	¡Hazme el favor y […]!	Tu mir den Gefallen und […]!	
	callarse	*hier* den Mund halten, *auch* schweigen	¡Qué pesada eres! ¡Hazme el favor y ~[1]!
	el valle	das Tal	*ing.:* valley
	el valle de Ayora	das Ayora Tal *Spanien*	
	el mapa	die (Land)karte	*ing.:* map / En el libro hay un ~ de España.
	Yo qué sé. *fam.*	Ich habe keine Ahnung.	– ¿Dónde está mi pelota? – ~.
	quedarse	bleiben	– ¿~[2] hoy en casa? – No, vamos a salir.
	¡Anda! *fam.*	Na, komm!	
	apuntarse	*hier* mitmachen, *auch* sich anmelden, sich eintragen	– Ana, vamos al cine. ¿~[3]?
	estar loco/-a	verrückt sein	Esa chica ~[4].
	apagar	ausschalten	Quiero leer, por eso ~[5] mi ordenador.
	la luz (*pl.* luces)	das Licht	Sarah apaga la ~ de su habitación.
	pronto	bald, gleich	– ¿Cuándo salimos? – No sé, pero ~.
	Buenas noches.	Guten Abend. *auch* Gute Nacht.	

4 A ¡ESTOY HARTO!

	más + *adj.* (que)	*Komparativ*	Este libro es ~ interesante ~ ese.
	el ladrillo	der Ziegel(stein)	
	mejor	besser	
	viejo/-a	alt	≠ nuevo/-a / Para Javi su móvil es muy ~[6].
	el modelo	das Modell	En las tiendas ya no encuentras el ~ del móvil de Javi.
	moderno/-a	modern	Mi amiga tiene un móvil muy ~[7].
	discutir	diskutieren	
	tan + *adj.* + como	so + *Adj.* + wie	El móvil de Javi es ~ viejo ~ el reloj de su abuela.
	la cabina telefónica	die Telefonzelle	¿No tienes móvil? Entonces busca una ~.
	el / la peor	der / die / das Schlimmste / Schlechteste	
	la paga *fam.*	*hier* das Taschengeld, *auch* der Lohn	Javi quiere más ~.
	la vergüenza	die Scham	
	¡Qué vergüenza!	(Wie) Peinlich!	

> Das -ü- von „vergüenza" wird wie -u- ausgesprochen.

	pagar	bezahlen, zahlen	Elena tiene que ~ muchas cosas con su paga.

4A

peor (que)	schlechter (als)	Mi móvil no es ~ que su móvil.
la llamada	der Anruf	Hoy Sarah ha recibido muchas ~[8].
a final de + *sust.*	gegen Ende + *Nomen*	~ mes tengo que pagar mis llamadas.
el mes	der Monat	En los ~[9] de verano hace mucho calor en Alicante.
mejor (que)	besser (als)	
¡Me da lo mismo! *fam.*	Das ist mir egal!	
gastar *dinero*	ausgeben *Geld*	Mi amiga no ~[10] dinero en llamadas.
estar perfecto/-a	in perfektem Zustand sein	El móvil de Javi es viejo, pero ~[11].
no […] ni […] ni […]	weder […] noch […] noch […]	~ tengo ~ móvil ~ dinero.
el mp3	das Mp3 *Audioformat*	
ni nada	*hier* noch sonst was	
dar *a/c* a *alg.*	jdm. etw. geben	≠ tomar / Javi, si quieres, te ~[12] mi móvil viejo.
¿Y qué más da?	*etwa* Und was soll's?	
cambiar (de)	(etw.) wechseln, ändern	La madre de Javi quiere ~ su móvil.
[…] es mejor que nada. *fam.*	[…] ist besser als gar nichts.	Un móvil viejo ~, ¿o no?
nada	nichts	
la cuenta	die Rechnung	Rafa tiene que pagar la ~ de su móvil.
en cambio	stattdessen	Rafa recibe mucha paga, ~ Javi recibe poca.
por último	zuletzt	
mayor (que)	älter (als)	Rafa es ~ que Javi.
el privilegio	das Privileg	Rafa tiene muchos ~[13].
¡Siempre lo mismo! *fam.*	Immer dasselbe!	
menor (que)	jünger (als)	≠ mayor (que) / Javi es ~ que Rafa.
el / la mejor	der / die / das Beste	≠ el / la peor / Rafa es el ~ de la familia.
menos + *adj.* (que)	weniger + *Adj.* (als)	
dar la lata a *alg. fam.*	jdn. belästigen, nerven *umg.*	Mis compañeros me ~[14] todo el tiempo.

PARA COMUNICARSE **4**

Heute ist nicht dein Tag:	Hoy no es mi día.
Du forderst jemanden auf, aufzustehen:	¡Levántate!
Du möchtest, dass dir jemand etwas reicht:	¡Pásame (la leche), por favor!
Du bist der Meinung, dass du sehr viel Zeit hast:	¡Tengo tiempo de sobra!
Du sagst jemandem, dass er ruhig sein soll:	¡Basta ya! / ¡Cállate!
Du forderst jemanden auf, mitzumachen:	¡Apúntate!
Dir ist etwas peinlich:	¡Qué vergüenza!
Dir ist etwas egal:	¡Y qué más da! / ¡Me da lo mismo!
Jemand redet Blödsinn:	¿Qué tonterías estás diciendo?
Du wünschst jemandem eine gute Nacht:	¡Duerme bien! / ¡Buenas noches!
Du bist unzufrieden, weil etwas immer wieder passiert:	¡Como siempre! / ¡Siempre es lo mismo!

5 ¡VEN A CENTROAMÉRICA!

¡ACÉRCATE!

Centroamérica	Mittelamerika	Costa Rica está en ~.
la capital	die Hauptstadt	San José es la ~ de Costa Rica.
tocar	*hier* an der Reihe sein, *auch* anfassen, berühren	¿A quién le ~[1]?
la mentira	die Lüge	≠ la verdad
¡Mentira!	Du lügst!	– Ana no ha venido al insti. – ~, yo la he visto hoy aquí.
(No) es tu turno.	Du bist (nicht) dran.	***ing.:*** turn
la trampa	der Schwindel, die Mogelei	
hacer trampa	schummeln	Javi siempre ~[2].
la respuesta	die Antwort	¿Quieres saber las[3] ~? Pregunta a Juan.
el lago	der See	En Nicaragua hay un ~ muy grande.
dar una pista a *alg.*	jdm. einen Tipp geben *Spiel*	No me acuerdo del nombre del lago. Antonia, ¿me puedes ~?
la pista	der Tipp	No sé la respuesta. Necesito una ~.
Belice	Belize	
el quetzal	der Quetzal *Vogel*, *hier* die Punkte beim Spiel	
la regla	die Regel	Para jugar, tienes que saber las ~[4].
el dado	der Würfel	Para este juego necesitas un ~.
por (cada) jugador/a	für jede/n Spieler/in	
cada + *sust. (adj.)*	jede/r/s + *Nomen*	~ chico tiene una ficha y un dado.
el / la jugador/a	der / die Spieler/in	
la ficha	der Spielstein *Spiel*	¿De qué color es tu ~?
la salida	der Ausgang, die Ausfahrt, *hier* der Start *Spiel*	Mi ficha está en la ~.
correcto/-a	richtig	***ing.:*** correct
tirar	ziehen, *hier* würfeln	
seguir (e → i)	*hier* dran sein	¿Quién ~[5]?
el pájaro	der Vogel	El quetzal es un ~.
la región (*pl.* regiones)	die Region	– ¿En tu ~ hay muchas montañas?
además de + *sust.*	außer + *Nomen*	– Sí, y ~ montañas hay muchos ríos.
¿cuál?	welcher/-es/e	¿~ es tu color favorito?
¿cuáles?	welche?	¿ ~ son tus asignaturas favoritas?
el país	das Land	Costa Rica es un ~ de Centroamérica.
la lengua oficial	die Amtssprache	La ~ de Costa Rica es el español.

5

la lengua	die Sprache	*ing.:* language
el norte	der Norden	
el oeste	der Westen	
el este	der Osten	
el sur	der Süden	En el ~ de España llueve poco.

el Tajumulco	*Vulkan in Guatemala*	
el volcán	der Vulkan	
el canal	der Kanal	En Centroamérica hay un ~.
importante *adj.*	wichtig	Es un canal muy ~.
el producto	das Produkt	
limitar con	angrenzen	Costa Rica ~ dos países.
Panamá	Panama *mittelamerikanisches Land*	
al sur / norte / oeste / este (de)	südlich, nördlich, westlich, östlich (von)	

el océano	der Ozean	En el ~ hay muchos peces.
el Océano Atlántico	der Atlantik	Para ir de Panamá a España tienes que cruzar el ~.
Tortuguero	*Name eines Nationalparks in Costa Rica*	
México	Mexiko	
Ciudad de Guatemala	Guatemala-Stadt *Hauptstadt von Guatemala*	
Belmopán	Belmopan *Hauptstadt von Belize*	
el café	der Kaffee	Mis padres beben ~ por la mañana.
el lago de Nicaragua	der Nicaraguasee	
el lago de Managua	der Managuasee	
el canal de Panamá	der Panamakanal	
Ciudad de Panamá	Panama-Stadt *Hauptstadt von Panama*	
Colombia	Kolumbien	

UNA EXPOSICIÓN

la exposición (*pl.* exposiciones)	die Ausstellung	*ing.:* exposition / En la ~ hay fotos de Centroamérica.
animarse	sich entschließen	
¡Anímate!	*etwa* Raff dich auf! *umg.*	¡Ven con nosotros! ¡~!
conocer (c → zc)	kennenlernen, kennen	Yo ~[6] a las primas de Esteban.
el programa	das Programm	El ~ de la noche es muy divertido.
h = hora/s	Uhr	

Die Uhrzeit für offizielle Ereignisse wird von 1–24 angegeben, **h** ist die Abkürzung für **horas**.

– ¿A qué hora es el partido? – A las 6.

El partido es a las 18 horas.

la inauguración (*pl.* inauguraciones)	die Eröffnung, die Einweihung	
la lectura	die Lesung, die Lektüre	Hoy hay una ~. Paco va a leer un libro.
el cuento	die Erzählung, das Märchen	Para dormir, mi hermana siempre lee un ~.
centroamericano/-a	mittelamerikanisch	La comida ~[7] es muy rica.
la merienda	die Vesper	Después del insti como mi ~: un cruasán.
desde hace + *complemento de tiempo*	seit + *Zeitangabe*	~ dos semanas estoy aprendiendo alemán.
el Centro 14	Name einer Jugendorganisation in Alicante	
la asociación juvenil (*pl.* asociaciones)	die Jugendorganisation	
la colmena	der Bienenstock	
estar lleno/-a (de)	voll sein	El Centro 14 ~[8] de chicos.
la actividad	die Veranstaltung	*ing.:* activity / Esta semana hay muchas ~[9] en el Centro 14.
la reunión (*pl.* reuniones)	die Besprechung, das Treffen	Hoy hay una ~ en el Centro 14 para organizar una exposición.
a partir de + *complemento de tiempo*	von + *Zeitangabe* + an	~ mañana voy a estudiar más.
significar	bedeuten	¿Qué ~[10] „trampa"?
traer *a/c a* alg.	jdm. etw. holen, mitbringen	– Clara, ¿~ los libros de Mates? – Sí, aquí los ~[11].
el pedacito *fam.*	das Stückchen	
colgar (o → ue)	hängen, aufhängen, hochladen *Internet*	Marina ~[12] el cartel en la esquina.
por toda la sala	durch den ganzen Saal	
la sala	der Saal	La exposición es en una ~ del Centro 14.
llevar	bringen, jdn. mitnehmen *Auto*	Sarah, ¿puedes ~ estos libros a la biblioteca?

5A

junto a + *sust.*	neben + *Nomen*	~ la biblioteca está el comedor.
ahí	dort	~, junto a ese libro azul, está tu lápiz.
aquel / aquella + *sust.*	jener/-es/e + *Nomen*	~[13] libro rojo que está en la estantería es muy interesante.
vender	verkaufen	≠ comprar / El padre de Sarah ~[14] pasteles muy buenos.
el traje típico	die Tracht	El ~ de Costa Rica es muy bonito.
la gente	die Leute	

La gente de este país es simpática.

la fiesta nacional	der Nationalfeiertag	
antes de + *sust.*	vor + *Nomen*	Siempre hago mis deberes ~ la comida.
las historias	*hier* die Ausrede	
el mundo	die Welt	En el ~ hay muchos países.
ni por todo el dinero del mundo	nicht für alles Geld der Welt, für kein Geld der Welt	Yo no le doy un beso a tu perro ~.
pedir (e → i) *a/c a alg.*	jdn. um etw. bitten, *auch* etw. wünschen, etw. bestellen	Sarah ~[15] a su madre más pastel.
el favor	der Gefallen, die Bitte	Paula le pide un ~ a Esteban.
¡Hazlo por mí!	Tu es für mich!	
¡Déjame en paz! *fam.*	Lass mich in Ruhe!	¡No voy a hacer tus deberes! ~

PARA COMUNICARSE **5**

Bei einem Spiel fragst du, wer dran ist:	¿A quién le toca?
Du bist dran:	Me toca a mí. / Es mi turno.
Ein Freund von dir ist dran:	Le toca a (Elena). / Es tu turno.
Du sagst jemandem, dass er lügt:	Mentira, (no es tu turno).
Du sagst, das jemand schummelt:	Estás haciendo trampa.
Du brauchst einen Tipp von jemandem:	¡Dame una pista!
Du willst, dass jemand dich in Ruhe lässt:	¡Déjame en paz!
Du hast gewonnen:	¡He ganado!
Du versuchst jemanden zu überzeugen, etwas für dich zu tun:	¡Hazlo por mí!
Du willst etwas auf gar keinen Fall machen:	¡Ni loco! / ¡Yo no (me pongo un traje de esos) ni por todo el dinero del mundo!

1. toca   2. hace trampa   3. respuestas   4. reglas   5. sigue   6. conozco   7. centroamericana
8. está lleno   9. actividades   10. significa   11. traes/traigo   12. cuelga   13. aquel   14. vende   15. pide

EN EL MUSEO

¡ACÉRCATE!

el plan	der Plan	La profesora tiene un ~.
siguiente *adj.*	folgend, nachstehend, nächstliegend	El plan es el ~: mañana vamos a Madrid.
encontrarse (con) (o → ue)	sich treffen (mit)	El lunes Ana ~[1] con Laura para estudiar.
subir (a)	steigen, einsteigen, aufsteigen, hochsteigen	
el globo	der Ballon	La familia de Sarah quiere pasear en ~.
después de + *inf.*	nachdem	~ desayunar, Elena va al insti.
bajar (de)	absteigen, aussteigen, herunterklettern, herunterkommen	≠ subir / Nos encontramos aquí después de ~ del globo.
el laboratorio	das Labor	Los chicos están en el ~.
el Laboratorio de la vida	*fiktiver Name eines Museumssaals*	
antes de + *inf.*	bevor	≠ después de / Sarah habla con Esteban ~ ir a clases.

> Voy contigo al polideportivo, pero antes tengo que hacer mis deberes.
>
> Antes **de** la cena salgo con mis amigos.
>
> Antes **de** estudiar ordeno mi escritorio.
>
> Primero, vamos al parque, después, vamos a la biblioteca.
>
> Después **del** insti tengo que ir al médico.
>
> Después **de** ver la tele, hago mis deberes, ¿está bien?

comprobar (o → ue)	überprüfen	Los chicos ~[2] que tienen sus cuadernos y lápices.
prohibir *a/c a alg.*	jdm. etw. verbieten	
(estar) prohibido/-a	verboten (sein)	
sentir (e → ie)	fühlen, empfinden	
¡Bienvenido/-a!	Willkommen!	¡Hola, chicas! ¡~[3]!
el silencio	die Stille	*ing.:* silence / ≠ el ruido
¡Silencio!	Ruhe, bitte!	
abrir	öffnen, aufmachen	≠ cerrar / María e Ignacio ~[4] la puerta.
el programa	das Programm *Computer*	Necesito un ~ para mi ordenador.
la pantalla	der Bildschirm, die Leinwand	La ~ de mi ordenador es muy grande.
mover (o → ue)	bewegen	*ing.:* to move
el cursor	der Cursor	
el gráfico	die Grafik *Computer*	
la información (*pl.* informaciones)	die Information	En internet puedes encontrar ~ sobre Alicante.
la estructura	die Struktur	
la célula	die Zelle *Biologie*	
apretar (e → ie)	drücken	
el teclado	die Tastatur	El ~ de mi ordenador está en alemán.
activar(se)	aktivieren, (sich) anschalten	

6

el sonido	der Ton	*ing.:* sound
encender (e → ie)	anschalten, anmachen	≠ apagar / Yo ~[5] mi ordenador y apago la tele.
la pregunta	die Frage	≠ la respuesta
guardar (en)	aufbewahren, speichern (auf) *Computer*	
la copia	die Kopie	
el documento	das Dokument	Tengo un ~ muy interesante.
la memoria	das Gedächtnis, der Speicher *Computer*	*ing.:* memory
la memoria USB	der Memory-Stick, der USB-Stick	En mi ~ tengo todos mis documentos.
super- +*adj.*	super + *Adj.*	
funcionar	funktionieren	Mi ordenador no ~[6].
estar medio loco/-a *fam.*	ziemlich verrückt sein	León ~[7]. Quiere ir a pie de Alicante a Hamburgo.
imprimir	(aus)drucken	Podéis ~ los gráficos aquí.
la página	die Seite	*ing.:* page / El gráfico está en la ~ 15.
la impresora	der Drucker	
el ratón (*pl.* ratones)	die Maus *Computer*	El ~ del ordenador de mi tío es muy moderno.

El ordenador — la pantalla — los parlantes
la impresora — el ratón — el teclado — la tecla — la memoria USB

el clima	das Klima	
la pena	das Leid, die Mühe	
(No) merece/n la pena.	Etw. lohnt sich (nicht).	Las exposiciones de este museo no ~[8].
el planeta	der Planet	

6 A ¿QUÉ PASÓ AYER?

pasado/-a	vergangen	*ing.:* past
intentar + *inf*	etw. zu tun versuchen	
nada de nada	*hier* Es ist nichts passiert.	
hace + *complemento de tiempo*	vor + *Zeitangabe*	Elena le escribió un e-mail a Alina ~ dos semanas.
mandar a/c a *alg.*	jdm. etw. schicken, etw. verschicken	Elena ~[9] fotos a su amiga.
el saludo	der Gruß	
Saludos.	*etwa* Schöne Grüße.	
ayer	gestern	≠ hoy
cuando	als	

6A	terminar (de + *inf.*)	etw. beenden, fertigmachen	Elena empieza un libro, pero no ~¹⁰ de leerlo.
	irse a la cama	ins Bett gehen	Elena ~¹¹ temprano.
	la Ciudad de las Artes y las Ciencias	*Museumskomplex in Valencia*	
	la ciencia	die Wissenschaft	
	imaginar(se)	sich vorstellen	
	el / la guía	*hier* der / die Museumsführer/in	*ing.:* guide

Él es el guía de mi grupo.   Ella es la guía de tu grupo.

salir en grupo	*etwa* in der Gruppe gehen	
es / son un palo	ist / sind lästig	
No hay manera.	*etwa* Es geht nicht.	
mirarse	sich etw. angucken	Los chicos quieren ~ todo el museo.
la calma	die Ruhe	*ing.:* calm
con calma	in Ruhe	Javi hace sus deberes ~.
alguien	jemand	
empezar (a + *inf.*) (e → ie)	anfangen (etw. zu tun)	Elena y Javi ~¹² comer.
la alarma	der Alarm	
gritar	rufen, schreien	
¡fuera de aquí!	Alle raus!, Raus hier!	
el caos	das Chaos	
armarse *fam.*	*hier* entstehen	Cuando el profe no está siempre ~¹³ un caos en la clase …
Resulta que […].	Es hat sich herausgestellt, dass […].	*ing.:* to result / ¿Quieres saber qué pasó? ~ Mario vino a casa y …
el detector de humo	der Rauchmelder	
por cierto	übrigens	
guapo/-a *fam.*	liebevolle Anrede, *etwa* Süße/r!	
dejar + *inf.*	jdn. etw. tun lassen, jdm. etw. tun erlauben	Rafa no ~¹⁴ hablar a Javi.
los servicios	die Toilette *an öffentlichen Orten*	Señora, ¿dónde están los ~?
ponerse (al teléfono)	ans Telefon gehen	

Das Verb „ponerse" hat mehrere Bedeutungen:

Etwas anziehen: Elena se pone la falda amarilla.

Rot werden: Los chicos se ponen rojos.

Ans Telefon gehen: Esteban llama y Javi se pone al teléfono.

6A

PARA COMUNICARSE

6

Du zählst auf (beim Erzählen):	Primero […], luego […] y al final […].
Du heißt jemanden willkommen:	¡Bienvenido/-a!
Du unterbrichst jemanden, um etwas zu fragen:	Perdona, tengo una pregunta […].
Du sagst, dass etwas nicht funktioniert:	Este programa / ordenador / […] no funciona.
Etwas lohnt sich (nicht):	(Esa exposición) (no) merece la pena.
Du forderst jemanden auf, einen Raum zu verlassen:	¡Fuera de aquí!

1. se encuentra   2. comprueban   3. Bienvenidas   4. abren   5. enciendo   6. funciona   7. está medio loco
8. merecen la pena   9. manda   10. termina   11. se va a la cama   12. empiezan a   13. se arma   14. deja

7 # ¿QUIERES SER COMO ELLOS?

¡ACÉRCATE!

el / la biólogo/-a	der / die Biologe/-in	
el parque nacional	der Nationalpark	En los ~[1] hay muchos animales.
el grupo de teatro	die Theatergruppe	En el ~ de mi insti hay muchos chicos.
el teatro	das Theater	
el actor	der Schauspieler	*ing.:* actor
la actriz (*pl.* actrices)	die Schauspielerin	*ing.:* actress / Mi hermana quiere ser ~.
el futuro	die Zukunft	*ing.:* future / En el ~ quiero ser médica.
el / la propio/-a	der / die / das eigene	Mario quiere tener su ~[2] tienda.
el / la jefe/-a	der / die Chef/in	Yo quiero ser mi propio ~[3].
el / la fotógrafo/-a	der / die Fotograf/in	Mi tía es ~[4].
pobre *adj.*	arm	Mi tía trabaja en un barrio ~ .
enseñar (a + *inf.* a *alg.*)	(jdm. etw.) beibringen, etw. zu tun lehren, etw. zeigen	≠ aprender
tomar fotos	Fotos machen	Cuando estáis de vacaciones siempre ~[5].
útil *adj.*	nützlich	El ordenador es muy ~.
el / la jugador/a	der / die Spieler/in	
el baloncesto	der Basketball	Ellos juegan bien al ~.
la NBA	*die Basketball-Profiliga in den USA*	
los Estados Unidos	die Vereinigten Staaten	Gasol juega al baloncesto en los ~.
la medicina	Medizin	En el futuro Gasol quiere estudiar ~.
el / la científico/-a	der / die Wissenschaftler/in	*ing.:* scientist / Patarroyo es ~[6].
descubrir	entdecken	
la vacuna	die Impfung	*ing.:* vaccine
contra	gegen	≠ para
la malaria	die Malaria	
el / la dibujante	der / die Zeichner/in	
el / la dibujante de cómics	der / die Comiczeichner/in	
el dibujo	die Zeichnung	

7	el / la entrenador/a	der / die Trainer/in	El ~[7] de fútbol de Esteban es muy simpático.
	profesional *adj.*	hauptberuflich	***ing.:*** professional / Ella es entrenadora ~.
	trabajar como	arbeiten als + *Beruf*	Ana quiere ~ médica.
	la universidad	die Universität	Ella es científica y trabaja en la ~.
	el / la químico/-a	der / die Chemiker/in	
	dibujar	zeichnen	Me gusta ~, por eso quiero ser dibujante.
	el / la programador/a informático/-a	der / die (Computer)programmierer/in	
	la profesión (*pl.* profesiones)	der Beruf	

Las profesiones:

el / la profesor/a	el / la médico/-a
el / la fotógrafo/-a	el / la químico/-a
el actor, la actriz	el / la dibujante
el / la entrenador/a	el / la programador/a informático/-a
el / la jugador/a	el / la enfermero/-a
el / la policía	

7 A   LOS CHICOS Y SUS ÍDOLOS

	el ídolo	das Idol	¿Quién es tu ~?
	el reportaje	die Reportage	¿Visteis ayer el ~ sobre las tortugas?
	el concierto	das Konzert	Mi prima va a ir a un ~ de Juanes.
	julio	Juli	El concierto es en ~.
	malo/-a	*hier* schlecht, *auch* böse	≠ bueno / Gasol no es un ~[8] jugador.

Achte darauf, dass vor einem männlichen Substantiv im Singular malo und bueno die Endung verlieren:

Ese chico es un mal jugador.

Pero es un buen amigo.

	el / la cantante	der / die Sänger/in	Juanes es un ~ de Colombia.
	el otro día	letztens, neulich	
	¡Qué tío más guay!	*etwa* (Das ist ein) klasse Typ!, Was für ein Typ!	
	¡Qué + *sust* + más + *adj.*!	Was für ein/e + *Nomen*!	
	fuerte *adj.*	stark	Mi hermana es alta y ~.
	el Campeonato mundial	die Weltmeisterschaft	
	meter	(hinein) stecken / legen, einpacken	

7A

meter una canasta	einen Korb werfen *Sport*	
la canasta	der Korb *Sport*	
alucinante *adj.*	klasse, unglaublich	El partido fue ~.
la medalla	die Medaille	
apoyar	unterstützen, stützen	Juanes ~[9] programas para ayudar a niños.
América Latina	Lateinamerika	
el premio	der Preis, die Auszeichnung	El año pasado recibió un ~.
famoso/-a	berühmt	Juanes y Gasol son muy ~[10].
salir por la tele	im Fernsehen auftreten	
la ayuda	die Hilfe	
allá lat. am.	dort	= allí
los / las otros /-as	die Anderen	
Es cierto.	Das ist wahr.	
la fundación (*pl.* fundaciones)	die Stiftung	*ing.:* foundation / La tía de Javi trabaja en una ~.
suficiente *adj.*	ausreichend, genug	La fundación no tiene ~ dinero.
el mercadillo	der Flohmarkt	Por eso organizó un ~.
la bebida	das Getränk	Hace mucho calor. ¿Quieres una ~?
recaudar dinero	Geld sammeln	
¡Qué fuerte!	*etwa* Krass!	
mostrar (o → ue) *a/c* a *alg.*	jdm. etwas zeigen	Ana ~[11] a Juan su nueva bici.
la cara	das Gesicht	
exagerar	übertreiben	*ing.:* to exaggerate
cambiando de tema	*etwa* Themawechsel	
el tema	das Thema	El ~ del libro es muy interesante.

PARA COMUNICARSE **7**

Du sagst, was du beruflich machen möchtest:	A mí me gustaría ser (biólogo/-a). / En el futuro me gustaría ser (médico/-a)./ Quiero ser (fotógrafo/-a).
Du sagst, was du studieren willst:	Quiero estudiar (medicina).
Du sagst, wo du gern arbeiten würdest:	A mí me gustaría trabajar en (un parque nacional).
Du erzählst, als was jemand arbeitet:	Él /Ella trabaja como (entrenador/a).
Du sagst, mit wem / womit jemand arbeitet:	Él /Ella trabaja con (chicos).
Du willst wie jemand sein:	Yo quiero ser como (Manuel Patarroyo).
Etwas beeindruckt dich eher negativ:	¡Qué fuerte!
Jemand übertreibt:	Estás exagerando.
Du möchtest über etwas anderes reden:	Cambiando de tema, ([…]).

1. parques nacionales 2. propia 3. jefe 4. fotógrafa 5. tomáis fotos 6. científico 7. entrenador 8. mal 9. apoya 10. famosos 11. muestra

UN VIAJE POR ESPAÑA

¡ACÉRCATE!

el viaje	die Reise	Aitor y su padre hacen un ~ a San Sebastián.
el cargador del móvil	das Ladegerät *Handy*	
la llave del coche	der Autoschlüssel	– ¿Vamos en coche? – Sí, ¿sabes dónde está la ~?
el cepillo de dientes	die Zahnbürste	
el diente	der Zahn	
el (reproductor) MP3	der MP3-Player	Con un ~ puedes escuchar música.
la cámara de fotos	der Fotoapparat	Para tomar fotos necesitas una ~.
la guía turística	der Reiseführer *Buch*	En la ~ hay mucha información interesante sobre España.
la distancia	die Entfernung	***ing.:*** distance
Donostia	*baskischer Name von San Sebastián*	
más de + *número*	mehr als + *Zahl*	¡Aitor tiene ~ trece primos!
quinientos/-as	fünfhundert	
el kilómetro	der Kilometer	– ¿Donostia está a más de quinientos ~ de Alicante?
unos/-as	ungefähr	
ochocientos/-as	achthundert	– Está más lejos todavía. Está a unos ~[1] kilómetros.
más o menos	mehr oder weniger	– ¿Sabes ~ dónde vive Miguel? – Sí, por ahí.
el río Ebro	der Ebro *Fluss im Nordosten Spaniens*	
el cubierto	das Besteck	Yo no como con las manos, como con ~.
la servilleta	die Serviette	Al lado de mi plato hay cubiertos y una ~.
Zaragoza	Saragossa *Stadt im Norden Spaniens*	
la salida	die Ausfahrt, der Ausgang	
hacia	nach *Richtung*, in Richtung von	Por la tarde sale un bus ~ Aspe.
el / la pintor/a	der / die Maler/in	***ing.:*** painter / En el futuro Mario quiere ser ~[2].
el centro	die Mitte, das Zenrum	Madrid está en el ~ de España.
la provincia	die Provinz	– ¿En qué ~ de España está Pamplona?
el inglés	Englisch *Sprache*	– ¿Qué idioma habla la gente en Londres? – ~.
vasco/-a	baskisch	Donostia es el nombre ~[3] de San Sebastián.
la frontera	die Grenze	
Francia	Frankreich	La frontera con ~ está muy cerca de San Sebastián.
la maleta	der Koffer	Aitor lleva cosas importantes en su ~.

8

El viaje:

la maleta	el cargador del móvil	la ropa	la guía turística	el mapa

8 A   ¡DESCUBRE TU CIUDAD!

la entrevista	das Interview	En una ~ preguntas cosas a alguien.
hacer entrevista/s	interviewen	Aitor y sus primos ~[4] en la calle.
el taller	die Werkstatt	En el ~ aprendo a hacer entrevistas.
la radio	das Radio	Para escuchar música enciendo la ~.
el / la turista	der / die Tourist/in	Madrid es una ciudad muy interesante. Por eso hay muchos ~[5].
el / la estudiante	der / die Student/in, der / die Schüler/in	Yo no trabajo. Voy al insti, soy ~.
el vasco	das Baskische *Sprache*	Aitor sabe hablar ~ porque es de San Sebastián.
sin embargo	allerdings, trotzdem	No tengo hambre, ~, puedo ir contigo a la cafetería.

Denk immer daran, nach <u>sin embargo</u> und <u>además</u> ein Komma zu setzen:

Mi ordenador no es nuevo. <u>Sin embargo</u>, funciona bien.

Ve al mercado y compra manzanas. <u>Además</u>, pasa por la biblioteca y … .

un par	ein paar, einige	Comprendo ~ de palabras en vasco.
nacer (c → zc)	geboren werden	Mi padre ~[6] en Nicaragua hace 40 años.
criarse (en)	aufwachsen (in)	
la mujer	die Frau, die Ehefrau	Ella es la ~ de mi tío.
mudarse (a)	umziehen (nach)	Hace unos años nosotros ~[7] a otra ciudad.
por	wegen	Vinimos a Madrid ~ los museos.
el trabajo	die Arbeit	Nos mudamos por el ~ de mi padre.
el museo Guggenheim	das Guggenheim Museum	
el arte	die Kunst	*ing.:* art
contemporáneo/-a	zeitgenössisch	
el arte contemporáneo	die zeitgenössische Kunst	
nunca	nie	
oír	hören	¿Qué dices? No te ~[8].
el País Vasco	das Baskenland	
la geografía	die Geografie	La señora sabe mucho de ~ porque es profesora de Historia y Geografía.
aunque	obwohl	Ellos juegan en el jardín ~ llueve.
Guipúzcoa	Guipuzkoa *baskische Provinz*	

Vizcaya	Biskaya *baskische Provinz*	
el parque natural de Aizkorri	der Nationalpark von Aizkorri	
el origen (*pl.* orígenes)	die Herkunft, der Ursprung	*ing.:* origin / – ¿Qué sabes del ~ de los vascos?
nadie	niemand	– ~ sabe de dónde viene este pueblo. / ≠ alguien
invitar a *alg.* (a + *inf.*)	jdn. einladen (etwas zu tun)	¿A quién quieres ~ a ver la peli?
el paseo de la Concha	*Name einer Promenade in San Sebastián*	

PARA COMUNICARSE

8

Du fragst nach der Entfernung zwischen zwei Orten:	**¿Qué distancia hay entre (Alicante) y (Donostia)?**
Du sagst, wie weit etwas ungefähr ist:	**Son unos / más de (ochocientos) kilómetros.**
Du forderst jemanden auf, etwas auf der Karte zu suchen:	**Busca en el mapa (la salida hacia Calamocha).**
Unterwegs willst du eine Pause machen:	**¿Por qué no paramos aquí?**
Du möchtest wissen, wo die Toiletten sind:	**Disculpe, ¿dónde está el servicio?**
Du bist endlich angekommen, wo du hin wolltest:	**¡Por fin hemos llegado!**
Du fragst jemanden, ob er kurz Zeit für etwas hat:	**¿Tienes un momento (para una entrevista)?**
Du bist überrascht, weil jemand etwas nicht kennt:	**¿Nunca has oído hablar de (la plaza San Blas)?**
Du glaubst, dass du von etwas schon mal gehört hast:	**Creo que sí he oído hablar de (ella).**

1. ochocientos   2. pintor   3. vasco   4. hacen entrevistas   5. turistas   6. nació   7. nos mudamos   8. oigo

---

9   COSAS DE LA VIDA

¡ACÉRCATE!

el diccionario	das Wörterbuch	*ing.:* dictionary
prestar *a/c* a *alg.*	jdm. etw. (aus)borgen / ausleihen	– Ana, Miguel, ¿me ~[1] vuestro libro de Geografía?
¡Jo! *fam.*	Mensch!	
los apuntes	die Notizen	– Bueno. ¿Y tú nos prestas tus ~ de Lengua y Literatura?
la chuleta *fam.*	der Spickzettel	
sacar	bekommen *Schulnoten*	Esteban y Elena siempre ~[2] buenas notas en el insti.
repetir (e → i)	wiederholen	Mi abuela no oye bien y siempre tengo que ~ todo.
el curso	*hier* das Schuljahr	Yo estudio mucho porque no quiero repetir el ~.
empollar *fam.*	pauken *umg.*	
las recuperaciones	die Nachprüfungen	En España las ~ empiezan al final del verano.

9   la presentación   das Referat   Sarah está preparando una ~ para el
(*pl.* presentaciones)   insti.

dar (un) corte *fam.*   peinlich sein (jdm. etw.)

frente a + *sust.*   vor + *Nomen*   ¿Te gusta hablar ~ tu clase?

la materia   der Lernstoff   La ~ para el examen es muy difícil.

o […], o […].   entweder […], oder […].

ponerse las pilas *fam.*   sich anstrengen, ranklotzen *umg.*   Este año quiero tener buenas notas, por
eso tengo que ~[3].

el suspenso   ungenügend *Schulnote*

ser exagerado/-a   übertrieben   ***ing.:*** to be exaggerated

el sobresaliente   Sehr gut *Schulnote*

enterarse de *a/c*   etw. mitbekommen   ¡Tú no ~[4] de nada!

el resumen (*pl.* resúmenes)   die Zusammenfassung   Hago un ~ para el examen.

costar (*a/c* a *alg.*) (o → ue)   schwer fallen (jdm. etw.)   Este trabajo es difícil. Me ~[5] mucho.

apenas   kaum, gerade so   ~ he sacado un aprobado.

el aprobado   Bestanden *Schulnote*

el notable   Gut *Schulnote*

Las notas:

el sobresaliente	el notable
el aprobado	el suspenso

---

el / la empollón/-ona   *etwa* der / die Streber/in   Ana es una ~[6].
(*pl.* empollones/-as)

copiar   abschreiben, kopieren   ***ing.:*** to copy / Ayer no fui al insti, por eso
tengo que ~ tus apuntes.

9 A   ¿QUIÉNES HAN SIDO?

a la salida del instituto   *etwa* nach der Schule

¡Hombre!   Mensch!

el hombre   der Mann   ≠ la mujer

anteayer *adv.*   vorgestern

algún / alguna + *sust.*   irgendein/e + *Nomen*,   ¿Tienes ~[7] problema?
(*pl.* algunos / algunas)   irgendwelche + *Nomen*

alguno/-a   irgendeiner/ e   ¿Conoces a ~[8] de esas chicas?

ningún / ninguna   kein/e + *Nomen*   ≠ alguno

ninguno/-a   keiner/-e   ~[9] de mis amigos juega al ordenador.

Merke: Die Pluralformen von ninguno und ninguno werden fast nie benutzt.

---

el lado   die Seite, der Ort

por ningún lado   nirgends   Ayer no te vi ~.

como	da	~ no tengo tiempo, no puedo ir al cine.
anoche	gestern Abend	~, después de cenar, vimos una película.
ni = no	*hier* gar nicht	
llorar	weinen	≠ reír
caerse	(hin)fallen	Carla, ese chico va a ~, ¡ayúdalo!
empujar	jdn. schubsen, jdn./etw. schieben	Martín ~[10] ayer a mi hermana.
poner	stellen, legen	A Sonia le gusta ~ sus libros debajo de la mesa.
quitar *a/c a alg.*	jdm etw. wegnehmen, etw. abmachen	≠ dar / Juan le quiere ~ la bici a Ana.
los demás	die Anderen, (die Restlichen)	
echarse a reír	loslachen	
reír (de)	lachen (über)	
rubio/a	blond	Mi hermana es castaña y mi hermano ~[11].
rizado/-a	lockig	Me gustaría tener el pelo ~[12].
delgado/-a	schlank	Ese chico ~[13] es muy majo.

pelo rubio   pelo castaño   pelo negro   *pelirroja (/-o)*

alto (/-a)   *baja (/-o)*   delgado (/-a)   *gordita (/-o)*

el monedero	das Portmonee	Elena, ¿tienes dinero? ¿Dónde está tu ~?
agresivo/-a	aggressiv	Los perros de mi vecino son un poco ~[14].
ponerse agresivo/-a	aggressiv werden	
dar vergüenza (*a/c a alg.*)	peinlich sein (jdm. etw.)	A Ilker le gusta Sonia. Si ella oye eso le va a ~.
pegar	schlagen	Arturo no le va a ~ más a Iván.
solo/-a	*etwa* von allein	La estantería de mi habitación se ha caído ~[15].

Vergleiche:

Allein: Esteban va <u>solo</u> al cine.

Von allein: Yo no he sido, la botella se ha caído <u>sola</u>.

Nur: <u>Sólo</u> sé que tus abuelos quieren llamarte.

echarse a llorar	in Tränen ausbrechen	Marco, Nico, ¿por qué ~[16]?
¡Déjate de cuentos! *fam.*	Erzähl keine Geschichten / keinen Quatsch!	
la fama	der Ruf, der Ruhm	La cocina vasca tiene buena ~.
largarse *fam.*	abhauen	No estoy hablando con vosotros, ¡~[17] de aquí!

9A

defenderse (e → ie)	sich verteidigen	Hay que aprender a ~ en la vida.
¡Panda de golfos/-as! *fam.*	*etwa* Ihr Idioten!	
pensarse *a/c* (e → ie) *fam.*	sich etw. denken, überlegen	Aldo, la próxima vez ~[18] mejor a quién empujas.
meterse con *fam.*	sich anlegen mit	Arturo ~[19] con los más pequeños.

PARA COMUNICARSE   **9**

Dir ist etwas peinlich oder unangenehm:	Me da (un) corte (hablar enfrente de la clase).
Du redest über deine Noten in der Schule:	En el insti / Mates / […] saco buenas / malas notas. / Tengo un sobresaliente / notable / aprobado / suspenso.
Du musst dich anstrengen, oder es passiert etwas:	O me pongo las pilas, o (saco un suspenso).
Du musst für die Schule pauken:	Tengo que empollar.
Du bist irritiert oder überrascht:	¡Jo!
Jemand übertreibt:	¡Qué exagerado/-a!
Jemand erzählt Quatsch:	¡Déjate / Dejaos de cuentos!
Du ermahnst jemanden:	La próxima vez piénsate mejor (con quién te metes).
Du willst, dass jemand verschwindet:	¡Lárgate / Largaos de aquí!
Du bist der Meinung, dass du und deine Freunde weg gehen solltet:	¡Mejor nos vamos de aquí!

1. prestáis   2. sacan   3. ponerme las pilas   4. te enteras   5. cuesta   6. empollona   7. algún   8. alguna   9. ninguno   10. empujó   11. rubio   12. rizado   13. delgado   14. agresivos   15. sola   16. os echáis a llorar   17. largaos   18. piénsate   19. se mete

---

10   AMÉRICA LATINA

¡ACÉRCATE!

América del Norte	Nordamerika	
si	wenn	
el metro	die U-Bahn	Para ir al insti siempre tomo el ~.
el lío	das Durcheinander	
parecer (c → zc)	wirken, scheinen	Este río es tan grande que ~[1] el mar.

> Achte darauf, dass das **-c-** von „parecer" vor **-a** und **-o** zur **-zc-** wird.
> Yo pare**zc**o menor, pero ya tengo 13 años.

el hormiguero	der Ameisenhaufen	Por la mañana la ciudad parece un ~.
el Zócalo	*zentraler Platz in Mexiko-Stadt*	
la Ciudad de México	Mexiko-Stadt *Haupstadt von Mexiko*	
el campo	das Land	≠ la ciudad / Yo no vivo en la ciudad, vivo en el ~.

10 el / la campesino/-a   der Bauer, die Bäuerin   Los ~[2] trabajan en el campo.

la tortilla   *Fladenbrot aus Mais- oder Weizenmehl*   En México la gente desayuna una ~ con queso.

la escuela *lat. am.*   die Grundschule

quiché   die Quiché-Sprache

maya *adj.*   Maya-   La familia de Eladio habla español y una lengua ~.

el Caribe   die Karibik

Santo Domingo   *Hauptstadt der Dominikanischen Republik*

la parte   der Teil   Una ~ de mis amigos vive cerca de mi casa.

Haití   Haiti

el merengue   der Merengue *Tanz und Musikrichtung aus der Karibik*

el / la habitante   der / die Einwohner/in, der / die Bewohner/in   ***ing.:*** inhabitant

africano/-a   afrikanisch   Mi abuelo tiene una guitarra ~[3].

europeo/-a   europäisch

ser de origen (europeo)   (europäischer) Herkunft sein

los países andinos   die Andenländer

Cuzco   Cusco *Stadt im Süden von Peru*

Perú   Peru

la leyenda   die Legende   = el cuento

el quechua   Quechua, *auch* Ketschua *Sprache*   En Perú mucha gente habla ~.

el / la inca   der / die Inka   Las leyendas de los ~[4] son muy interesantes.

la cordillera   die Gebirgskette

los Andes   die Anden *Gebirgskette in Südamerika*

el Cono Sur   der Südkegel *Region in Südamerika*

Italia   Italien

Polonia   Polen

acá lat. am.   hier   = aquí

Argentina   Argentinien   En ~ la gente come mucha carne.

en / por todos lados   überall   ≠ en / por ningún lado

diciembre   Dezember

Los meses del año:	enero	abril	julio	octubre
	febrero	mayo	agosto	noviembre
	marzo	junio	septiembre	diciembre

la Patagonia   Patagonien *Region im Süden Argentiniens und Chiles*

la mitad   die Hälfte   ¿Quieres la ~ de este pastel?

el / la argentino/-a   der / die Argentinier/in

10 A ¿QUÉ TAL, CHE?

¡che! *arg.*	*etwa* he!	
la fecha	das Datum	– ¿Ya sabes la ~ de tu viaje? – Sí, el lunes 14 de julio.
el asunto	der Betreff *E-mail*, die Angelegenheit	
el / la mismo/-a	der / die / das gleiche, der / die / das selbe	Tengo unas zapatillas del ~[5] color que mi mochila.
vos *arg.*	du	= tú
en lugar de + *sust.*	anstatt + *Nomen*	Hoy leo un libro ~ una revista.
en vez de + *sust.*	an Stelle von + *Nomen*	= en lugar de / Quiero un zumo ~ un helado.
el pulóver *arg.*	der Pullover	= el jersey
normal *adj.*	normal	
normalmente *adv.*	normalerweise	~ vamos todos los sábados a la playa.
el invierno	der Winter	≠ el verano / En ~ hace frío.

la primavera	el verano	*el otoño*	el invierno

el contrario	das Gegenteil	
al contrario que	im Gegensatz zu	
el asado	gegrilltes Fleisch, *auch* die Grillparty	
argentino/-a	argentinisch	El asado es un plato típico ~[6].
inmenso/-a	riesig	Argentina es un país ~[7].
la Avenida 9 de Julio	*bekannte Straße in Buenos Aires*	
el metro	der Meter *Längeneinheit*	
el ancho	die Breite	
probablemente *adv.*	wahrscheinlich	***ing.:*** probably
ancho/-a	breit	En mi ciudad las calles son ~[8].
el obelisco	der Obelisk	
enorme *adj.*	enorm	= inmenso/-a
quedarse con la boca abierta *fam.*	mit offenem Mund dastehen, überwältigt sein	
la boca	der Mund	
el subte *fam.* = el subterráneo *arg.*	die U-Bahn	En Argentina el metro se llama ~.
ir de compras	einkaufen gehen	Elena quiere ~ sin su madre.
perder(se) (e → ie)	sich verlaufen, sich verfahren	Esta ciudad es grande y puedo ~[9].
fácilmente *adv.*	leicht, mühelos	
el millón (*pl.* millones)	die Million	Buenos Aires tiene 13 ~[10] de habitantes.
prácticamente *adv.*	praktisch	
la Plaza de Mayo	*berühmter Platz in Buenos Aires*	

tranquilamente *adv.*	ruhig	¡Levántate temprano y desayuna ~!
sino	sondern	
el mar	das Meer	En el ~ hay muchos peces.
el puerto	der Hafen	
el zoológico	der Zoo	En el ~ hay muchos animales.
la barca	das Boot	
ir en barca	mit dem Boot fahren	
el lémur	der Lemur *Tier*	
Me parece bien / mal.	*hier* Ich finde etw. gut / schlecht.	– ¿Qué te parece la idea? – ¡~[11], es genial!
convencer (c → z)	überzeugen	***ing.:*** convince

> Achte darauf, dass das **c** vor **-o** und **-a** zu **z** wird:
>
> conven**c**er: Si conven**z**o a mi madre, puedo ir contigo al zoológico.

| ¿para qué? | wozu? | |
| desde + *complemento de tiempo* | seit + *Zeitangabe* | ~ el domingo estoy en casa de mi tía. |

desde + punktuelle Zeitangabe	desde hace + Zeitspanne
(z. B. ayer, a las 4 de la tarde, esta semana)	(z. B. dos horas, unos meses, algunos años).
Desde el viernes estoy aquí.	Desde hace cuatro días te estoy buscando.

el vuelo	der Flug	
durar	dauern	El vuelo a Ushuaia ~[12] mucho.
el fin del mundo	das Ende der Welt	¡Ushuaia está en el ~!
esquiar	Ski fahren	
la nieve	der Schnee	En Ushuaia hace frío y hay ~.
el viento	der Wind	
estar torcido/-a	krumm / schief sein	Por el viento muchos árboles ~[13].
el pingüino	der Pinguin	
entender(se)	(sich) verstehen	Elena y los pingüinos ~[14] muy bien.
estupendamente *adv.*	wunderbar	
precioso/-a	*hier* toll	Para Elena, los pingüinos son ~[15].
Nos vemos.	Wir sehen uns. *Abschiedsformel*	

PARA COMUNICARSE 10

Du findest etwas sehr kompliziert:	**Es un lío.**
Du beendest einen Brief / E-Mail an deine Freund / Familie:	**Un besito. / Nos vemos.**
Du forderst Leute auf, sich etwas vorzustellen:	**Imaginaos que** (aquí comen siempre asado).
Du bist mit dem Vorschlag von jemandem einverstanden:	**Me parece bien.**
Du fragst, wozu jemand etwas braucht:	**¿Para qué necesitas** (dinero)?

1. parece 2. campesinos 3. africana 4. incas 5. mismo 6. argentino 7. inmenso 8. anchas
9. perderme 10. millones 11. Me parece bien 12. dura 13. están torcidos 14. se entienden 15. preciosos

LISTA ALFABÉTICA

Bei blaugedruckten Verben handelt es sich um Verben, die unregelmäßig sind oder bei denen auf Besonderheiten zu achten ist.

Die farbigen Angaben hinter der Bedeutung zeigen, wo das Wort zum ersten Mal vorkommt:

1Ac heißt Unidad 1, ¡Acércate!; 1A steht für Unidad 1, Text A.

Grundschrift = obligatorischer Wortschatz   *kursiv* = fakultativer Wortschatz

A

a nach, zu, an

a partir de von […] an *zeitlich* **5A**

¿A qué hora …? Um wieviel Uhr?

abajo unten, hinunter **3Ac**

el **abrigo** der Mantel **4Ac**

abrir öffnen, aufmachen **6Ac**

el/la **abuelo/-a** der Großvater, die Großmutter

los **abuelos** die Großeltern

aburrido/-a langweilig

acá lat.am. hier **10Ac**

la **academia de danza** die Tanzschule

el **accidente** der Unfall **3A**

acordarse (de alg., a/c) (o/ue) sich (an jdn./etw.) erinnern **2A**

activar(se) aktivieren, (sich) anschalten **6Ac**

la **actividad** die Aktivität, Beschäftigung

la **actividad** die Veranstaltung **5A**

activo/-a aktiv

el **actor** der Schauspieler **7Ac**

la **actriz** (*pl.* **actrices**) die Schauspielerin **7Ac**

además *adv.* außerdem

además de + *sust.* außer + *Nomen* **5Ac**

¡Adiós! Auf Wiedersehen!

¿adónde? wohin?

africano/-a afrikanisch **10Ac**

agresivo/-a aggressiv **9A**

el **agua** *f.* das Wasser

aguantar ertragen **1A**

ahí *adv.* dort **5A**

ahora *adv.* jetzt

¡Ahora voy! Ich komme schon!

la **alarma** der Alarm **6A**

alegrarse (de a/c) sich (über etw.) freuen **2A**

alegre *adj.* fröhlich

el **alemán** Deutsch *Sprache*

Alemania *f.* Deutschland

el **alfabeto** das Alphabet

algo etwas

alguien jemand **6A**

algún/alguna + *sust.* irgendein/e + *Nomen*, irgendwelche + *Nomen* **9A**

alguno/-a irgendeiner/-e **9A**

allá adv. lat.am. dort **7A**

allí adv. dort

alto/-a groß *Menschen*, hoch *Berge/Gebäude*, laut *Geräusche* **2A**

alucinante adj. klasse, unglaublich **7A**

el/la **alumno/-a** der/die Schüler/in

amarillo/-a gelb

América del Norte Nordamerika **10Ac**

América Latina Lateinamerika **7Ac**

el/la **amigo/-a** der/die Freund/in

el **ancho** die Breite **10A**

ancho/-a breit **10A**

¡Anda! *fam.* Na, komm! **4Ac**

los **Andes** die Anden *Gebirgskette in Südamerika* **10Ac**

el **animal** das Tier

animarse sich entschließen **5A**

¡Anímate! *etwa* Raff dich auf! *umg.* **5A**

el **año** das Jahr

anoche *adv.* gestern Abend **9A**

anteayer *adv.* vorgestern **9A**

antes *adv.* vorher, davor

antes de + *inf.* bevor **6Ac**

antes de + *sust.* vor + *Nomen* **5A**

apagar ausschalten **4Ac**

apenas kaum, gerade so **9Ac**

apoyar unterstützen, stützen **7A**

aprender lernen

apretar (e/ie) drücken **6Ac**

el **aprobado** Bestanden *Schulnote* **9Ac**

apuntar notieren, aufschreiben

apuntarse *hier* mitmachen **4Ac**, *auch* sich anmelden, sich eintragen

los **apuntes** die Notizen **9Ac**

aquel/aquella jene/r/s **5A**

aquí *adv.* hier

Aquí tiene. Bitte. *beim Bezahlen*

el **árbol** der Baum **3Ac**

Argentina *f.* Argentinien **10Ac**

el/la **argentino/-a** der/die Argentinier/in **10Ac**

argentino/-a argentinisch **10A**

el **argumento** das Argument

el **armario** der Schrank

armarse *fam. hier* entstehen **6A**

arriba *adv.* oben, darauf, darüber **3Ac**

el *arroz* der Reis

el **arte** die Kunst **8A**

el **asado** gegrilltes Fleisch, *auch* Grillparty **10A**

así *adv.* so

la **asignatura** das Schulfach

el **asunto** der Betreff *E-mail,* die Angelegenheit **10A**

asustarse sich erschrecken **3A**

atento/-a aufmerksam

el **aula** *f.* das Klassenzimmer **2Ac**

aunque obwohl **8A**

la **avenida** die Allee

la **aventura** das Abenteuer **2A**

avisar (a alg.) jdn. benachrichtigen, jdm. Bescheid sagen **3A**

ayer *adv.* gestern **6A**

la **ayuda** die Hilfe **7A**

ayudar (en a/c) (bei etw.) helfen **1A**

el **azúcar** *m.* der Zucker

azul *adj.* blau

B

el **baile** der Tanz

bajar (de) absteigen, aussteigen, herunterklettern, herunterkommen **6Ac**

el **baloncesto** der Basketball **7Ac**

el **balonmano** der Handball **1Ac**

el **baño** das Badezimmer

barato/-a billig

la **barca** das Boot **10A**

el **barrio** das Stadtviertel

¡Basta! Es reicht!

¡Basta ya! Jetzt reicht es aber!

bastante *adv.* ziemlich

beber trinken

la **bebida** das Getränk **7A**

el **beso** der Kuss **4Ac**

la **biblioteca** die Bibliothek **1A**

la **bicicleta = la bici** *fam.* das Fahrrad

bien *adv.* gut

¡Bienvenido/-a! Willkommen! **6Ac**

el/la **biólogo/-a** der/die Biologe/-in **7Ac**

blanco/-a weiss

la **boca** der Mund **10A**

el **bocadillo** das belegte Brötchen

el **bocadillo de queso** das Käsebrötchen

el **boli** *fam.* der Kuli

bonito/-a schön, hübsch

el **bosque** der Wald **3Ac**

la **botella (de)** die Flasche

la **bronca** der Ärger, der Streit **3A**

bucear tauchen **1Ac**

Buenas noches. Guten Abend. *auch* Gute Nacht. **4Ac**

bueno ok, gut

bueno/-a gut

¡Buenos días! Guten Morgen!, Guten Tag!

el **bus** *fam.* = el **autobús** der Bus **2Ac**

buscar suchen

C

el **caballo** das Pferd

la **cabaña** die Hütte **1Ac**

la **cabeza** der Kopf **1A**

la **cabina telefónica** die Telefonzelle **4A**

cada *adj.* jeder/es/-e **5Ac**

caer (hin)fallen **9A**

el **café** der Kaffee **5Ac**

la **cafetería** die Cafeteria **2A**

callarse *hier* den Mund halten, *auch* schweigen **4Ac**

la **calle** die Straße

la **calma** die Ruhe **6A**

con calma in Ruhe **6A**

el **calor** die Hitze, die Wärme **3Ac**

la **cama** das Bett

la **cámara de fotos** der Fotoapparat **8Ac**

cambiar (de a/c) (etw.) wechseln, ändern **4A**

el **camino** der Weg **2Ac**

la **camisa** das Hemd

la **camiseta** das T-Shirt

el **campamento** das Ferienlager **1Ac**

el/la **campeón/-ona**, (*pl.* **campeones/-as**) der/die Sieger/in **1A**

el **Campeonato mundial** die Weltmeisterschaft **7A**

el/la **campesino/-a** der Bauer, die Bäuerin **10Ac**

el **campo** das Land **10Ac**

el **canal** der Kanal **5Ac**

el **canal de Panamá** der Panamakanal **5Ac**

la **canasta** der Korb *Sport* **7A**

cansado/-a (**estar**) (**de**) müde sein (von)

el/la **cantante** der/die Sänger/in **7A**

cantar singen

el **caos** das Chaos **6A**

la **capital** die Hauptstadt **5Ac**

la **cara** das Gesicht **7A**

el **caramelo** das Bonbon

el **cargador del móvil** das Ladegerät *Handy* **8Ac**

el **Caribe** die Karibik **10Ac**

el **cariño** die Zärtlichkeit, Zuneigung, Liebe

cariñoso/-a liebevoll, zärtlich, zutraulich

la **carne** das Fleisch

caro/-a teuer

la **carpeta** die Mappe

el **cartel** das Poster

la **casa** das Haus

en casa zu Hause

casi *adv.* fast

castaño/-a braun *Haar- und Augenfarbe*

el **castillo** die/das Burg/Schloss

la **casualidad** der Zufall **2A**

el **cedé** die CD

la **célula** die Zelle *Biologie* **6Ac**

la **cena** das Abendessen **1A**

cenar zu Abend essen

el **centro** das Zentrum; die Mitte **8Ac**

Centroamérica Mittelamerika **5Ac**

centroamericano/-a mittelamerikanisch **5A**

el **cepillo de dientes** die Zahnbürste **8Ac**

cerca *adv.* in der Nähe, nah

cerca de in der Nähe von

los **cereales** das Müsli, die Cornflakes

cerrar (e/ie) schließen

el **chándal** der Trainingsanzug

la **chaqueta** die Jacke

charlar plaudern, schwatzen

chatear chatten

el/la **chico/-a** der Junge

el **chiste** der Witz

el **chocolate** die Schokolade

la **chuleta** *fam.* der Spickzettel **9Ac**

el **cibercafé** das Internetcafé

el **cielo** der Himmel **3Ac**

cien *adj.* hundert

la **ciencia** die Wissenschaft **6A**

Ciencias de la Naturaleza Naturwissenschaften *Schulfach*

el/la **científico/-a** der/die Wissenschaftler/in **7Ac**

el **cine** das Kino

la **ciudad** die Stadt

la **Ciudad de México** Mexiko-Stadt *Hauptstadt von Mexiko* **10Ac**

Ciudad de Panamá f. Panama-Stadt *Hauptstadt von Panamá* **5Ac**

¡Claro! Klar!, Natürlich!

¡Claro que sí! Selbstverständlich!, Natürlich!

la clase das Klassenzimmer, der Unterricht, die Unterrichtsstunde, die Klasse; **en la clase** im Klassenzimmer, im Unterricht

el clima das Klima **6Ac**

el coche das Auto **2Ac**

la cocina die Küche

el codo der Ellbogen **2A**

coger a/c *hier* abbiegen, *auch* etw. nehmen **2Ac**

la cola die Warteschlange, die Reihe **2A**

el colegio = el cole *fam.* die Schule

colgar (o/ue) hängen, aufhängen, hochladen *Internet* **5A**

la *colmena* der Bienenstock **5A**

Colombia f. Kolumbien **5Ac**

el color die Farbe

el comedor *hier* der Speisesaal **1A**

comer essen; ¡A comer! Komm(t) essen!

el cómic der Comic

la comida das Essen

como *adv.* wie; da **9A**

¿cómo? wie?

el/la compañero/-a der/die Mitschüler/in, Klassenkamerad/in; der/die Lebensgefährte/-in; *hier* der/die Mitbewohner/in **1Ac**

la compra der Einkauf

comprar kaufen

comprender verstehen

comprobar (o/ue) überprüfen **6Ac**

con mit; conmigo mit mir

el concierto das Konzert **7A**

el conejo das Kaninchen

el conejo de Indias das Meerschweinchen

conocer (c/zc) kennenlernen, kennen **5A**

contar (o/ue) erzählen

contemporáneo/-a zeitgenössisch **8A**

contento/-a (estar) zufrieden

contestar (be)antworten, erwidern

contigo mit dir

contra gegen **7Ac**

el contrario das Gegenteil **10A**

al contrario que im Gegensatz zu **10A**

convencer (c/z) überzeugen **10A**

la copia die Kopie **6Ac**

copiar abschreiben, kopieren **9Ac**

la cordillera die Gebirgskette **10Ac**

correcto/-a richtig **5Ac**

corto/-a kurz

la cosa die Sache

costar (a/c a alg.) (o/ue) schwer fallen (jdm. etw.) **9Ac**

creer glauben; creo que [...]. ich glaube, dass [...].; ¡Creo que sí! Ich glaube schon! **2Ac**

criarse (en) aufwachsen (in) **8A**

el cruasán das Croissant

cruzar a/c etw. überqueren **2Ac**

el cuaderno das Heft

¿cuál? (*pl.* cuáles) welcher/es/-e? **5Ac**

cuando (immer) wenn, als **3A**

¿cuándo? wann?

¿cuánto/-a? wie viel/e?

el/la cuarto/-a + *sust.* der/die/das vierte + *Nomen* **A**

cuatro *adj.* vier

el cubierto das Besteck **8Ac**

la cuenta die Rechnung **4A**

el cuento die Erzählung, das Märchen **5A**

cuidar aufpassen (auf), sorgen (für)

el cumpleaños der Geburtstag

cumplir [...] (años) [...] (Jahre alt) werden

el curso der Kurs; *hier* das Schuljahr **9Ac**

el cursor der Cursor **6Ac**

D

el *dado* der Würfel **5Ac**

dar (un) corte *fam.* peinlich sein (jdm. etw.) **9Ac**

dar a/c a alg. jdm. etw. geben **4A**

dar la lata a alg. *fam.* jdn. belästigen, nerven *umg.* **4A**

dar una pista a alg. einen Tipp geben *Spiel* **5Ac**

dar vergüenza (a/c a alg.) peinlich sein (jdm. etw.) **9A**

darse prisa sich beeilen **4Ac**; ¡Date prisa! Beeile dich!

de von, aus, über

¿de dónde? woher?

de manga corta kurzärmelig

de manga larga langärmelig

¿de qué? über was?, worüber?

de repente plötzlich

de sobra mehr als genügend **4Ac**

de verdad *adv.* ehrlich, wirklich

debajo de unter

los deberes die Hausaufgaben

decir (e/i) sagen

defenderse (e/ie) sich verteidigen **9A**

dejar lassen; ¡Déjame en paz! *fam.* Lass mich in Ruhe! **5A**

dejar + *inf.* jdn. etw. tun lassen, jdm. etw. zu tun erlauben **6A**

dejar a/c a alg. jdm. etw. hinterlassen **3A**

delante (de) vor, davor

delgado/-a schlank **9A**

demasiado zu viel **2A**

el deporte der Sport

deportista *adj.* sportlich

deprisa schnell **2A**

a la derecha (de) rechts **2Ac**

desayunar frühstücken

desayuno das Frühstück

descubrir entdecken

desde von ... aus. *Prep. örtlich*

desde seit *zeitlich* **10A**

desde hace seit *zeitlich* **5A**

desde la/las [...] hasta la/las [...] von/seit [...] bis [...] *Uhrzeit*

después *adv.* danach, später

después de + *inf.* nachdem **6Ac**

después de + *sust.* nach + *Nomen*

el *detector de humo* der Rauchmelder **6A**

detrás (de) hinterher, hinten **3Ac**

el **día** der Tag

el **otro día** letztens, neulich **7A**

el/la **dibujante** der/die Zeichner/in **7Ac**

el/la **dibujante de cómics** der/die Comiczeichner/in **7Ac**

dibujar zeichnen **7Ac**

el **dibujo** die Zeichnung **7Ac**

el **diccionario** das Wörterbuch **9Ac**

diciembre der Dezember **10Ac**

el **diente** der Zahn **8Ac**

diferente *adj.* verschieden, anders

difícil *adj.* schwer, schwierig

¡Dígame! / ¡Dime! Ja?, Hallo? *am Telefon*

el **dinero** das Geld

disculpar verzeihen, entschuldigen **2A**

discutir diskutieren **4A**

la **distancia** die Entfernung **8Ac**

divertido/-a lustig

doce *adj.* zwölf

el **documento** das Dokument **6Ac**

doler (o/ue) weh tun, schmerzen **3Ac**

el **dolor** der Schmerz **3Ac**

el **dolor de cabeza** das Kopfweh, die Kopfschmerzen **3Ac**

el **domingo** der Sonntag

¿dónde? wo?

Donostia *f.* baskischer Name von San Sebastián **8Ac**

dormir (o/ue) schlafen **3A**

dos *adj.* zwei

los / las dos beide

ducharse sich duschen **2A**

dulce *adj.* süß

durante + *sust.* während + *Nomen*

durar dauern **10A**

el **DVD** die DVD

E

e und *(vor /i/ + /hi/)*

echar una bronca a alg. *fam.* jdn. ausschimpfen **3A**

echarse a llorar in Tränen ausbrechen **9A**

echarse a reír loslachen **9A**

Educación Física Sport *Schulfach*

Educación Plástica y Visual Kunst *Schulfach*

él (*pl.* **ellos**) er

elegante *adj.* elegant

ella sie *(f. / Sg.)*

el **e-mail** die E-Mail

el **embutido** die Wurst

empezar (e/ie) anfangen, beginnen

empezar (a + *inf.*) (e/ie) anfangen (etw. zu un) **2A**

empollar *fam.* pauken *umg.* **9Ac**

el/la **empollón/-ona** (*pl.* **empollones/-as**) *etwa* der/die Streber/in **9Ac**

empujar jdn. schubsen, jdn./etw. schieben **9A**

en in, auf, an

en cambio stattdessen **4A**

enfermo/-a (**estar**) krank sein **3Ac**

en lugar de + *sust.* anstatt + *Nomen* **10A**

en seguida *adv.* sofort

en vez de + *sust.* an Stelle von + *Nomen* **10A**

encantar gefallen (sehr) **1Ac**

encender (e/ie) anschalten, anmachen **6Ac**

encima de über

encontrar (o/ue) finden

encontrarse (con) (o/ue) sich treffen (mit) **6Ac**

enfrente de gegenüber von

enorme *adj.* enorm **10A**

la **ensaladilla rusa** *Kartoffelsalat mit Tunfisch und Erbsen*

enseñar (a + *inf. a alg.*) (jdm. etw.) beibringen, etwas zu tun lehren, etw. zeigen **7Ac**

entender(se) (sich) verstehen **10A**

enterarse (de a/c) etw. mitbekommen **9Ac**

entonces dann, also

la **entrada** die Eintrittskarte

entrar hereinkommen

entre zwischen

el/la **entrenador/a** der/die Trainer/in **7Ac**

la **entrevista** das Interview **8A**

Es cierto. Das ist wahr. **7A**

Es la / Son las […] y […]. Es ist […] nach […]. *Uhrzeit*

Es la / Son las […]. Es ist […] Uhr. *Uhrzeit*

[…] es mejor que nada. *fam.* […] ist besser als gar nichts. **4A**

es que nämlich, eigentlich

(No) es tu turno *etwa* Du bist (nicht) dran. **5Ac**

esa + *sust.* diese + *Nomen* (da)

escribir schreiben

el **escritorio** der Schreibtisch

escuchar hören, zuhören

la **escuela** *lat. am.* die Grundschule

ese + *sust.* dieser + *Nomen* (da)

eso das

esos + *sust.* diese + *Nomen* (da)

España *f.* Spanien

el **español** Spanisch *Sprache*

esperar auf jdn./etw. warten, jdn. erwarten **2Ac**

esquiar Ski fahren **10A**

la **esquina** die Ecke

está (er/sie/es) ist

esta + *sust.* diese + *Nomen*

está bien ok, in Ordnung

¿Está claro? Ist das klar? **2Ac**

ésta es das ist (f. / Sg.)

esta mañana heute morgen **3A**

el **estadio** das Stadion

los **Estados Unidos** die Vereinigten Staaten **7Ac**

estallar de risa *fam.* sich kaputtlachen

la **estantería** das Regal

estar sein, da sein, sich befinden

estar de acuerdo einverstanden sein

estar de moda modern sein

estar de vacaciones in den Ferien, im Urlaub sein **1A**

estar hasta las narices *fam.* die Nase voll haben **1A**

el **este** der Osten **5Ac**

este + *sust.* dieser + *Nomen*

esto das (hier)

la *estructura* die Struktur **6Ac**

el **estuche** das Mäppchen

el/la **estudiante** der/die Student/
in, der/die Schüler/in **8A**

estudiar lernen

estupendamente *adv.*
wunderbar **10A**

estupendo/-a wunderbar,
toll

Ética Ethik *Schulfach*

el **euro** der Euro

europeo/-a europäisch **10Ac**

exagerar übertreiben **7A**

el **examen** (*pl.*exámenes) die
Prüfung

la **excursión** (*pl.* excursiones)
der Ausflug **1Ac**

explicar a/c a alg. (jdm.) etw.
erklären **2A**

la **exposición** (*pl.* exposiciones)
die Ausstellung **5A**

F

fácil *adj.* leicht

fácilmente *adv.* leicht,
mühelos **10A**

la **falda** der Rock

faltar fehlen, *hier* brauchen
zeitlich **3Ac**

la **fama** der Ruf, der Ruhm **9A**

la **familia** die Familie

famoso/-a berühmt **7A**

fantástico/-a fantastisch **1A**

fatal *adv.* schrecklich

el **favor** die Bitte **4Ac**

favorito/-a Lieblings-

la **fecha** das Datum **10A**

feliz (*pl.* felices) *adj.* glücklich

¡Feliz cumpleaños! Herzlichen
Glückwunsch zum Geburts-
tag!

feo/-a häßlich

la **ficha** der Spielstein *Spiel* **5Ac**

la **fiesta** die Party, das Fest

la **fiesta de cumpleaños** die
Geburtstagsparty

la **fiesta nacional** der Nationalfeiertag **5A**

el **fin de semana** das Wochenende

el **fin del mundo** das Ende der
Welt **10A**

el **final** das Ende

al **final** *adv.* am Ende

a **final de** gegen Ende *zeitlich*
4A

la **foto** das Foto

el/la **fotógrafo/-a** der/die
Fotograf/in **7Ac**

Francia f. Frankreich **8Ac**

fregar (e/ie) abwaschen
Geschirr **1A**

frente a vor *örtlich* **9Ac**

fresco/-a frisch

el **frijol** die Bohne

el **frío** die Kälte **3Ac**

la **frontera** die Grenze **8Ac**

la **fruta** die Frucht, das Obst

el **fuego** das Feuer

los **fuegos artificiales** das
Feuerwerk

fuera draußen **3A**; **¡fuera de
aquí!** Alle raus!, Raus hier! **6A**

fuerte *adj.* stark **7A**

funcionar funktionieren **6Ac**

la **fundación** (*pl.* fundaciones)
die Stiftung **7A**

el **fútbol** der Fußball *Sportart*

el **futuro** die Zukunft **7Ac**

G

las **gafas** die Brille

las **gafas de sol** die Sonnenbrille

la **galleta** der Keks

ganar gewinnen *Spiel*,
verdienen *Geld* **1Ac**

gastar *dinero* ausgeben *Geld*
4A

el **gato** die Katze

genial *adv.* genial

la **gente** die Leute **5A**

la **geografía** die Geografie **8A**

Geografía e Historia f./sg.
Geografie und Geschichte
Schulfach

el **globo** der Luftballon; der
Ballon **6Ac**

la **goma** der Radiergummi

la **gorra** die Mütze

¡Gracias! Danke!; **muchas
gracias** vielen Dank

gracioso/-a witzig

el **gráfico** die Grafik *Computer*
6Ac

el **gramo** das Gramm

grande *adj.* groß

la **grasa** das Fett

gritar rufen, schreien **6A**

el **grupo** die Gruppe **3A**

el **grupo de socorristas** das
Erste-Hilfe-Team **3A**

el **grupo de teatro** die Theatergruppe **7Ac**

guapo/-a hübsch; *fam. liebe-
volle Anrede, etwa* Süßer/e **6A**

guardar (en) aufbewahren,
speichern (auf) *Computer* **6Ac**

guay *adj.* toll

el/la **guía** *hier* der/die Museums-
führer/in **6A**

la **guía turística** der Reiseführer
Buch **8Ac**

Guipúzcoa Guipuzkoa
baskische Provinz **8A**

la **guitarra** die Gitarre

gustar gefallen; **Me gustaría
[…].** Ich würde gerne […].
1Ac; **No me gusta nada.** *hier*
Das mag ich gar nicht. **1Ac**

H

la **habitación** das Zimmer

el/la **habitante** der/die Einwoh-
ner/in, der/die Bewohner/in
10Ac

hablar sprechen, reden

hablar hasta por los codos
fam. etwa reden wie ein
Wasserfall **2A**

hace vor *zeitlich* **6A**

Hace buen/mal tiempo. Das
Wetter ist gut/schlecht. **3Ac**

Hace calor/frío. Es ist warm/
kalt. **3Ac**

Hace mucho calor. Es ist sehr
heiß. *Wetter*

Hace sol. Die Sonne scheint.
3Ac

hacer machen; **¡Hazlo por mí!**
Tu es für mich! **5A**

hacer entrevista/s interviewen **8A**

hacer la cama das Bett
machen **1A**

hacer trampa schummeln **5Ac**

hacer un favor a alg. jdm.
einen Gefallen tun

hacer un trato ein Abkommen schließen

hacer una excursión einen
Ausflug machen **1Ac**

hacia nach *Richtung*, in
Richtung von **8Ac**

el **hambre** der Hunger

Hamburgo *m.* Hamburg

la **hamburguesa** der Hamburger

la **hamburguesería** *Geschäft,*
in dem Hamburger verkauft
werden

el **hámster** der Hamster

harto/-a (de a/c) (estar) (etw.)
satt haben

hasta bis

¡Hasta luego! Bis dann! Bis
nachher!

¡Hasta mañana! Bis morgen!

hay es gibt

hay que + *inf.* man muss + *Inf.*
2Ac

¡Hazme el favor y […]! Tu mir
den Gefallen und […]! **4Ac**

la **heladería** die Eisdiele

el **helado** das Eis

el/la **hermano/-a** der Bruder, die
Schwester

los **hermanos** die Geschwister

el/la **hijo/-a** der Sohn, die Tochter

los **hijos** die Kinder *(Söhne und*
Töchter)

la **historia** die Geschichte

las **historias** *hier* die Ausrede **5A**

¡Hola! Hallo!

el **hombre** der Mann **9A**

¡Hombre! Mensch! **9A**

la **hora** die Stunde

h = hora/s Uhr **5A**

la **hora de comer** die Essenszeit;
die Mittagszeit

el **horario (de clase)** der
Stundenplan

la **horchata** *das Erfrischungsge-*
tränk aus Erdmandeln

el **horizonte** der Horizont **3Ac**

el **hormiguero** der Ameisenhaufen **10Ac**

el **hospital** das Krankenhaus

el **hotel** das Hotel

hoy *adv.* heute

el **huevo** das Ei

I

¡id! Geh!

la **idea** die Idee

el **idioma** die Sprache

el **ídolo** das Idol **7A**

la **iglesia** die Kirche **3Ac**

imaginar(se) sich vorstellen
6A

importante *adj.* wichtig **5Ac**

impresionante *adj.* beeindruckend **3A**

la **impresora** der Drucker **6Ac**

imprimir (aus)drucken **6Ac**

imprudente *adj.* unvorsichtig
3A

la **inauguración**
(pl. **inauguraciones**) die Eröffnung, die Einweihung **5A**

el/la **inca** der/die Inka **10Ac**

la **información**
(pl. **informaciones**) die Information **6Ac**

Inglés *m./sg.* Englisch
Schulfach

el **inglés** Englisch *Sprache* **8Ac**

inmenso/-a riesig **10A**

inquieto/-a lebhaft, unruhig

el **instituto = el insti** *fam.*
allgemein bildende Schule

inteligente *adj.* intelligent,
klug

intentar + *inf.* etw. zu tun
versuchen **6A**

interesante *adj.* interessant

el **internet** das Internet

el **invierno** der Winter
10A

la **invitación** die Einladung

invitar a alg. (a + *inf.*) jdn.
einladen (etwas zu tun) **8A**

ir (a) gehen (zu, nach)

ir a + *inf.* etw. tun werden

ir a buscar *hier* jdn./etw.
abholen **3Ac**

ir a pie zu Fuß gehen **2Ac**

ir bien con gut passen zu

ir de compras einkaufen
gehen **10A**

ir en barca mit dem Boot
fahren **10A**

ir en coche/bici mit dem
Auto/Fahrrad fahren **2Ac**

irse weggehen **2A**

irse a la cama ins Bett gehen
6A

Italia Italien **10Ac**

a la **izquierda (de)** links **2Ac**

J

el **jamón** der Schinken

el **jardín** (*pl.* **jardines**) der Garten
3A

el/la *jefe/-a* der/die Chef/in **7Ac**

el **jersey** der Pullover

el **juego** das Spiel **1A**

el **jueves** der Donnerstag

el/la *jugador/a* der/die Spieler/in
5Ac

el/la *jugador/a* der/die Spieler/in
7Ac

jugar (a a/c) (u/ue) (etw.)
spielen **1Ac**

julio Juli **7A**

junto a neben *örtlich* **5A**

juntos/-as zusammen

K

el **kilo** das Kilo

el **cuarto de kilo (de)** das viertel
Kilo

medio kilo (de) halbes Kilo

el **kilómetro** der Kilometer **8Ac**

el **kiosco** der Kiosk

L

el *laboratorio* das Labor **6Ac**

el **lado** die Seite, der Ort **9A**

al **lado de** neben *örtlich*

el **ladrillo** der Ziegel(stein) **4A**

el **lago** der See **5Ac**

la **lámpara** die Lampe

el **lápiz** (*pl.* **lápices**) der Stift/
Bleistift

el **lápiz de color** der Buntstift

largarse *fam.* abhauen **9A**

largo/-a lang

la **lata (de)** die Dose

la **lavadora** die Waschmaschine

la **leche** die Milch

la **lechuga** der Kopfsalat

la **lectura** die Lesung, die
Lektüre **5A**

leer lesen

lejos weit **2Ac**

el **lémur** der Lemur *Tier* **10A**

la **lengua** die Sprache **5Ac**

la **lengua oficial** die Amtssprache **5Ac**

Lengua y Literatura *f./sg.*
Sprache und Literatur
(=Spanisch) *Schulfach*

levantarse aufstehen 2A

la leyenda die Legende 10Ac

el libro das Buch

el libro (de español) das (Spanisch-)Buch

el libro de Ciencias das Naturkundebuch *Schule*

el libro de historia das Geschichtsbuch

limitar con angrenzen 5Ac

limpiar sauber machen, putzen

limpio/-a (estar) sauber sein 1A

el lío das Durcheinander 10Ac

la *lista de la compra* die Einkaufsliste

la lista die Liste

listo/-a (estar) fertig sein

el litro (de) der Liter

la llamada der Anruf 4A

llamar (an)rufen

llamar por teléfono anrufen

llamarse heißen 2A

la llave der Schlüssel 3A

la llave del coche der Autoschlüssel 8Ac

llegar (a) kommen, ankommen

llegar a casa nach Hause kommen

llegar tarde zu spät kommen

lleno/-a (de) (estar) voll sein 5A

llevar tragen *Kleidung*; bringen, jdn. mitnehmen *Auto* 5A

llevarse bien / mal con alg. sich mit jdm. gut / schlecht verstehen 4Ac

llorar weinen 9A

llover (o/ue) regnen 3Ac

loco/-a (estar) verrückt sein 4Ac; medio loco/-a (estar) ziemlich verrückt sein 6Ac

el loro der Papagei

los demás die Anderen, (die Restlichen) 9A

luego *adv.* dann, nachher, danach

el lunes der Montag; los lunes montags

la luz (*pl.* luces) das Licht 4Ac

M

la macedonia der Obstsalat

la madre die Mutter

majo/-a *fam.* nett, sympathisch 2A

mal *adv.* schlecht 1A

mal (estar) sich schlecht fühlen 3Ac

la *malaria* die Malaria Ac

la maleta der Koffer 8Ac

malo/-a schlecht

la mamá die Mama

mañana *adv.* morgen

la mañana der Morgen; (las 7) + de la mañana (7 Uhr) + morgens; por la mañana morgens

mandar a/c a alg. jdm. etw. schicken, etw. verschicken 6A

la mano die Hand

la mantequilla die Butter

la manzana der Apfel

el mapa die (Land)karte 4Ac

el mar das Meer 10A

el martes der Dienstag

más *adv.* mehr

más + *adj.* (que) *Komparativ* 4A

más de + *número* mehr als + *Zahl* 8Ac

más o menos mehr oder weniger 8Ac

la mascota das Haustier

Matemáticas = Mates *fam. f./pl.* Mathematik *Schulfach*

la materia der Lernstoff 9Ac

maya *adj.* Maya- 10Ac

mayor (que) älter (als) 4A

Me cae bien/mal. Ich finde ihn / sie nett / nicht nett. 1A

la *medalla* die Medaille 7A

la médica die Ärztin

la medicina Medizin 7Ac

el médico der Arzt 3A

mejor (que) *adv.* besser (als) 4A

el / la mejor der / die / das Beste 4A

el melocotón der Pfirsich

el melón die Melone

la memoria das Gedächtnis, der Speicher *Computer* 6Ac

la memoria USB der Memory-Stick, der USB-Stick 6Ac

menor (que) jünger (als) 4A

menos *adv.* weniger

menos + *adj.* (que) weniger + *Adj.* (als) 4A

menos mal que zum Glück

el mensaje die SMS, die Mitteilung, die Nachricht 3A

la mentira die Lüge 5Ac

Mentira. Du lügst! 5Ac

el mercadillo der Flohmarkt 7A

el mercado der Markt

(No) merece/n la pena. Etw. lohnt sich (nicht). 6Ac

el merengue der Merengue *Tanz und Musikrichtung aus der Karibik* 10Ac

la merienda die Vesper 5A

la mermelada die Marmelade

el mes der Monat 4A

la mesa der Tisch

meter (hinein) stecken / legen, einpacken 7A

meter una canasta einen Korb werfen *Sport*

meterse con *fam.* sich anlegen mit 9A

el metro die U-Bahn 10Ac

el metro der Meter 10A

México Mexiko

mi mein/e (m./f./n./Sg.)

el miedo die Angst

mientras während 3A

el miércoles der Mittwoch

el millón (*pl.* millones) die Million 10A

el minuto die Minute

mirar schauen

¡Mira! Schau!

mirarse sich etw. angucken 6A

el / la mismo/-a der / die / das gleiche, derselbe / dieselbe / dasselbe 10A

la mitad die Hälfte 10Ac

la mochila der Rucksack

el modelo das Modell 4A

moderno/-a modern 4A

mola/n *fam.* ist / sind cool 1Ac

Molan mucho *fam.* Das ist (der) Hammer. *auch* Das sieht toll aus.

el momento der Moment

el monedero das Portmonee 9A

el / la **monitor/a** *hier* der / die Betreuer/in **1A**

mono/-a *fam.* niedlich, schön

la **montaña** der Berg

montar a/c etw. aufbauen **3A**

montar a caballo reiten **1Ac**

mostrar (o/ue) a/c a alg. jdm. Etwas zeigen **7A**

mover (o/ue) bewegen **6Ac**

el **móvil** das Handy

el **mp3** das Mp3 *Audioformat* **4A**

mucho *adv.* viel

mucho más viel mehr

mucho/-a viel/e

mudarse (a) umziehen **8A**

la **mujer** die Frau, die Ehefrau **8A**

la **muleta** die Krücke **3A**

el **mundo** die Welt **5A**

el **museo** das Museum

la **música** die Musik

muy *adv.* sehr

N

nacer (c/zc) geboren werden **8A**

nada nichts **4A**

nadar schwimmen

nadie niemand **8A**

la **naranja** die Orange

la **nariz** (*pl.* **narices**) die Nase **1A**

necesitar brauchen, benötigen

negro/-a schwarz

nervioso/-a nervös

la **nevera** der Kühlschrank **3A**

ni = no *hier* gar nicht **9A**

¡Ni idea! Keine Ahnung!

ni nada *hier* noch sonst was **4A**

ni por todo el dinero del mundo nicht für alles Geld der Welt, für kein Geld der Welt **5A**

la **nieve** der Schnee **10A**

niguno/-a keiner/-e **9A**

ningún lado nirgendwo **9A**

ningún/ninguna + *sust.* kein/e + *Nomen* **9A**

el / la **niño/-a** das Kind

no *adv.* nein, nicht

no [...] nada nichts **3A**

no [...] nadie niemand **3A**

no [...] ni [...] ni [...] weder [...] noch [...] noch [...] **4A**

no [...] nunca nie **3A**

No es para tanto. Es ist nicht so schlimm / *etwa* Übertreibe nicht! **1A**

¡No importa! Macht nichts!

No te preocupes. Mach dir keine Sorgen. **2Ac**

la **noche** die / der Nacht / (späte) Abend

por la noche nachts, *hier* spät abends

el **nombre** der Name

normal *adj.* normal **10A**

normalmente *adv.* normalerweise **10A**

el **norte** der Norden **5Ac**

nosotros/-as wir (m./f./ Pl.)

la **nota** die Note

el **notable** Gut *Schulnote* **9Ac**

la **nube** die Wolke **3Ac**

nuestro/-a unser/e (m./f./n./ Sg.)

nuevo/-a neu

el **número** die Zahl, *auch* die Telefonnummer

nunca nie **8A**

O

o oder

el **obelisco** der Obelisk **10A**

el **océano** der Ozean **5Ac**

el **Océano Atlántico** der Atlantik **5Ac**

ochocientos/-as achthundert **8Ac**

odiar hassen

el **oeste** der Westen **5Ac**

oír hören **8A**; **¡oye!** hey!, hör mal!

el **ojo** das Auge

once *adj.* elf

la **Optativa** das Wahlfach *Schulfach*

el **ordenador** der Computer

ordenar aufräumen

organizar organisieren

el **origen** (*pl.* **orígenes**) die Herkunft, der Ursprung **8A**

original *adj.* originell

el / la **otro/-a + *sust.*** der / die / das andere + *Nomen* **1A**

los / las **otros/-as** die Anderen **7A**

P

el **padre** der Vater

los **padres** die Eltern

la **paga** *fam. hier* das Taschengeld **4A**, *auch* der Lohn

pagar bezahlen, zahlen **4A**

la **página** die Seite **6Ac**

la **página web** die Webseite

el **país** das Land **5Ac**

el **País Vasco** das Baskenland **8A**

los **Países Andinos** die Andenländer **10Ac**

el **pájaro** der Vogel **5Ac**

la **palabra** das Wort

el **pan** das Brot

la **panadería** die Bäckerei

Panamá Panama *mittelamerikanisches Land* **5Ac**

¡Panda de golfos/-as! *fam. etwa* Ihr Idioten! **9A**

la **pantalla** der Bildschirm, die Leinwand **6Ac**

los **pantalones** die Hose

el **papá** der Papa

el **paquete (de)** das Paket

un **par** ein paar, einige **8A**

para für

para + *inf.* um zu + *Inf.*

para colmo noch dazu **1A**

¿para qué? wozu? **10A**

parar stoppen, halten **2A**

parecer (c/zc) wirken, scheinen **10Ac**; **Me parece bien / mal.** *hier* Ich finde etw. gut / schlecht. **10A**; **Me parece/n + *adj.*** Ich finde + *Nomen + Adj.* **2A**

la **pared** die Wand

el **parque** der Park **1A**

el **parque de atracciones** der Vergnügungspark **1A**

el **parque nacional** der Nationalpark **7Ac**

la **parte** der Teil **10Ac**

participar (en a/c) (an etw.) teilnehmen **1Ac**

el **partido** das Spiel *Sport*

el **partido de fútbol** das Fußballspiel

pasado/-a vergangen **6A**

pasar passieren, geschehen **3Ac**

pasar verbringen *Zeit*

pasar a/c a alg. an jdm. etw. (weiter)geben 4Ac

pasar (por) vorbeigehen

pasar (por a/c) durch etw. durchgehen, an etw. vorbeigehen 3Ac

pasar la noche übernachten 3A

No pasa nada. *fam.* Das macht nichts. / Alles ist in Ordnung. 3A

pasear spazieren gehen

el pasillo der Flur 2A

el pastel der Kuchen, *auch* die Torte

el pastel de cumpleaños der Geburtstagskuchen

la patata die Kartoffel

las patatas fritas die Pommes frites

la pausa die Pause 3Ac

el *pedacito fam.* das Stückchen 5A

pedir (e/i) a/c a alg. jdn. um etw. bitten, *auch* etw. wünschen, etw. bestellen 5A

pegar schlagen 9A

la película der Film

peligroso/-a gefährlich

el pelo das Haar

la pelota der Ball

la pena das Leid 6Ac

pensar (en) (i/ie) denken (an)

pensarse a/c (e/ie) *fam.* sich etw. denken

el/la peor der/die/das Schlimm-ste/Schlechteste 4A

peor (que) schlechter (als) 4A

pequeño/-a klein

la pera die Birne

perder(se) (e/ie) sich verlaufen, sich verfahren 10A

perdido/-a (estar) *etwa* sich verlaufen / verfahren 2A

perdonar entschuldigen

perfecto/-a perfekt

perfecto/-a (estar) in perfektem Zustand sein 4A

el periquito der Wellensittich

pero aber

perplejo/-a perplex, ratlos

el perro der Hund

el Perú Peru 10Ac

pesado/-a lästig 1A

el pescado das Fischgericht *Essen* 1Ac

el pez (*pl.* peces) der/die Fisch/ Fische

el pie der Fuß 2Ac

la pierna das Bein 3Ac

la *piña* die Ananas

la *piñata eine mit Süßigkeiten gefüllte Pappfigur*

el pingüino der Pinguin 10A

el/la pintor/a der/die Maler/in 8Ac

la piscina das Schwimmbad

el piso die Wohnung

la pista der Tipp 5Ac

la pizarra die Tafel

el plan der Plan 6Ac

el planeta der Planet 6Ac

el plátano die Banane

el plato das Gericht; der Teller 1A

los platos das Geschirr 1A

la playa der Strand

la plaza der Platz

la pluma der Füller

pobre *adj.* arm 7Ac

poco a poco nach und nach

un poco *adv.* ein bisschen

un poco de *adv.* ein bisschen

poco/-a wenig/e

poder (o/ue) können

el polideportivo das Sport-zentrum

el pollito das Küken

poner stellen, legen 9A

poner la mesa den Tisch decken 1A

ponerse sich etw. anziehen 2A

ponerse (al teléfono) ans Telefon gehen 6A

ponerse agresivo/-a aggressiv werden 9A

ponerse las pilas *fam.* sich anstrengen, ranklotzen 9Ac

ponerse rojo/-a (como un tomate) *fam.* rot (wie eine Tomate) werden 2A

por durch

por (cada) jugador/a für (jeden/-e) Spieler/-in 5Ac

por wegen 8A

por ahí dort

por aquí hier in der Nähe

por cierto übrigens 6A

por ejemplo zum Beispiel

por eso deswegen

por favor = por fa *fam.* bitte

por fin *adv.* endlich

por poco beinahe, fast 2Ac

¿por qué? Warum?

por supuesto natürlich

por último zuletzt 4A

porque weil

el/la portero/-a der Hausmeister 2Ac

prácticamente *adv.* praktisch 10A

practicar deporte/s Sport machen/treiben 1Ac

precioso/-a entzückend, kostbar 10A

preferir (e/ie) lieber wollen, vorziehen

la pregunta die Frage 6Ac

preguntar fragen

el premio der Preis, die Auszeichnung 7A

preparar vorbereiten, zubereiten

la presentación (*pl.* presenta-ciones) das Referat 9Ac

presentar jdn./etw. vorstellen 2A

prestar a/c a alg. jdm. etw. (aus)borgen/ausleihen 9Ac

el primer día der erste Tag 2Ac

el/la primer/a + *sust.* der/die/das erste + *Nomen* 2Ac

primero zuerst

los primeros auxilios die erste Hilfe 3A

el/la primo/-a der/die Cousin/e

el privilegio das Privileg 4A

probablemente *adv.* wahrscheinlich 10A

el problema das Problem

el producto das Produkt 5Ac

la profesión (*pl.* profesiones) der Beruf 7Ac

profesional *adj.* hauptberuf-lich 7Ac

el/la profesor/a = el/la profe *fam.* der/die Lehrer/in

el programa das Programm 5A; das Programm *Computer* 6Ac

el / la **programador/a informático/-a** der / die (Computer)programmierer/in **7Ac**

prohibido/-a (estar) verboten (sein) **6Ac**

prohibir a/c a alg. jdm. etw. verbieten **6Ac**

pronto bald, gleich **4Ac**

el / la **propio/-a** der / die / das Eigene **7Ac**

la **provincia** die Provinz **8Ac**

próximo/-a nächste/r

el **pueblo** das Dorf, *auch* das Volk **3Ac**

la **puerta** die Tür

el **puerto** der Hafen **10A**

pues also

pues no natürlich nicht

pues sí doch, natürlich, ja

el **pulóver** *arg.* der Pullover **10A**

el **punto** der Punkt **1A**

Q

que der, die, das. *Relativpron.*

¡Qué + *adj.*! Wie + *Adj.!*

¡Que aproveche! Guten Appetit!

¡Qué calor / frío hace! *etwa* Ist das heiß / kalt! **3Ac**

¿qué? was (für)?

¿Qué es [...]? Was ist [...]?

¿Qué es esto? Was ist das?

¡Qué fuerte! *etwa* Krass! **7A**

¿Qué hay allí? Was gibt es dort?

¿Qué hay? Was gibt's?

¿Qué hora es? Wie spät ist es?

¿Qué le pasa? Was ist mit ihr / ihm los? **3Ac**

¿Qué más hay? Was gibt es noch?

¡Qué palo! *fam.* Wie lästig / doof!

¿Qué pasa? Was ist los?, Was gibt's?

¡Qué pena! Wie schade!

¿Qué tal + *sust.*? Wie ist + *Nomen*?

¿Qué tal? Wie geht's?

¿Qué te parece/n + *sust.*? *etwa* Wie findest du + Nomen? **2A**

¿Qué te pasa? Was ist mit dir los? 1A

¿Qué tomas? Was möchtest du essen / trinken?

¡No, qué va! Ach was!

el **quechua** Quechua, *auch* Ketschua *Sprache* **10Ac**

quedar sich verabreden

quedarse bleiben **4Ac**

quedarse con la boca abierta *fam.* mit offenem Mund dastehen **10A**

quejarse (de) sich (über jdn./ etw.) beklagen **2A**

querer (e/ie) wollen, mögen

el **queso** der Käse

el **quetzal** der Quetzal *Vogel* **5Ac**

quiché Quiché-Sprache **10Ac**

¿quién? (*pl.* **quiénes**) wer?

el / la **químico/-a** der / die Chemiker/in **7Ac**

quinientos/-as fünfhundert **8Ac**

el / la **quinto/-a + *sust.*** der / die / das fünfte + *Nomen* **2A**

quitar a/c a alg. jdm. etw. wegnehmen, etw. abmachen **9A**

R

la **radio** das Radio **8A**

el **rato** die Weile **1A**

el **ratón** (*pl.* **ratones**) die Maus; die Maus *Computer* **6Ac**

recaudar dinero Geld sammeln **7A**

recibir etw. bekommen **2A**

el **recreo** die Pause *Schule*

las **recuperaciones** die Nachprüfungen **9Ac**

el **regalo** das Geschenk

el **regalo de cumpleaños** das Geburtstagsgeschenk

la **región** (*pl.* **regiones**) die Region **5Ac**

la *regla* die Regel **5Ac**

regular *adv.* mittelmäßig

reír (de a/c, alg.) lachen (über etw., jdn.) **9A**

Religión *f.* Religion *Schulfach*

el **reloj** die Uhr

repetir (e/i) wiederholen **9Ac**

el **reportaje** die Reportage **7A**

el (reproductor) **MP3** der MP3-Player **8Ac**

la **respuesta** die Antwort **5Ac**

el **restaurante** das Restaurant

Resulta que [...]. Es hat sich herausgestellt, dass [...]. **6A**

el **resumen** (*pl.* **resúmenes**) die Zusammenfassung **9Ac**

la **reunión** (*pl.* **reuniones**) die Besprechung, das Treffen **5A**

la **revista** die Zeitschrift

rico/-a lecker; **¡Qué rico!** Wie lecker!

el **rincón** die Ecke

el **rincón favorito** die Lieblingsecke

el **río** der Fluss

rizado/-a lockig **9A**

rojo/-a rot

la **ropa** die Kleidung

rubio/a blond **9A**

el **ruido** der Lärm **1Ac**

S

el **sábado** der Samstag

saber wissen, *auch* können

no sé ich weiß nicht

sacar bekommen *Schulnoten* **9Ac**

la **sala** der Saal **5A**

la **salida** die Ausfahrt, der Ausgang **8Ac**

a la **salida del cole** *etwa* nach der Schule **9Ac**

salir (hin)ausgehen

salir a pasear spazieren gehen

salir en grupo *etwa* in der Gruppe ausgehen **6A**

salir por la tele im Fernsehen auftreten **7A**

el **salón** das Wohnzimmer

saludar begrüßen

el **saludo** der Gruß **6A**; **Saludos.** *etwa* Schöne Grüße. **6A**

el **sándwich** das Sandwich

el **sándwich de jamón** das Schinkensandwich

el **sándwich de queso** das Käsesandwich

sano/-a gesund

Se dice [...]. Man sagt [...].

Se escribe [...]. Man schreibt es [...].

Se llama [...]. Er / Sie / Es heißt.

la **sed** der Durst

seguir (e/i) jdm. / etw. folgen 2Ac; *hier* dran sein 5Ac; (con) fortfahren, weiterlaufen, weitermachen (mit) 3Ac

el / la **segundo/-a** + *sust.* der / die / das zweite + *Nomen* 2Ac

seguro que sicherlich

seis *adj.* sechs

el **semáforo** die Ampel 2Ac

la **semana** die Woche

el **señor** der Herr 2Ac

la **señora** die Dame, die Frau 2Ac

sentarse (e/ie) sich (hin) setzen 2A

sentir (e/ie) fühlen, empfinden 6Ac

¡Lo **siento**! Es / Das tut mir leid!

ser sein

ser de sein / kommen aus

ser de origen (europeo) (europäischer) Herkunft sein 10Ac

ser el fuerte de alg. die Stärke von jdm. sein

ser exagerado/-a übertrieben 9Ac

ser muy amigos *hier* gut zusammen passen

ser un palo lästig sein 6A

los **servicios** die Toilette *an öffentlichen Orten* 6A

la **servilleta** die Serviette 8Ac

si ob 3Ac; wenn 10Ac

sí *adv.* ja; doch, schon

siempre *adv.* immer

¡**Siempre lo mismo**! *fam.* Immer dasselbe! 4A

significar bedeuten 5A

siguiente *adj.* folgend, nachstehend, nächstliegend 6Ac

el **silencio** die Stille 6Ac; ¡**Silencio**! Ruhe, bitte! 6Ac

la **silla** der Stuhl

el **sillón** der Sessel

simpático/-a *adj.* sympathisch

sin ohne

sin embargo allerdings 8A

sino sondern 10A

sin parar *etwa* ohne Pause 2A

el **sitio** der Platz, der Ort 3A

sobre über

sobre todo vor allem

el **sobresaliente** Sehr gut *Schulnote* 9Ac

el/la **socorrista** der / die Ersthelfer/ in 3A

el **sol** die Sonne

sólo *adv.* nur

solo/-a allein; *etwa* von allein 9A

el **sombrero** der Hut

Son 8 euros con 75. Das macht 8 Euro und 75 Cent.

Son las (3) menos cuarto. Es ist Viertel vor (3). *Uhrzeit*

Son las (3) y cuarto. Es ist Viertel nach (3). *Uhrzeit*

Son las (3) y media. Es ist halb (4). *Uhrzeit*

Son las [...] menos [...]. Es ist [...] vor [...]. *Uhrzeit*

sonar (o/ue) klingeln, erklingen 3A

el **sonido** der Ton 6Ac

sonreír lächeln 3A

la **sorpresa** die Überraschung 2A

su sein/e, ihr/e (m./f./n. / Sg.)

subir (a) steigen, einsteigen, aufsteigen, hochsteigen 6Ac

el **subte** *fam.* = el subterráneo *arg.* die U-Bahn 10A

el **suelo** der Boden

la **suerte** das Glück 3A

suficiente *adj.* ausreichend 7A

super + *adj.* super + *Adj.* 6Ac

el **sur** der Süden 5Ac

al sur / norte / oeste / este (de) südlich, nördlich, westlich, östlich (von) 5Ac

el **suspenso** ungenügend *Schulnote* 9Ac

T

el **taller** die Werkstatt 8A

también *adv.* auch

tampoco *adv.* auch nicht

tan *adv.* so

tarde *adv.* spät, zu spät

la **tarde** der Nachmittag; **por la tarde** nachmittags

el **teatro** das Theater 7Ac

el **teclado** die Tastatur 6Ac

Tecnología *f.* Technologie *Schulfach*

la **tele** *fam.* der Fernseher

el **teléfono** das Telefon

el **tema** das Thema 7A

temprano *adv.* früh

tener (e/ie) haben

tener [...] años [...] Jahre alt sein

tener calor jdm. warm sein 3Ac

tener chispa pfiffig sein

tener cuidado (con) aufpassen; ¡Ten cuidado! Pass auf!

tener frío frieren; jdm. kalt sein 3A

tener ganas (de) Lust haben (auf)

tener hambre Hunger haben

tener miedo (de) Angst haben vor

tener prisa es eilig haben

tener que müssen

tener razón Recht haben

tener sed Durst haben

tener suerte. Glück haben 3A

tener una idea eine Idee haben

no tener ni idea überhaupt keine Ahnung haben

el / la **tercer/a** + *sust.* der / die / das dritte + *Nomen* 2A

terminar (de + *inf.*) etw. beenden, fertigmachen 6A

terrible *adj.* schrecklich, furchtbar 3Ac

el **texto** der Text

la **tía** die Tante

el **tiempo** die Zeit; das Wetter 3Ac

la **tienda** das Geschäft

la **tienda de campaña** das Zelt 3A

¿**Tienes hora?** Kannst du mir sagen, wie spät es ist?

el **tío** der Onkel; *fam. hier* der Typ *umg.* 2A

típico/-a typisch

tirar ziehen, *hier* würfeln 5Ac

la **tiza** die Kreide

tocar spielen *Instrument; hier* an der Reihe sein 5Ac, *auch* anfassen, berühren

tocar la guitarra Gitarre
spielen

torcido/-a (estar) krumm /
schief sein 10A

toda la + *sust.* die ganze +
Nomen 1A

todas las + *sust.* jede +
Nomen, alle + *Nomen*

todavía *adv.* noch (immer)

todavía no noch nicht 3A

todo *adv.* alles

todo el + *sust.* der ganze +
Nomen 1A

todo recto (immer) geradeaus
2Ac

en / por todos lados überall
10Ac

todos los días jeden Tag 1A

todos/-as alle 1Ac

todos los + *sust.* jeder +
Nomen, alle + *Nomen* 1A

tomar nehmen, essen / trinken

tomar el pelo a alg. *fam.*
jemanden auf den Arm
nehmen 1A

tomar fotos Fotos machen
7Ac

tomar un helado ein Eis essen

el tomate die Tomate

la tontería die Dummheit, der
Blödsinn, der Quatsch 1A

tonto/-a dumm

torcer a/c (o/ue) etw.
umknicken 3A

la tormenta das Gewitter, der
Sturm 3Ac

el torneo das Turnier 1Ac

la torre der Turm 3Ac

la torrija *etwa* armer Ritter
*Weißbrotscheiben in Ei und
Milch getunkt und gebraten*

la tortilla *Fladenbrot aus
Mais- oder Weizenmehl* 10Ac

la tortilla (de patata) das
Kartoffelomelett

la tortuga die Schildkröte

la *tostada* der Toast

trabajar arbeiten

trabajar como arbeiten als +
Beruf 7Ac

el trabajo die Arbeit 8A

traer a/c a alg. jdm. etw.
holen, mitbringen 5A

el traje típico die Tracht 5A

la trampa der Schwindel, die
Mogelei 5Ac

tranquilamente *adv.* ruhig
10A

tranquilo/-a ruhig;
¡Tranquilo/-a! *hier* Bleib ruhig!
1A

el trato das Abkommen

travieso/-a keck, forsch,
unartig

tremendo/-a schrecklich 1Ac

tres *adj.* drei

tu dein/e (m./f./n./Sg.)

tú du

el / la turista der / die Tourist/in 8A

la Tutoría die Nachhilfe
Schulfach

U

un montón de eine Menge

un / una ein / eine (m./f./Sg.)

la universidad die Universität
7Ac

uno/-a eine/r

unos/-as ein paar; *hier*
ungefähr 8Ac; einige 2Ac

usted Sie *höfliche Anrede* 2Ac

útil *adj.* nützlich 7Ac

la uva die Weintraube

V

las vacaciones die Ferien, der
Urlaub 1A

la vacuna die Impfung 7Ac

vale ok, gut

el valle das Tal 4Ac

los vaqueros die Jeans

el vasco das Baskische *Sprache*
8A

vasco/-a baskisch 8Ac

el vaso das Glas

¡Vaya + *sust.*! *fam.* Was für
ein/e + *Nomen*! 3A

¡Ve! Geh! 2Ac

el / la vecino/-a der / die Nachbar/in
1A

el vendaje der Verband 3A

vender verkaufen 5A

venir (e/ie) kommen 1A

la ventana das Fenster

ver sehen; a ver mal sehen

ver la tele fernsehen

el verano der Sommer 1Ac

la verdad die Wahrheit

verde *adj.* grün

la verdura das Gemüse

la vergüenza die Scham 4A

el vestido das Kleid

la vez (*pl.* veces) das Mal 2A; a la
vez auf einmal, gleichzeitig;
otra vez *adv.* noch einmal,
schon wieder; a veces *adv.*
manchmal

el viaje die Reise 8Ac

la vida das Leben 1A

viejo/-a alt 4A

el viento der Wind 10A

el viernes der Freitag

visitar besuchen

la vitamina das Vitamin

vivir leben, wohnen

el volcán der Vulkan 5Ac

el voleibol der Volleyball
Sportart

volver (a) (o/ue) zurück
kommen (nach)

volver a casa (o/ue) nach
Hause kommen

vos *arg.* du 10A

vosotros/-as ihr (m./f./Pl.)

el vuelo der Flug 10A

vuestro/-a euer/-re (m./f./n./
Sg.)

Y

y und

¿Y qué más da? *etwa* Und was
soll's? 4A

ya *adv.* schon

yo ich

Z

las zapatillas (de deporte) die
Turnschuhe

el zapato der Schuh

el zoológico der Zoo 10A

el zumo der Saft

el zumo de naranja der
Orangensaft

DEUTSCH-SPANISCHES WÖRTERBUCH

Hier findest du alle Wörter, die du in ¡Apúntate! 2 lernst.

Bei blaugedruckten Verben handelt es sich um Verben, die unregelmäßig sind oder bei denen auf orthografische Besonderheiten zu achten ist.

Grundschrift = obligatorischer Wortschatz   *kursiv* = fakultativer Wortschatz

A

abbiegen *hier* coger 2Ac
Abend (spät) la noche; spät abends por la noche
zu Abend essen cenar
spät abends por la noche
Uhrzeit + abends *hora* + de la noche
Abenteuer la aventura 2A
aber pero
abhauen largarse *fam.* 9A
abholen (jdn./etw.) *hier* ir a buscar 3Ac
Abkommen el trato
ein Abkommen schließen hacer un trato
abmachen (etw.) quitar a/c a alg. 9A
abschreiben copiar 9Ac
absteigen bajar (de) 6Ac
abwaschen *Geschirr* fregar (e/ie) 1A
achthundert ochocientos/-as 8Ac
afrikanisch africano/-a 10Ac
aggressiv agresivo/-a 9A
aktiv activo/-a
aktivieren activar(se) 6Ac
Aktivität la actividad
Alarm la alarma 6A
alle todos/-as 1Ac
Allee la avenida
allein solo/-a
allerdings sin embargo 8A
alles todo *adv.*
Alphabet el alfabeto
als cuando 3A
also pues; entonces
alt viejo/-a 4A
älter (als) mayor (que) 4A
Ameisenhaufen el hormiguero 10Ac
Ampel el semáforo 2Ac
Amtssprache la lengua oficial 5Ac
an en; a
an Stelle von + *Nomen* en vez de + *sust.* 10A

Ananas *la piña*
Anden *Gebirgskette in Südamerika* los Andes 10Ac
Andenländer los Países Andinos 10Ac
andere + *Nomen* (der/die/das) el/la otro/-a + *sust.* 1A
Anderen los/las otros/-as 7A; los demás 9A
ändern (etw.) cambiar (de) 4A
anders diferente *adj.*
anfangen empezar (e/ie)
anfangen (etw. zu tun) empezar (a + *inf.*) (e/ie) 2A
anfassen tocar 5Ac
angrenzen limitar con 5Ac
Angst el miedo
Angst haben vor tener miedo (de)
angucken (sich etw.) mirarse 6A
ankommen llegar (a)
anlegen mit (sich) meterse con *fam.* 9A
anmachen encender (e/ie) 6Ac
anmelden (sich) apuntarse 4Ac
Anruf la llamada 4A
anrufen llamar; llamar por telefono 1A
anschalten (sich) activar(se) 6Ac
anschalten encender (e/ie) 6Ac
anstatt + *Nomen* en lugar de + *sust.* 10A
anstrengen (sich) ponerse las pilas *fam.* 9Ac
Antwort la respuesta 5Ac
antworten contestar
anziehen (sich etw.) ponerse 2A
Apfel la manzana
Arbeit el trabajo 8A
arbeiten trabajar
arbeiten als + *Beruf* trabajar como 7Ac
Argentinien Argentina 10Ac
Argentinier/in el/la argentino/-a 10Ac
argentinisch argentino/-a 10A

Ärger la bronca 3A
Argument el argumento
arm pobre *adj.* 7Ac
Arzt el médico
Ärztin la médica
Atlantik el Océano Atlántico 5Ac
auch también *adv.*
auch nicht tampoco *adv.*
auf en
auf einmal a la vez
Auf Wiedersehen! ¡Adiós!
aufbauen (etw.) montar 3A
aufbewahren guardar (en) 6Ac
aufhängen colgar (o/ue) 5A
aufmachen abrir 6Ac
aufmerksam atento/-a
aufpassen tener cuidado (con); Pass auf! ¡Ten cuidado!
aufpassen (auf) cuidar
aufräumen ordenar
aufschreiben apuntar
aufstehen levantarse 2A
aufsteigen subir (a) 6Ac
aufwachsen (in) criarse (en) 8A
Auge el ojo
aus de
ausborgen (jdm. etw.) prestar a/c a alg. 9Ac
ausdrucken imprimir 6Ac
Ausfahrt la salida 8Ac
Ausflug la excursión (*pl.* excursiones) 1Ac
einen Ausflug machen hacer una excursión 1Ac
Ausgang la salida 8Ac
ausgeben *Geld* gastar 4A
ausgehen (in der Gruppe) salir en grupo
ausleihen prestar 9Ac
Ausrede *hier* las historias 5A
ausreichend suficiente *adj.* 7A
ausschalten apagar 4Ac
ausschimpfen (jdn.) echar una bronca a alg. *fam.* 3A

außer + *Nomen* además de + *sust.* **5Ac**

außerdem además *adv.*

aussteigen bajar (de) **6Ac**

Ausstellung la exposición (*pl.* exposiciones) **5A**

Auszeichnung el premio **7A**

Auto el coche **2Ac**

Auto fahren (mit dem) ir en coche **2Ac**

Autoschlüssel la llave del coche **8Ac**

B

Bäckerei la panadería

Badezimmer el baño

bald pronto **4Ac**

Ball la pelota

Ballon el globo **6Ac**

Banane el plátano

Baskenland el País Vasco **8A**

Basketball el baloncesto **7Ac**

baskisch vasco/-a **8Ac**

Baskische *Sprache* el vasco **8A**

Bauer, Bäuerin el/la campesino/-a **10Ac**

Baum el árbol **3Ac**

bedeuten significar **5A**

beeilen (sich) darse prisa **4Ac**; Beeile dich! ¡Date prisa!

beeindruckend impresionante *adj.* **3A**

beenden (etw.) terminar (de + *inf.*) **6A**

beginnen empezar (e/ie)

begrüßen saludar

beibringen (jdm. etw.) enseñar (a + *inf.* a alg.) **7Ac**

beide los/las dos

Bein la pierna **3Ac**

beinahe por poco **2Ac**

beklagen (sich über jdn./etw.) quejarse (de) **2A**

bekommen (etw.) recibir **2A**

bekommen *Schulnoten* sacar **9Ac**

belegtes Brötchen el bocadillo

benachrichtigen (jdn.) avisar (a alg.) **3A**

Berg la montaña

Beruf la profesión (*pl.* profesiones) **7Ac**

berühmt famoso/-a **7A**

Beschäftigung la actividad

Besprechung la reunión (*pl.* reuniones) **5A**

besser (als) mejor (que) *adv.* **4A**

Bestanden *Schulnote* el aprobado **9Ac**

Beste (der/die/das) el/la mejor **4A**

Besteck el cubierto **8Ac**

bestellen (etw.) pedir (e/i) a/c a alg. **5A**

besuchen visitar

Betreff *E-Mail* el asunto **10A**

Betreuer/in *hier* el/la monitor/a **1A**

Bett la cama

ins Bett gehen irse a la cama **6A**

Bett machen (das) hacer la cama **1A**

bevor antes de + *inf.* **6Ac**

bewegen mover (o/ue) **6Ac**

Bewohner/in el/la habitante **10Ac**

bezahlen pagar **4A**

Bibliothek la biblioteca **1A**

Bienenstock la colmena **5A**

Bildschirm la pantalla **6Ac**

billig barato/-a

Biologe/-in el/la biólogo/-a **7Ac**

Birne la pera

bis hasta

Bis dann! ¡Hasta luego!

Bis morgen! ¡Hasta mañana!

bis Samstag hasta el sábado

bis um [...] *Uhrzeit* hasta la/las [...]

Bis wann/wie viel Uhr? ¿hasta qué hora?

bisschen un poco; un poco de

bitte por favor = por fa *fam.*

Bitte. *beim Bezahlen* Aquí tiene.

bitten (jdn. um etw.) pedir (e/i) a/c a alg. **5A**; Bitte el favor **5A**

blau azul *adj.*

bleiben quedarse **4Ac**

Bleib ruhig! ¡Tranquilo/-a! **1A**

blond rubio/a **9A**

Boden el suelo

Bohne el frijol

Bonbon el caramelo

Boot la barca **10A**

mit dem Boot fahren ir en barca **10A**

brauchen necesitar; *zeitlich* faltar **3Ac**

braun *Haar- und Augenfarbe* castaño/-a

breit ancho/-a **10A**

Breite el ancho **10A**

Brille las gafas

bringen llevar **5A**

Brot el pan

Bruder el hermano

Buch el libro

(Spanisch-)Buch el libro (de español)

Buntstift el lápiz de color

Burg el castillo

Bus el bus *fam.* = el autobús **2Ac**

Butter la mantequilla

C

Cafeteria la cafetería **2A**

CD el cedé

Chaos el caos **6A**

chatten chatear

Chef/in el/la jefe/-a **7Ac**

Chemiker/in el/la químico/-a **7Ac**

Comic el cómic

Comiczeichner/in el/la dibujante de cómics **7Ac**

Computer el ordenador

(Computer)programmierer/in el/la programador/a informático/-a **7Ac**

ist/sind cool mola/n *fam.* **1Ac**

Cousin/e el/la primo/-a

Croissant el cruasán

Cursor el cursor **6Ac**

D

da como **9A**

Dame la señora **2Ac**

danach después *adv.*; luego *adv.*

vielen Dank muchas gracias

Danke! ¡Gracias! ¡Hola!

dann entonces *adv.*; luego *adv.*

darüber arriba *adv.* **3Ac**

das eso

das (hier) esto

das ist esta es; este es (*pl.* estos)

Das ist (der) Hammer. Molan mucho *fam.*

Das ist mir egal! ¡Me da lo mismo! *fam.* **4A**

Das ist wahr. Es cierto. **7A**

Das mag ich gar nicht. *hier* No me gusta nada. **1Ac**

Datum la fecha **10A**

dauern durar **10A**

davor antes *adv.*

dein/e tu

denken sich etw. pensarse a/c (e/ie) *fam.* **9A**

denken (an) pensar (en) (i/ie)

der el (*pl.* los)

der/die/das *Relativpron.* que

derselbe/dieselbe/dasselbe mismo/-a **10A**

deswegen por eso

Deutsch *Sprache* el alemán

Deutschland Alemania *f.*

Dezember diciembre **10Ac**

die *f./pl.* la

Dienstag el martes *m./sg.*

diese + *Nomen* esta + *sust.*

diese + *Nomen* (da) esa + *sust.*

dieser + *Nomen* este + *sust.* (*pl.* estos)

dieser + *Nomen* (da) ese + *sust.* (*pl.* esos)

diskutieren discutir **4A**

doch pues sí

Dokument el documento **6Ac**

Donnerstag el jueves *m./sg.*

Dorf el pueblo **3Ac**

dort allí *adv.*; por ahí; ahí *adv.* **5A**; allá *lat.am. adv.* **7A**

Dose la lata (de)

dran sein *Spiel* seguir (e/i) **5Ac**

draußen fuera *adv.* **3A**

drei tres *adj.*

dritte + *Nomen* (der/die/das) el/la tercero/-a + *sust.* **2A**

drücken apretar (e/ie) **6Ac**

Drucker la impresora **6Ac**

du tú; vos *arg.* **10A**

dumm tonto/-a

Dummheit la tontería **1A**

dünn delgado/-a **9A**

durch por

Durcheinander el lío **10Ac**

durchgehen (durch etw.) pasar (por a/c) **3Ac**

Durst la sed

Durst haben tener sed

duschen (sich) ducharse **2A**

DVD el DVD

E

Ecke la esquina; el rincón

Ehefrau la mujer **8A**

ehrlich de verdad *adv.*

Ei el huevo

Eigene (der/die/das) el/la propio/-a **7Ac**

eigentlich es que

eilig haben tener prisa

ein/eine un/una

eine/r uno/-a

einige unos/unas **2Ac**; un par **8A**

einkaufen gehen ir de compras **10A**

Einkauf la compra

Einkaufsliste la lista de la compra

einladen (jdn.) (etwas zu tun) invitar a alg. (a + *inf.*) **8A**

Einladung la invitación

einpacken meter **7A**

einsteigen subir (a) **6Ac**

Eintrittskarte la entrada

einverstanden sein estar de acuerdo

Einwohner/in el/la habitante **10Ac**

Eis el helado

Eis essen tomar un helado

Eisdiele la heladería

elegant elegante *adj.*

elf once *adj.*

Ellbogen el codo **2A**

Eltern los padres *m./pl.*

E-Mail el e-mail

Ende el final

am Ende al final *adv.*

endlich por fin *adv.*

Englisch *Schulfach* Inglés *m./sg.*; *Sprache* el inglés **8Ac**

enorm enorme *adj.* **10A**

entdecken descubrir

Entfernung la distancia **8Ac**

entschließen (sich) animarse **5A**

entschuldigen perdonar

entstehen armarse *fam.* **6A**

Entweder […], oder […]. O […], o […]. **9Ac**

entzückend precioso/-a **10A**

er él (*pl.* ellos)

erhalten (etw.) recibir **2A**

erinnern (sich an jdn./etw.) acordarse (de a/c, alg.) (o/ue) **2A**

erklären (jdm. etw.) explicar a/c a alg. **2A**

Eröffnung la inauguración (*pl.* inauguraciones) **5A**

erschrecken (sich) asustarse **3A**

erste + *Nomen* (der/die/das) el/la primer/a + *sust.* **2Ac**

erste Hilfe los primeros auxilios **3A**

Erste-Hilfe-Team el grupo de socorristas **3A**

Ersthelfer/-in el/la socorrista **3A**

ertragen aguantar **1A**

erwarten (jdn.) esperar **2Ac**

erzählen contar (o/ue)

Erzählung el cuento **5A**

es gibt hay

Es ist […] nach […]. *Uhrzeit* Es la/Son las […] y […].

Es ist […] Uhr. *Uhrzeit* Es la/Son las […].

Es ist […] vor […]. *Uhrzeit* Son las […] menos […].

Es ist halb (4). *Uhrzeit* Son las (3) y media.

Es lohnt sich (nicht). (No) merece/n la pena. **6Ac**

Es ist nicht so schlimm No es para tanto. **1A**

Es ist Viertel nach (3). *Uhrzeit* Son las (3) y cuarto.

Es ist Viertel vor (3). *Uhrzeit* Son las (3) menos cuarto.

Es reicht! ¡Basta!

Es/Das tut mir leid! ¡Lo siento!

essen comer, tomar; **Komm(t) essen!** ¡A comer!

Essen la comida

Essenszeit la hora de comer

Ethik *Schulfach* Ética *f.*

etwas algo

euer/re vuestro/-a

Euro el euro

europäisch europeo/-a **10Ac**

F

Fahrrad la bicicleta = la bici *fam.*

mit dem Fahrrad fahren ir en bici **2Ac**

Familie la familia

fantastisch fantástico/-a **1A**

Farbe el color

fast casi *adv.*

fehlen faltar **3Ac**

Fenster la ventana

Ferien las vacaciones *f./pl.* **1A**

in den Ferien sein estar de vacaciones 1A

Ferienlager el campamento 1Ac

fernsehen ver la tele

Fernseher la tele *fam.*

im Fernsehen auftreten salir por la tele 7A

fertig sein estar listo/-a

Fertig! ¡Ya está!

fertigmachen (etw.) terminar (de + *inf.*) 6A

Fest la fiesta

Fett la grasa

Feuer el fuego

Feuerwerk los fuegos artificiales *m./pl.*

Film la película = la peli *fam.*

finden encontrar (o/ue)

Fisch el pez (*pl.* peces)

Fischgericht *Essen* el pescado 1Ac

Flasche la botella (de)

Fleisch la carne

gegrilltes Fleisch el asado 10A

Flug el vuelo 10A

Flur el pasillo 2A

Fluss el río

folgen (jdm./etw.) seguir (e/i) 2Ac

folgend siguiente *adj.* 6Ac

fortfahren seguir (e/i) (con) 3Ac

Foto la foto

Fotoapparat la cámara de fotos 8Ac

Fotograf/in el/la fotógrafo/-a 7Ac

Fotos machen tomar fotos 7Ac

Frage la pregunta 6Ac

fragen preguntar

Frankreich Francia *f.* 8Ac

Frau la señora 2Ac; la mujer 8A

Freitag el viernes *m./sg.*

freuen (sich über etw.) alegrarse (de a/c) 2A

Freund/in el/la amigo/-a

frieren tener frío

frisch fresco/-a

fröhlich alegre *adj.*

Frucht la fruta

früh temprano *adj.*

Frühstück el desayuno

frühstücken desayunar

fühlen sentir (e/ie) 6Ac

Füller la pluma

fünfhundert quinientos/-as 8Ac

fünfte + *Nomen* (der/die/das) el/la quinto/-a + *sust.* 2A

funktionieren funcionar 6Ac

für para

für jeden/-e Spieler/in *por cada jugador/a* 5Ac

furchtbar terrible *adj.* 3Ac

Fuß el pie 2Ac

zu Fuß gehen ir a pie 2Ac

Fußball *Sportart* el fútbol

Fußballspiel el partido de fútbol

G

Garten el jardín (*pl.* jardines) 3A

geben (jdm. etw.) dar a/c a alg. 4A

(weiter)geben (jdm. etw.) pasar a/c a alg. 4Ac

Gebirgskette la cordillera 10Ac

geboren werden nacer (c/zc) 8A

Geburtstag el cumpleaños

Geburtstagsgeschenk el regalo de cumpleaños

Geburtstagskuchen el pastel de cumpleaños

Geburtstagsparty la fiesta de cumpleaños

Gedächtnis la memoria 6Ac

gefallen gustar

Gefallen el favor 4Ac; einen Gefallen tun (jdm.) hacer un favor a alg.

gefallen (sehr) encantar 1Ac

gegen contra 7Ac

im Gegensatz zu al contrario que 10A

das Gegenteil el contrario 10A

gegenüber von enfrente de

gehen (zu, nach) ir (a) ; Geh raus! ¡Sal!; geh /geht! ¡ve/id!

ans Telefon gehen ponerse (al teléfono) 6A

gelb amarillo/-a

Geld el dinero

nicht für alles Geld der Welt ni por todo el dinero del mundo 5A

Geld sammeln recaudar dinero 7A

Gemüse la verdura

genial genial *adj.*

Geografie la geografía 8A

Geografie und Geschichte *Schulfach* Geografía e Historia

gerade so apenas 9Ac

geradeaus (immer) todo recto 2Ac

Gericht el plato

Geschäft la tienda

geschehen pasar 3Ac

Geschenk el regalo

Geschichte la historia

Geschichtsbuch el libro de historia

Geschirr los platos 1A

geschwätzig parlanchín/-ina

Geschwister los hermanos

Gesicht la cara 7A

gestern ayer *adv.* 6A

gestern Abend anoche *adv.* 9A

gesund sano/-a

Getränk la bebida 7A

gewinnen *Spiel* ganar 1Ac

Gewitter la tormenta 3Ac

Gitarre la guitarra

Gitarre spielen tocar la guitarra

Glas el vaso

Glas Wasser el vaso de agua

glauben creer; Ich glaube schon! ¡Creo que sí! 2Ac; Ich glaube, dass […]. creo que […].

gleiche (der/die/das) mismo/-a 10A

gleichzeitig a la vez

Glück la suerte

zum Glück menos mal que

Glück haben tener suerte. 3A

glücklich feliz (*pl.* felices) *adj.*

Herzlichen Glückwunsch zum Geburtstag! ¡Feliz cumpleaños!

Grafik *Computer* el gráfico 6Ac

Gramm el gramo

Grenze la frontera 8Ac

Grillparty el asado 10A

groß grande *adj.*; *Menschen* alto/-a 2A

Großeltern los abuelos *m./pl.*

Großmutter la abuela

Großvater el abuelo

grün verde *adj.*

Gruppe el grupo 3A

Gruß el saludo 6A

Schöne Grüße. *etwa* Saludos. 6A

gut bien *adv.*; bueno/-a *adj.*

Sehr gut. Muy bien.

gut passen zu ir bien con

Gut *Schulnote* el notable 9Ac

gut zusammen passen *hier* ser muy amigos

Gute Nacht. Buenas noches. 4Ac

Guten Abend. Buenas noches.
4Ac

Guten Appetit! ¡Que aproveche!

Guten Morgen! ¡Buenos días!

Guten Tag! ¡Buenos días!

H

Haar el pelo

haben tener (e/ie)

Ich werde viel Spaß haben. ¡Voy a pasármelo muy bien! 1Ac

Hafen el puerto 10A

Hälfte la mitad 10Ac

Hallo! ¡Hola!

halten parar 2A

Hamster el hámster

Hand la mano

Handball el balonmano 1Ac

Handy el móvil 3A

hängen colgar (o/ue) 5A

hauptberuflich profesional adj. 7Ac

Hauptstadt la capital 5Ac

Haus la casa; **zu Hause** en casa

Hausaufgaben los deberes m./pl.

Hausmeister el / la portero/-a 2Ac

Haustier la mascota

Heft el cuaderno

heiß. (Es ist sehr) Wetter Hace mucho calor.; **Ist das heiß!** Wetter, etwa ¡Qué calor hace! 3Ac

heißen llamarse 2A

Ich heiße […]. Me llamo […].

helfen (bei etw.) ayudar (en a/c) 1A

Hemd la camisa

hereinkommen entrar

Herkunft el origen (pl. orígenes) 8A

(europäischer) Herkunft sein ser de origen (europeo) 10A

Herr el senor 2Ac

herunterklettern bajar (de) 6Ac

herunterkommen bajar (de) 6Ac

heute hoy adv.

heute morgen esta mañana 3A

hier aquí adv.; acá lat.am. 10Ac

hier in der Nähe por aquí

Hilfe la ayuda 7A

Himmel el cielo 3Ac

hinausgehen salir

hinfallen caer 9A

hinten detrás (de) 3Ac

hinterher detrás (de) 3Ac

hinterlassen (jdm. etw.) dejar (a/c a alg.) 3A

hinunter abajo 3Ac

Hitze el calor 3Ac

hoch Berge/Gebäude alto/-a 2A

hochladen Internet colgar (o/ue) 5A

Höhe (in der) arriba 3Ac

holen (jdm. etw.) traer (a/c a alg.) 5A

hören oír 8A; escuchar

Horizont el horizonte 3Ac

Hose los pantalones m./pl.

Hotel el hotel

hübsch guapo/-a

Hund el perro

hundert cien adj.

Hunger el hambre f.

Hunger haben tener hambre

Hut el sombrero

Hütte la cabaña 1Ac

I

ich yo

Ich finde + Nomen + Adj. Me parece/n + adj. 2A

Ich finde etw. gut / schlecht. hier Me parece bien / mal. 10A

Ich finde ihn / sie nett / nicht nett. Me cae bien/mal. 1A

Ich würde gerne […]. Me gustaría […]. 1Ac

Idee la idea

eine Idee haben tener una idea

Idol el ídolo 7A

ihr (m./f./ Pl.) vosotros/-as

Ihr Idioten! etwa Panda de golfos/-as! fam. 9A

ihr/e su

in Ordnung está bien

Immer siempre adv.

Immer dasselbe! ¡Siempre lo mismo! fam. 4A

Impfung la vacuna 7Ac

in en

Information la información (pl. informaciones) 6Ac

Inka el / la inca 10Ac

intelligent inteligente adj.

interessant interesante adj.

Internet el internet

im Internet por internet

Internetcafé el cibercafé

Interview la entrevista 8A

interviewen hacer entrevista/s 8A

irgendein/e + Nomen algún/-una + sust., algunos/-as + sust. 9A

irgendeiner/-e alguno/-a 9A

irgendwelche + Nomen algún/-una + sust., algunos/-as + sust. 9A

J

ja sí adv.

Jacke la chaqueta

Jahr el año

[…] Jahre alt sein tener […] años

[…] (Jahre alt) werden cumplir […] (años)

Jeans los vaqueros m./pl

jeder/es/-e cada adj. 5Ac

jeden Tag todos los días 1A

jemand alguien 6A

jener/es/-e aquel/aquella 5A

jetzt ahora adv.

Jetzt reicht es aber! ¡Basta ya!

Juli julio 7A

Junge el chico

jünger (als) menor (que) 4A

K

Kaffee el café 5Ac

kalt sein (jdm.) tener frío 3Ac

Ist das kalt! Wetter ¡Qué frío hace! 3Ac

Es ist kalt. Wetter Hace frío. 3Ac

Kälte el frío 3Ac

Kanal el canal 5Ac

Kaninchen el conejo

kaputtlachen (sich) estallar de risa fam.

Karibik el Caribe 10Ac

(Land)karte el mapa 4Ac

Kartoffel la patata

Kartoffelomelett la tortilla (de patata)

Käse el queso

Käsebrötchen el bocadillo de queso

Käsesandwich el sándwich de queso

Katze el gato

kaufen comprar

kaum apenas 9Ac

keck travieso/-a

kein/e + Nomen ningún/-una + sust. 9A

Keine Ahnung! ¡Ni idea!

überhaupt keine Ahnung haben no tener ni idea

Ich habe keine Ahnung. Yo qué sé. *fam.* 4Ac

keiner/-e ninguno/ninguna 9A

Keks la galleta

kennen conocer (c/zc) 5A

kennenlernen conocer (c/zc) 5A

Kilo el kilo

halbes Kilo medio kilo (de)

viertel Kilo el cuarto de kilo (de)

Kilometer el kilómetro 8Ac

Kind el/la niño/-a

Kinder *(Söhne und Töchter)* los hijos *m./pl.*

Kino el cine

Kiosk el kiosco

Kirche la iglesia 3Ac

Klar! ¡Claro!

Ist das klar? ¿Está claro? 2Ac

Klassenzimmer el aula *f.* 2Ac; la clase

Kleid el vestido

Kleidung la ropa

klein pequeño/-a

Klima el clima *m.* 6Ac

klingeln sonar (o/ue) 3A

Koffer la maleta 8Ac

Kolumbien Colombia *f.* 5Ac

komisch werden *hier* ponerse así *fam.* 2A

kommen venir (e/ie) 1A

zu spät kommen llegar tarde

können poder (o/ue); saber

Konzert el concierto 7A

Kopf la cabeza 1A

Kopfsalat la lechuga

Kopfschmerzen el dolor de cabeza 3Ac

Kopie la copia 6Ac

kopieren copiar 9Ac

Korb *Sport* la canasta 7A

krank sein estar enfermo/-a 3Ac

Krankenhaus el hospital

Krass! *etwa* ¡Qué fuerte! 7A

Kreide la tiza

Krücke la muleta 3A

krumm / schief sein estar torcido/-a 10A

Küche la cocina

Kuchen el pastel

Kühlschrank la nevera 3A

Küken el pollito

Kuli el boli

Kunst el arte 8A; *Schulfach* Educación Plástica y Visual *f./sg.*

Kurs el curso

kurz corto/-a

kurzärmelig de manga corta

Kuss el beso 4Ac

L

Labor *el laboratorio* 6Ac

lächeln sonreír 3A

lachen (über jdn., etw.) reír (de alg., a/c) 9A

Ladegerät *Handy* el cargador del móvil 8Ac

Lampe la lámpara

Land el país 5Ac; el campo 10Ac

lang largo/-a

langärmelig de manga larga

langweilig aburrido/-a

Lärm el ruido 1Ac

lassen dejar

Lass mich in Ruhe! ¡Déjame en paz! *fam.* 5A

lästig pesado/-a 1A

Lästig!, Wie lästig! ¡Qué palo! *fam.*

lästig sein ser un palo 6A

Lateinamerika América Latina 7Ac

laut *Geräusche* alto/-a 2A

Leben la vida 1A

leben vivir

Lebensgefährte/-in *hier* el/la compañero/-a

lebhaft inquieto/-a

lecker rico/-a

Lecker!, Wie lecker! ¡Qué rico!

legen poner 9A

Legende la leyenda 10Ac

Lehrer/in el/la profesor/a = el/la profe *fam.*

leicht fácil *adj.*; fácilmente *adv.* 10A

Leid la pena 6Ac

Lemur el lémur 10A

lernen estudiar; aprender

Lernstoff la materia 9Ac

lesen leer

Lesung la lectura 5A

letztens el otro día 7A

Licht la luz (*pl.* luces) 4Ac

liebevoll cariñoso/-a

Lieblings- favorito/-a

Lieblingsecke el rincón favorito

links a la izquierda (de) 2Ac

Liste la lista

Liter el litro (de)

lockig rizado/-a 9A

Lohn la paga *fam.* 4A

loslachen echarse a reír 9A

Luftballon el globo

Lüge la mentira 5Ac

Du lügst! Mentira. 5Ac

Lust haben (auf) tener ganas (de)

lustig divertido/-a

M

Mach dir keine Sorgen. No te preocupes. 2Ac

machen hacer

Macht nichts! ¡No importa!

Mädchen la chica

Mal la vez (*pl.* veces) 2A

Malaria *la malaria* Ac

Maler/in el/la pintor/a 8Ac

Mama la mamá

man muss + *Inf.* hay que + *inf.* 2Ac

manchmal a veces *adv.*

Mann el hombre 9A

Mantel el abrigo 4Ac

Mäppchen el estuche

Mappe la carpeta

Markt el mercado

Marmelade la mermelada

Mathematik *Schulfach* Matemáticas = Mates *fam.* *f./pl.*

Maus el ratón; *Computer* el ratón (*pl.* ratones) 6Ac

Maya- maya *adj.* 10Ac

Medaille *la medalla* 7A

Medizin la medicina 7Ac

Meer el mar 10A

Meerschweinchen el conejo de Indias

mehr más *adv.*; **mehr oder weniger** más o menos 8Ac

mehr als + *Zahl* más de + *número* 8Ac

mehr als genügend de sobra 4Ac

mein/e mi

Melone el melón

Memory-Stick la memoria USB 6Ac

Menge (eine) un montón de

Mensch! ¡Uf! 2Ac; ¡jo! 9Ac; ¡Hombre! 9A

Merengue *Tanz und Musikrichtung aus der Karibik* el merengue 10Ac

Meter el metro 10A
Mexiko México *m.* 5Ac
Mexiko-Stadt *Haupstadt von Mexiko* la Ciudad de México 10Ac
Milch la leche
Million el millón (*pl.* millones) 10A
Minute el minuto
mit con
mitbekommen (etw.) enterarse (de a/c) 9Ac
Mitbewohner/in *hier* el / la compañero/-a 1Ac
mitbringen traer a/c a alg. 5A
mitmachen apuntarse 4Ac
mitnehmen (jdn.) *Auto* llevar 5A
Mitschüler/in el / la compañero/-a
Mittagszeit la hora de comer
Mitte el centro 8Ac
Mittelamerika Centroamérica *f.* 5Ac
mittelamerikanisch centroamericano/-a 5A
mittelmäßig regular *adv.*
Mittwoch el miércoles *m/sg.*
Modell el modelo 4A
modern moderno/-a 4A
modern sein estar de moda
Moment el momento
Monat el mes 4A
Montag el lunes
morgen mañana *adv.*
Morgen la mañana; **morgens** por la mañana
(7 Uhr) + **morgens** (las 7) + de la mañana
Mp3 *Audioformat* el mp3 4A
MP3-Player el (reproductor) MP3 8Ac
müde sein (von) estar cansado/-a (de)
Mund la boca 10A
mit offenem dastehen Mund quedarse con la boca abierta *fam.* 10A
Mund halten callarse 4Ac
Museum el museo
Museumsführer/in *hier* el / la guía 6A
Musik la música
Müsli los cereales *m./pl.*
müssen tener que
Mutter la madre
Mütze la gorra

N

nach a; *Richtung* hacia 8Ac
nach + *Nomen* después de + *sust.*
nach der Schule *etwa* a la salida del cole 9Ac
nach Hause kommen llegar a casa; volver a casa (o/ue)
Nachbar/in el / la vecino/-a 1A
nachdem después de + *inf.* 6Ac
nachher luego *adv.*
Nachhilfe *Schulfach* die la Tutoría
Nachmittag la tarde
nachmittags por la tarde
Uhrzeit + **nachmittags** *hora* + de la tarde
Nachprüfungen las recuperaciones 9Ac
Nachricht el mensaje 3A
nächste/r próximo/-a
Nacht la noche
nachts por la noche
Uhrzeit + **nachts** *hora* + de la noche
nah cerca
in der Nähe cerca *adv.*
in der Nähe von cerca de *adv.*
Name el nombre
nämlich es que
Nase la nariz (*pl.* narices) 1A
Nase voll haben estar hasta las narices *fam.* 1A
Nationalfeiertag la fiesta nacional 5A
Nationalpark el parque nacional 7Ac
Naturkundebuch *Schule* el libro de Ciencias
natürlich por supuesto
Naturwissenschaften *Schulfach* Ciencias de la Naturaleza *f./pl.*
neben *örtlich* al lado de; junto a 5A
neben + *Nomen* junto a + *sust.* 5A
nehmen etw. tomar a/c
nehmen (etw.) *hier* coger (a/c) 2Ac
jemanden auf den Arm nehmen tomar el pelo a alguien *fam.* 1A
nein no *adv.*
nerven (jdn.) *umg.* dar la lata (a alg.) *fam.* 4A
nervös nervioso/-a
nett majo/-a *fam.* 2A
neu nuevo/-a
neulich el otro día 7A
nicht no *adv.* 1A
nichts no [...] nada 3A; nada 4A

nie no [...] nunca 3A, nunca 8A
niedlich mono/-a *fam.*
niemand no [...] nadie 3A, nadie 8A
nirgendwo ningún lado 9A
noch (immer) todavía *adv.*
noch dazu para colmo 1A
noch einmal otra vez
noch nicht todavía no 3A
Nordamerika América del Norte 10Ac
Norden el norte 5Ac
nördlich (von) al norte (de) 5Ac
normal normal *adj.* 10A
normalerweise normalmente *adv.* 10A
Note la nota
notieren apuntar
Notizen los apuntes 9Ac
nur sólo *adv.*
nützlich útil *adj.* 7Ac

O

ob si 3Ac
Obelisk el obelisco 10A
oben arriba *adv.* 3Ac
Obstsalat la macedonia
obwohl aunque 8A
oder o
öffnen abrir 6Ac
ohne sin
ohne Pause *etwa* sin parar 2A
ok bueno; vale
Onkel el tío
Orange la naranja
Orangensaft el zumo de naranja
organisieren organizar
originell original *adj.*
Ort el sitio 3A; el lado 9A
Osten el este 5Ac
östlich (von) al este (de) 5Ac
Ozean el océano 5Ac

P

paar (ein) unos/-as; un par 8A
Paar la pareja 5Ac
Paket el paquete (de)
Papa el papá
Papagei el loro
Park el parque 1A
Partner/in la pareja 5Ac
passieren pasar 3Ac
pauken *umg.* empollar *fam.* 9Ac

Pause la pausa **3Ac**; *Schule* el recreo

peinlich sein (jdm. etw.) dar

    vergüenza (a/c a alg.) **9A**; dar (un)

    corte *fam.* **9Ac**

Peinlich! Wie Peinlich! ¡Qué

    vergüenza! **4A**

perfekt perfecto/-a

perfekt sein *Zustand* estar

    perfecto/-a **4A**

perplex perplejo/-a

Peru el Perú **10Ac**

Pferd el caballo

pfiffig sein tener chispa

Pfirsich el melocotón

Pinguin el pingüino **10A**

Plan el plan **6Ac**

Planet el planeta **6Ac**

Platz la plaza

plaudern charlar

plötzlich de repente *adv.*

Pommes frites las patatas fritas

Portmonee el monedero **9A**

Poster el cartel

praktisch prácticamente adv. **10A**

Preis el premio **7A**

Privileg el privilegio **4A**

Problem el problema *m.*

Produkt sel producto **5Ac**

Programm el programa **5A**;

    Computer el programa **6Ac**

Provinz la provincia **8Ac**

Prüfung el examen

Pullover el jersey

Pullover el pulóver *arg.* **10A**

Punkt el punto **1A**

Q

Quatsch la tontería **1A**

Quechua *Sprache* el quechua **10Ac**

Quetzal *Vogel* el quetzal **5Ac**

Quiché-Sprache quiché **10Ac**

R

Radiergummi la goma

Radio la radio **8A**

Raff dich auf! *umg. etwa* ¡Anímate!

    5A

Rauchmelder *el detector de humo*

    6A

Rechnung la cuenta **4A**

Recht haben expr. tener razón

rechte + *Nomen* (der / die / das)

    el / la *sust.* + derecho/-a **3A**

rechts a la derecha (de) **2Ac**

reden hablar

reden wie ein Wasserfall *etwa*

    hablar hasta por los codos *fam.*

    2A

Referat la presentación

    (*pl.* presentaciones) **9Ac**

Regal la estantería

Regel *la regla* **5Ac**

Region la región (*pl.* regiones)

    5Ac

regnen llover (o/ue) **3Ac**

Reihe la cola **2A**

Reis *el arroz*

Reise el viaje **8Ac**

Reiseführer la guía turística **8Ac**

reiten montar a caballo **1Ac**

Religion *Schulfach* Religión *f.*

Reportage el reportaje **7A**

Restaurant el restaurante

richtig *correcto/-a* **5Ac**

riesig inmenso/-a **10A**

Rock la falda

rot rojo/-a

rot (wie eine Tomate) werden

    ponerse rojo/-a (como un

    tomate) *fam.* **2A**

Rückkehr la vuelta **2Ac**

Rucksack la mochila

Ruf la fama **9A**

rufen gritar **6A**

Ruhe la calma **6A**; Ruhe, bitte!

    Silencio. **6Ac**

in Ruhe con calma **6A**

ruhig tranquilo/-a *adj.*;

    tranquilamente *adv.* **10A**

S

Saal la sala **5A**

Sache la cosa

Saft sel zumo

sagen decir (e/i)

Samstag, *auch* am Samstag el

    sábado

Sandwich el sándwich

Sänger/in el / la cantante **7A**

satt haben (etw.) estar harto/-a

    (de a/c)

sauber machen limpiar

sauber sein estar limpio/-a **1A**

Schade!, Wie schade! ¡Qué pena!

Scham la vergüenza **4A**

schauen mirar

Schauspieler el actor **7Ac**

Schauspielerin la actriz (*pl.* actrices)

    7Ac

scheinen parecer (c/zc) **10Ac**

schicken jdm. etw. mandar a/c

    a alg. **6A**

schieben (jdn. / etw.) empujar **9A**

Schildkröte la tortuga

Schinken el jamón

Schinkensandwich el sándwich de

    jamón

schlafen dormir (o/ue) **3A**

schlagen pegar **9A**

schlank delgado/-a **9A**

schlecht malo/-a *adj.*; mal *adv.* **1A**

schlecht fühlen (sich) estar mal **3Ac**

schlechter (als) peor (que) **4A**

schließen cerrar (e/ie)

Schlimmste / Schlechteste

    (der / die / das) el/la peor **4A**

Schlüssel la llave **3A**

Schmerz el dolor **3Ac**

schmerzen doler (o/ue) **3Ac**

Schnee la nieve **10A**

schnell deprisa **2A**

Schokolade el chocolate

schon ya *adv.*

schön bonito/-a

Schrank el armario

schrecklich fatal *adv.*; tremendo/-a

    adj. **1Ac**

schreiben escribir

Schreibtisch el escritorio

schubsen (jdn.) empujar **9A**

Schuh el zapato

Schule el colegio = el cole *fam.*

Schule (allgemein bildend) el

    instituto = el insti *fam.*

Schüler/in el / la alumno/-a; el / la

    estudiante **8A**

Schulfach la asignatura

Schuljahr *hier* el curso **9Ac**

schummeln hacer trampa **5Ac**

schwarz negro/-a

schweigen callarse **4Ac**

schwer difícil *adj.*

schwer fallen (jdm. etw.) costar

    (a/c a alg.) (o/ue) **9Ac**

Schwester la hermana

schwierig difícil *adj.*

Schwimmbad la piscina

schwimmen nadar

Schwindel la trampa **5Ac**

sechs seis *adj.*

See el lago **5Ac**

sehen *ver*

sehr muy *adv.*

Sehr gut *Schule* el sobresaliente **9Ac**

sein *ser; estar*

sein aus *Herkunft* ser de

sein/e su

seit *zeitlich* hace **5A**

seit *zeitlich* desde **10A**

Seite la página **6Ac**

Seite el lado **9A**

Selbstverständlich! ¡Claro que sí!

Serviette la servilleta **8Ac**

Sessel el sillón

setzen (sich) *sentarse* (e/ie) **2A**

sich befinden *estar*

sicherlich seguro que

sie ella; ellos/-as

Sie *höfliche Anrede* usted **2Ac**

Sieger/in el / la campeón/-ona (*pl.* los / las campeones/-as) **1A**

singen cantar

Ski fahren esquiar **10A**

SMS el mensaje **3A**

so así *adv.*; tan *adv.*

sofort en seguida *adv.*

Sohn el hijo

Sommer el verano **1Ac**

sondern sino

Sonne el sol

Die Sonne scheint. Hace sol. **3Ac**

Sonnenbrille las gafas de sol *f./pl.*

Sonntag el domingo

sorgen (für) cuidar

Spanien España *f.*

Spanisch *Schulfach* Lengua y Literatura *f./sg.*

Spanisch *Sprache* el español

spät tarde

später después *adv.*

spazieren gehen *salir* a pasear, pasear

Speicher *Computer* la memoria **6Ac**

speichern (auf) *Computer* guardar (en) **6Ac**

Speisesaal el comedor **1A**

Spickzettel la chuleta *fam.* **9Ac**

Spiel el juego **1A**; *Sport* el partido

spielen (etw.) *jugar* (a a/c) (u/ue) **1Ac**; *Instrument* tocar

Spieler/in el / la jugador/a **7Ac**

Spielstein *Spiel* la ficha **5Ac**

Sport el deporte; *Schulfach* Educación Física *f.*

Sport machen / treiben practicar deporte/s **1Ac**

sportlich deportista *adj.*

Sportzentrum el polideportivo

Sprache el idioma; la lengua **5Ac**

sprechen hablar

Stadion el estadio

Stadt la ciudad

Stadtviertel el barrio

stark fuerte *adj.* **7A**

Stärke von jdm. sein ser el fuerte de alg.

Start *Spiel* la salida **5Ac**

stattdessen en cambio **4A**

stecken / legen (hinein) meter **7A**

steigen subir (a) **6Ac**

stellen *poner* **9 A**

Stift el lápiz (*pl.* lápices)

Stiftung la fundación (*pl.* fundaciones) **7A**

Stille el silencio **6Ac**

Stimmt. Es verdad.

stoppen parar **2A**

Strand la playa

Straße la calle

Streber/in *etwa* el / la empollón/ -ona (*pl.* empollones/-as) **9Ac**

Streit la bronca **3A**

Struktur *la estructura* **6Ac**

Stückchen *el pedacito fam.* **5A**

Student/in el / la estudiante **8A**

Stuhl la silla

Stunde la hora

Stundenplan el horario (de clase)

Sturm la tormenta **3Ac**

suchen buscar

Süden el sur **5Ac**

südlich (von) al sur (de) **5Ac**

süß dulce *adj.*

sympathisch simpático/-a

T

Tafel la pizarra

Tag el día

Tal el valle **4Ac**

Tante la tía

Tanz el baile

Tanzschule la academia de danza

Taschengeld la paga *fam.* **4A**

Tastatur el teclado **6Ac**

tauchen bucear **1Ac**

Technologie *Schulfach* Tecnología

Teil la parte **10Ac**

teilnehmen (an etw.) participar (en a/c) **1Ac**

Telefon el teléfono

Telefonnummer el número

Telefonzelle la cabina telefónica **4A**

Teller el plato **1A**

teuer caro/-a

Text el texto

Theater el teatro **7Ac**

Theatergruppe el grupo de teatro **7Ac**

Thema el tema **7A**

Themawechsel *etwa* cambiando de tema **7A**

Tier el animal

Tipp la pista **5Ac**

einen Tipp geben *Spiel* dar una pista a alg. **5Ac**

Tisch la mesa

Tisch decken *poner* la mesa **1A**

Toast *la tostada*

Tochter la hija

Toilette *an öffentlichen Orten* los servicios **6A**

toll guay *adj.*

Tomate el tomate

Ton el sonido **6Ac**

Tracht el traje típico **5A**

tragen *Kleidung* llevar

Trainer/in el / la entrenador/a **7Ac**

Trainingsanzug el chándal

Tränen ausbrechen (in) echarse a llorar **9A**

treffen (sich) encontrarse (con) (o/ue) **6Ac**

trinken tomar, beber

T-Shirt la camiseta

tun erlauben (jdm. etw.) dejar + *inf.* **6A**

tun lassen (jdm. etw.) dejar + *inf.* **6A**

tun werden (etw.) ir a + *inf.*

Tür la puerta

Tourist/in el / la turista **8A**

Turm la torre **3Ac**

Turnier el torneo **1Ac**

Turnschuhe las zapatillas (de deporte) *f./pl.*

Typ *umg. hier* el tío *fam.* **2A**
typisch típico/-a

U

U-Bahn el metro **10Ac**; el subte
   fam. = el subterráneo *arg.* **10A**
über encima de; sobre; de
über was? ¿de qué?
überall en / por todos lados **10Ac**
übernachten pasar la noche **3A**
überprüfen comprobar (o/ue)
   6Ac
überqueren (etw.) cruzar (a/c) **2A**
Überraschung la sorpresa **2A**
übertreiben exagerar **7A**
übertrieben ser exagerado/-a **9Ac**
überzeugen convencer (c/z) **10A**
übrigens por cierto **6A**
Uhr el reloj; h = hora/s **5A**
Um wieviel Uhr? ¿A qué hora …?
um zu + *Inf.* para + *inf.*
umknicken (etw.) torcer a/c (o/ue)
   3A
umziehen mudarse (a) **8A**
und y; e *(vor / i / + / hi /)*
Und was soll's? ¿Y qué más da? **4A**
Unfall el accidente **3A**
ungefähr unos/-as **8Ac**
ungenügend *Schulnote* el suspenso
   9Ac
unglaublich alucinante *adj.* **7A**
Universität la universidad **7Ac**
unser/e nuestro/-a
unten abajo **3Ac**
unter debajo de
im Unterricht en la clase
Unterrichtsstunde la clase
unterstützen apoyar **7A**
unvorsichtig imprudente *adj.* **3A**
Urlaub las vacaciones *f./pl.* **1A**
Ursprung el origen *(pl. orígenes)* **8A**

V

Vater el padre
verabreden (sich) quedar
Veranstaltung la actividad **5A**
Verband el vendaje **3A**
verbieten (jdm. etw.) prohibir (a/c
   a alg.) **6Ac**
verboten (sein) (estar) prohibido/-a
   6Ac
verbringen *Zeit* pasar
verdienen *Geld* ganar **1Ac**

verfahren (sich) perder(se) (e/ie)
   10A
vergangen pasado/-a **6A**
Vergnügungspark el parque de
   atracciones **1A**
verkaufen vender **5A**
verlaufen sich perder(se) (e/ie) **10A**
sich verlaufen / verfahren *etwa*
   estar perdido/-a **2A**
verrückt sein estar loco/-a **4Ac**
ziemlich verrückt sein estar medio
   loco/-a **6Ac**
verschicken (etw.) mandar (a/c
   a alg.) **6A**
verschieden diferente *adj.*
verstehen comprender
verstehen (sich) entender(se) **10A**
verstehen (sich mit jdm. gut)
   llevarse bien con alg. **4Ac**
verstehen (sich mit jdm. schlecht)
   llevarse mal con alg. **4Ac**
versuchen (etw. zu tun) intentar (+
   inf.) **6A**
verteidigen (sich) defenderse (e/ie)
   9A
Vesper la merienda **5A**
verzeihen disculpar **2A**
viel mucho *adv.*
zu viel demasiado **2A**
viel mehr mucho más
viel/e mucho/-a
vier cuatro *adj.*
vierte + *Nomen* (der / die /das) el / la
   cuarto/-a + *sust.* **A**
Vitamin la vitamina
Vogel el pájaro **5Ac**
Volk el pueblo **3Ac**
voll sein estar lleno/-a (de) **5A**
Volleyball *Sportart* el voleibol
von de
von […] an *zeitlich* a partir de **5A**
von … aus. *Prep. örtlich* desde
von allein solo/-a **9A**
von / seit […] bis […] *Uhrzeit* desde
   la / las […] hasta la / las […]
vor *örtlich* delante (de); frente a **9Ac**
vor + *Nomen* antes de + *sust.*
   zeitlich **5A**
vor *zeitlich* hace + *complemento de
   tiempo* **6A**
vor allem sobre todo
vorbeigehen (an etw.) pasar (por
   a/c) **3Ac**

vorbeigehen pasar (por)
vorbereiten preparar
vorgestern anteayer *adv.* **9A**
vorher antes *adv.*
vorstellen (jdn./etw.) presentar **2A**
vorstellen (sich) imaginar(se) **6A**
vorziehen preferir (e/ie)
Vulkan el volcán **5Ac**

W

Wahlfach *Schulfach* la Optativa
während mientras **3A**
während + *Nomen* durante + *sust.*
Wahrheit la verdad
wahrscheinlich probablemente
   adv. **10A**
Wald el bosque **3Ac**
Wand la pared
wann? ¿cuándo?
warm sein (jdm.) tener calor **3Ac**
Es ist warm. *Wetter* Hace calor. **3Ac**
Wärme el calor **3Ac**
warten (auf jdn. / etw.) esperar **2Ac**
Warteschlange la cola **2A**
Warum? ¿por qué?
was (für)? ¿qué?
Was gibt es dort? ¿Qué hay allí?
Was gibt's? ¿Qué hay?
Was ist […]? ¿Qué es […]?
Was ist das? ¿Qué es esto?
Was ist los? ¿Qué pasa?
Was möchtest du essen?
   ¿Qué tomas?
Was möchtest du trinken?
   ¿Qué tomas?
Waschmaschine la lavadora
Wasser el agua *f.*
Webseite la página web
wechseln (etw.) cambiar (de a/c)
   4A
weder […] noch […] noch […] no
   […] ni […] ni […] **4A**
Weg el camino **2Ac**
wegen por **8A**
weggehen irse **2A**
wegnehmen (jdm. etw.) quitar a/c
   a alg. **9A**
weh tun doler (o/ue) **3Ac**
weil porque
Weile el rato **1A**
weinen llorar **9A**
Weintraube la uva
weiss blanco/-a

weit lejos 2Ac

weiterlaufen seguir (e/i) (con) 3Ac

weitermachen (mit) seguir (e/i) (con) 3Ac

welcher/es/-e? ¿cuál? (*pl.* cuáles) 5Ac

Wellensittich el periquito

Welt el mundo 5A

Weltmeisterschaft *el Campeonato mundial* 7A

wenig/e poco/-a

weniger menos *adv.*

weniger + *Adj.* **(als)** menos + *adj.* (que) 4A

wenn si 10Ac

(immer) wenn cuando 3A

wer? ¿quién? (*pl.* quiénes)

werden (*Adj.* +) ponerse + *adj.* 9A

werfen (einen Korb) *Sport* meter una canasta

Werkstatt el taller 8A

Westen el oeste 5Ac

westlich (von) al oeste (de) 5Ac

Wetter el tiempo 3Ac

Das Wetter ist gut. Hace buen tiempo. 3Ac

Das Wetter ist schlecht. Hace mal tiempo. 3Ac

wichtig importante *adj.* 5Ac

wie como *adv.*

wie? ¿cómo?

Wie alt ist […]? ¿Cuántos años tiene […]?

Wie findest du + *Nomen*? *etwa* ¿Qué te parece/n + *sust.*? 2A

Wie geht's? ¿Qué tal?

Wie heißt du? ¿Cómo te llamas?

Wie ist + *Nomen*? ¿Qué tal + *sust.*?

Wie sagt man […] auf Spanisch? ¿Cómo se dice […] en español?

Wie schreibt man das? ¿Cómo se escribe?

Wie spät es ist? ¿Tienes hora?

Wie spät ist es? ¿Qué hora es?

Wie viel macht das? ¿Cuánto es todo?

wie viel/e? ¿cuánto/-a?

wiederholen repetir (e/i) 9Ac

Willkommen! ¡Bienvenido/-a! 6Ac

Wind el viento 10A

Winter el invierno 10A

wir nosotros/-as

wirken parecer (c/zc) 10Ac

wirklich de verdad *adv.*

wissen saber

Wissenschaft la ciencia 6A

Wissenschaftler/in el / la científico/-a 7Ac

Witz el chiste

witzig gracioso/-a

wo? ¿dónde?

Woche la semana

Wochenende el fin de semana

woher? ¿de dónde?

Woher bist/kommst du? ¿De dónde eres?

wohin? ¿adónde?

wohnen vivir

Wohnung el piso

Wohnzimmer el salón

Wolke la nube 3Ac

wollen querer (e/ie)

Wort la palabra

Wörterbuch el diccionario 9Ac

worüber? ¿de qué?

wozu? ¿para qué? 10A

wunderbar estupendo/-a *adj.*; estupendamente *adv.* 10A

Würfel *el dado* 5Ac

würfeln tirar 5Ac

Wurst el embutido

Z

Zahl el número

zahlen pagar 4A

Zahn el diente 8Ac

Zahnbürste el cepillo de dientes 8Ac

Zärtlichkeit el cariño

zeichnen dibujar 7Ac

Zeichner/in el / la dibujante 7Ac

Zeichnung el dibujo 7Ac

zeigen (jdm. etw.) enseñar (a + *inf.* a alg.) 7Ac; mostrar (o/ue) a/c a alg. 7A

Zeit el tiempo

zeitgenössisch contemporáneo/-a 8A

Zeitschrift la revista

Zelle *Biologie la célula* 6Ac

Zelt la tienda de campaña 3A

Zentrum el centro

Ziegel(stein) el ladrillo 4A

ziehen *tirar* 5Ac

ziemlich bastante *adv.*

Zimmer la habitación

Zoo el zoológico 10A

zu a

zum Beispiel por ejemplo

zu zweit *en pareja* 5Ac

zubereiten preparar

Zucker el azúcar

zuerst primero *adv.*

Zufall la casualidad 2A

zufrieden estar contento/-a

zuhören escuchar

Zukunft el futuro 7Ac

zuletzt por último 4A

zurück kommen (nach) volver (a) (o/ue)

zusammen juntos/-as

Zusammenfassung el resumen (*pl.* resúmenes) 9Ac

zwei dos

zweite + *Nomen* (der / die /das) el / la segundo/-a + *sust.* 2Ac

zwischen entre

zwölf doce *adj.*

CANCIONES POPULARES DE ESPAÑA

Escucha y canta.

2|44
2|45

La canción de San Fermín

Uno de enero, dos de febrero,
tres de marzo, cuatro de abril,
cinco de mayo, seis de junio
siete de julio, ¡SAN FERMÍN!
Uno de enero, dos de febrero,
tres de marzo, cuatro de abril,
cinco de mayo, seis de junio
siete de julio, ¡SAN FERMÍN!
A Pamplona hemos de ir,
con una media, con una media,
a Pamplona hemos de ir
con una media y un calcetín.

*Dieses Lied wird auf den **Sanfermines**
in Pamplona gesungen, ist aber auch in
anderen Teilen Spaniens bekannt.*

La Tarara

1. Lleva mi Tarara
   un vestido verde
   lleno de volantes
   y de cascabeles.

estribillo[1]:
La Tarara sí,
la Tarara no,
la Tarara niña
que la he visto yo.

2. Luce mi Tarara
   sus colas de seda
   sobre las retamas
   y la hierbabuena

estribillo

3. Ay Tarara loca
   mueve la cintura
   para los muchachos
   de las aceitunas

estribillo

aus Andalusien

1   el estribillo *der Refrain*

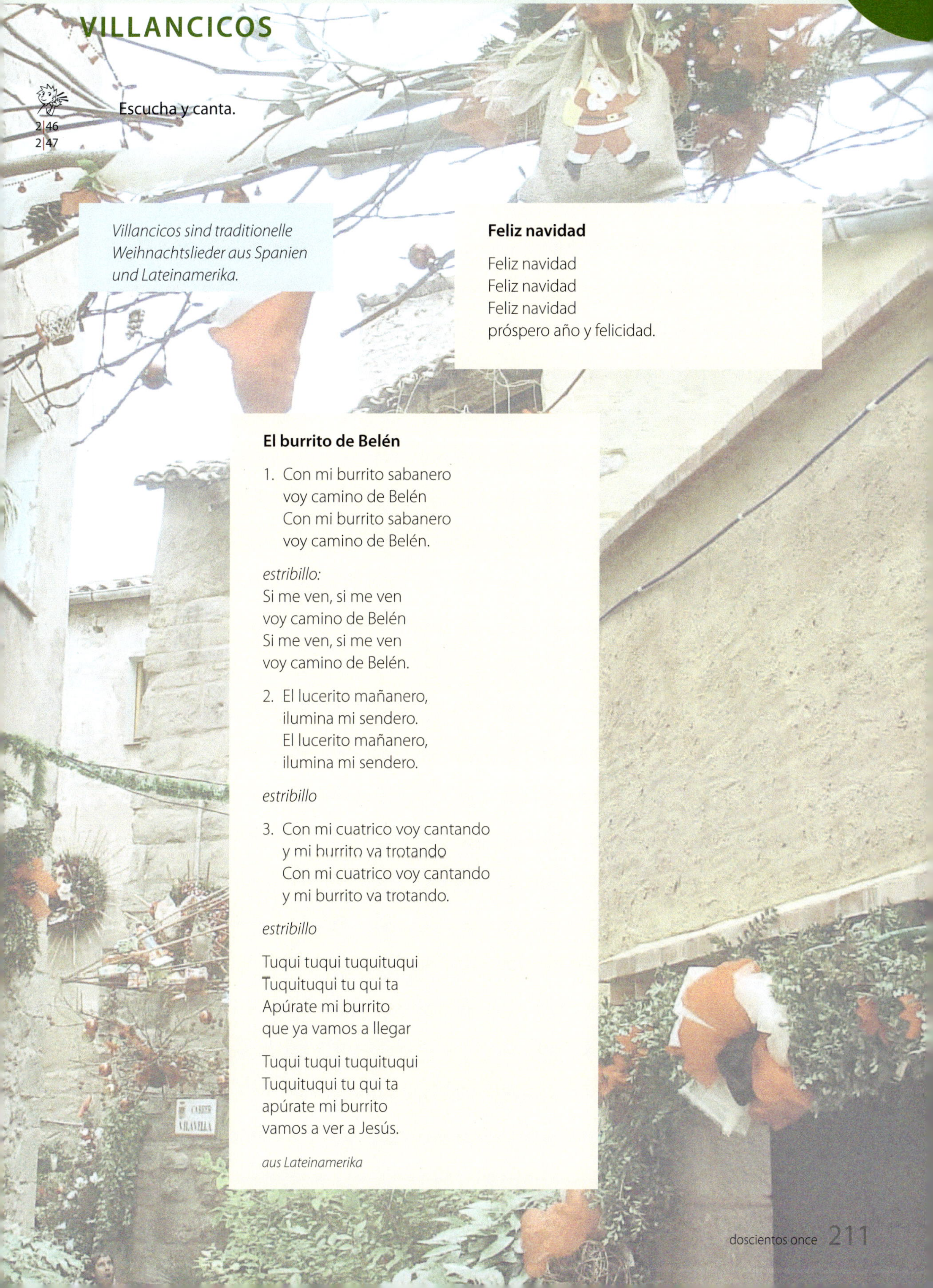

VILLANCICOS

Escucha y canta.

2|46
2|47

Villancicos sind traditionelle Weihnachtslieder aus Spanien und Lateinamerika.

Feliz navidad

Feliz navidad
Feliz navidad
Feliz navidad
próspero año y felicidad.

El burrito de Belén

1. Con mi burrito sabanero
   voy camino de Belén
   Con mi burrito sabanero
   voy camino de Belén.

estribillo:
Si me ven, si me ven
voy camino de Belén
Si me ven, si me ven
voy camino de Belén.

2. El lucerito mañanero,
   ilumina mi sendero.
   El lucerito mañanero,
   ilumina mi sendero.

estribillo

3. Con mi cuatrico voy cantando
   y mi burrito va trotando
   Con mi cuatrico voy cantando
   y mi burrito va trotando.

estribillo

Tuqui tuqui tuquituqui
Tuquituqui tu qui ta
Apúrate mi burrito
que ya vamos a llegar

Tuqui tuqui tuquituqui
Tuquituqui tu qui ta
apúrate mi burrito
vamos a ver a Jesús.

aus Lateinamerika

ESPAÑA

Océano Atlántico

0
50
100
150
200
250 km

Portugal

Marruecos

Francia

Mar Mediterráneo

Lisboa

Cabo Finisterre
La Coruña
Pontevedra
Vigo
Tuy
Orense
Santiago de Compostela
Lugo
Galicia
el Camino de Santiago
Porto
Avilés
Gijón
Oviedo
Asturias
Picos de Europa
Cordillera Cantábrica
Cantabria
Santander
San Sebastián
Bilbao
País Vasco
Vitoria
Pamplona
Navarra
Logroño
La Rioja
Mar Cantábrico

Huelva
Cádiz
Golfo de Cádiz
Costa de la Luz
Estrecho de Gibraltar
Gibraltar (G.B.)
Ceuta (Esp.)
Melilla (Esp.)
Alborán (Esp.)
Marbella
Torremolinos
Málaga
Costa del Sol
Motril
Las Alpujarras
Almería
Cabo de Gata

Sevilla
Córdoba
Jaén
Granada
Sierra Nevada
Mulhacén 3481
Andalucía
Sierra Morena
Guadalquivir
Coto de Doñana

Badajoz
Mérida
Cáceres
Extremadura
Tajo
Guadiana
Ciudad Real
Salamanca
Zamora
Valladolid
León
Palencia
Burgos
Castilla – León
Duero
Ebro
Pico de Aneto 3404
Pirineos
Andorra La Vella
Lérida
Huesca
Zaragoza
Aragón
Cataluña
Tarragona
Barcelona
Gerona
Lloret de Mar
Costa Brava

Ávila
Segovia
Sierra de Gredos
Toledo
Aranjuez
Madrid
Alcalá de Henares
Guadalajara
Castilla – La Mancha
Cuenca
Teruel
Albacete
Murcia
Cartagena
Aspe
Alicante
Comunidad Valenciana
Costa Blanca
Cabo de la Nau
Valencia
Golfo de Valencia
Castellón de la Plana

Ibiza
Formentera
Islas Baleares
Mallorca
Palma
Menorca

Islas Canarias

Hierro
Gomera
La Palma
Tenerife
Pico de Teide 3718
Santa Cruz de Tenerife
Fuerteventura
Gran Canaria
Pico de Nieves 1949
Las Palmas de Gran Canaria
Lanzarote

SOLUCIONES

A jugar, p. 10/11

1. Reihe (von links nach rechts): 1. al; 2. yo voy, tú vas, él / ella va, nosotros/-as vamos, vosotros/-as vais, ellos/-as van; 3. Son las dos y veinticinco. / Es un cuarto para las cinco.; 4. bonito, bueno, aburrido; 5. ¿Dónde está mi libro? 6. las hamburguesas, los caramelos, las papitas fritas

2. Reihe: 7. yo digo, tú dices, él / ella dice, nosotros/-as decimos, vosotros/-as decís, ellos/-as dicen; 8. los horarios, los cines, los hospitales; 9. y, e; 10. panadería; 11. Matemáticas, Ciencias de la Naturaleza (Inglés, Lengua y Literatura, Educación Plástica y Visual, Tutoría, Geografía e Historia, Educación Física, Tecnología, Optativa, Religión / Ética, Música); 12. Tengo hambre.

3. Reihe: 13. la leche, el zumo de naranja; 14. ¿Por qué?; 15. quince, treinta y uno, cuarenta y cuatro, sesenta y siete, cien, veintidós; 16. el sol, el agua, el problema; 17. Hace mucho calor.; 18. ¿Puedo ir a la playa?

4. Reihe: 19. es, está; 20. ¡Sal de aquí / del salón!; 21. ¡Feliz cumpleaños!; 22. la médica, la profesora, la tía, la abuela, la hermana; 22. yo quiero, tú quieres, él / ella quiere, nosotros/-as queremos, vosotros/-as queréis, ellos/-as quieren; 23. primo

5. Reihe: 24. sal, ten; 25. el melocotón, el banano, la naranja; 26. Alicante, Madrid, Valencia …; 27. a; 28. estos libros, esos cuadernos; 29. entre

BILDQUELLEN

Fotos: © Ayudemos a un niño, **S. 85** (rechts), **S. 93** – © Ciudad de las Artes y las Ciencias Valencia, **S. 145** (unten rechts), **S. 70**, **S. 76** (oben links), **S. 77** – © Conselleria de Turisme Valencia, **S. 24** – © Cornelsen, Abt, **S. 117** (oben links) – © Cornelsen, Alonso, **S. 9** – © Cornelsen, Corel Library, **S. 81** (Mitte), **S. 116** (unten rechts), **S. 148** (Mitte rechts), **S. 210** – © Cornelsen, Lucentum Digital, **S. 12** (unten links), **S. 12** (oben links), **S. 12** (Mitte rechts), **S. 12** (Mitte links), **S. 13** (unten rechts), **S. 13** (oben rechts), **S. 13** (oben links), **S. 15**, **S. 23**, **S. 22**, **S. 25**, **S. 32**, **S. 33** (unten rechts), **S. 33** (oben rechts), **S. 46**, **S. 47**, **S. 56**, **S. 82** (links), **S. 83** (rechts), **S. 104/105** – © Cornelsen, Model, **S. 95** (unten), **S. 98**, **S. 145** (unten links), **S. 146** (oben) – © Cornelsen, Schulz, **S. 8**, **S. 17**, **S. 27**, **S. 39**, **S. 48**, **S. 103** (unten), **S. 114** – © Cornelsen, Spahr, **S. 103** (oben) – Digitalstock: © Schug, **S. 149** (rechts) – Fotolia: © Barbone, **S. 43** (unten links); © Blanc, **S. 64** (unten); © Chelnokova, **S. 74**, **S. 51** (links); © Alicia, **S. 51** (rechts); © Cole, **S. 121** (oben); © Eléonore H., **S. 55**; © Filipchuk, **S. 29**; © Greg, **S. 64** (oben rechts); © Krumm, **S. 64** (Mitte rechts), **S. 64** (Mitte links); © LA Photo, **S. 94** (Brille); © Luiz, **S. 43** (oben rechts); © Macias, **S. 103** (2. v. oben); © Montiel, **S. 103** (2. v. unten); © moodboard, **S. 69**; © SyB, **S. 94** (Schlüssel); © Tilly, **S. 42/43** (Hintergrund); **S. 43** (oben links); © Vasques, **S. 94** (MP3) – © Frecuencia Deportiva, **S. 83** (unten) – © Fundación ph15/ Moira Rubio, **S. 82** (oben) – © IGH Heidelberg, **S. 90** – iStockphoto: © Alvarez, **S. 94** (Zahnbürste); © eAlisa, **S. 125** (unten); © kate_sept2004, **S. 117** (unten); © Kirn, **S. 94** (Ladegerät); © Kocamaz, **S. 94** (Koffer); © Konradlew, **S. 43** (Mitte rechts) – © Pablo Auladell, **S. 83** (Mitte) – Pixelio: © Klaus, **S. 120** (rechts) – © Prom Perú/ Pilar Olivares, **S. 116** (unten links) – Shotshop: © Pöschel, **S. 152** (oben rechts) – © Staatliches Fremdenverkehrsamt Argentinien, **S. 123** (oben links), **S. 127** – © Turespaña Berlin, **S. 76** (unten rechts) – Wikimedia: Creative Commons Attribution ShareAlike 2.0 License, © Polak, **S. 18** – Wikimedia: Creative Commons Attribution ShareAlike 2.1 License, © González, **S. 148** (oben) – Wikimedia: Creative Commons Attribution ShareAlike 2.5, © Dantadd, **S. 122** (rechts) – Wikimedia: Creative Commons Attribution ShareAlike 2.5, © Keta, **S. 97** – Wikimedia: Creative Commons Attribution 1.0 License, **S. 152** (oben links) – Wikimedia: Creative Commons Attribution 2.0 License, **S. 108** (links), **S. 151** (unten rechts), **S. 152** (unten links), **S. 152** (unten rechts), **S. 67** – Wikimedia: Creative Commons Attribution 2.0 License, © Montuno, S.108 (rechts) – Wikimedia: GNU Free Documentation License, **S. 40** (unten rechts), **S. 76** (oben rechts), **S. 81** (rechts) – Wikimedia: GNU Free Documentation License, © Felivet, **S. 147** (unten) – Wikimedia: GNU Free Documentation License, © Giljohann, **S. 146** (links) – Wikimedia: GNU Free Documentation License, © Hermenpaca, **S. 79** (unten) – Wikimedia: GNU Free Documentation License, © Jansoone, **S. 146** (unten rechts) – Wikimedia: GNU Free Documentation License, © Kohler, **S. 149** (oben links) – Wikimedia: GNU Free Documentation License, © Konieczny, **S. 55** (Hintergrund) – Wikimedia: GNU Free Documentation License, © Salguero, **S. 40** (oben rechts) – Wikimedia: Public Domain, **S. 40** (unten links), **S. 40** (oben), **S. 67** (Hintergrund), **S. 79** (oben), **S. 94** (unten), **S. 94** (Kamera), **S. 122** (Mitte), **S. 147** (Mitte), **S. 148** (unten rechts), **S. 148** (unten links), **S. 149** (unten), **S. 149** (Mitte links), **S. 150**, **S. 151** (unten links), **S. 151** (oben), **S. 211** (Hintergrund) – © www.ikerversusnadal.com, **S. 89**.

age fotostock/White Star: © Friedric, **S. 124** (oben) – age fotostock: © Calonge, **S. 119**; © Camí, **S. 64** (oben); © Canela, **S. 152** (Mitte rechts); © Dallet, **S. 12** (oben rechts), **S. 33** (links); © Labra, **S. 12** (unten rechts); © Magán-Domingo, **S. 146** (Mitte rechts); © Morales, **S. 64** (oben links); © Rooney, **S. 117** (oben rechts); © Shelley, **S. 121** (unten links) – © Club Deportivo Pontevedra, **S. 21** – Corbis: © Bognár, **S. 116** (Mitte); © Faris, **S. 116** (oben links); © Richardson, **S. 68**; © Wright, **S. 123** (unten links) – flickr: © Asado Argentina, **S. 125** (oben) – flickr: © Carlos Muñoz-Caravaca Ortega, **S. 76** (unten links) – flickr: © David Dennis, **S. 63** – flickr: © Kolby Kirk, **S. 91** (links) Fotofinder: © Pietschmann, **S. 120** (links) – © Jaime Gulín Dávila, **S. 72** (links) – mauritius images/imagebroker, **S. 81** (links), **S. 121** (unten rechts) – © mauritius images/Pacific Stock, **S. 116** (Mitte rechts) – mauritius images: © Delimont, **S. 116** (oben rechts); © Frazier, **S. 122** (Mitte links); © Haling, **S. 123** (unten rechts); © Vidler, **S. 122** (rechts); © Warburton-Lee, **S. 145** (oben) – © Picture Alliance/dpa, **S. 85** (links), **S. 95** (Mitte), **S. 148** (oben links) – © Picture Alliance/Newscom, **S. 82** (unten) – © Picture Alliance/ZB, **S. 101** – © Sipa Press/Lesage/Neco, **S. 83** (oben) – South American Pictures: © Nowi- kowski, **S. 117** (Mitte) – ullstein bild/Caro: © Hoffmann, **S. 151** (rechts) – © ullstein bild/Fotofeeling, **S. 151** (links) – © ullstein bild/Imagebroker, **S. 95** (oben), **S. 147** (oben) – © ullstein bild/Roger Viollet, **S. 210** (Hintergrund) – © ullstein bild/Still Pictures, **S. 91** (rechts) – ullstein bild: © Hartung, **S. 124** (unten); © Simon, **S. 123** (Mitte rechts) – Visum: © Rothe, **S. 45**.

Buchumschläge: S. 94 (Karte): © Staatliches Fremdenverkehrsamt Spanien – **S. 94** (Reiseführer): © National Geographic.

Illustrationen: S. 125, 123 (oben): © 1973, Joaquín S. Lavado (Quino)/Caminito S. a. s.

Texte: S. 53: © Bayard Revistas, Okapi N° 66, 2007 – **S. 128/129:** © Bayard Revistas, Reportero Doc N° 144, 2007 – **S. 128/129:** © Antonio Rubio, Grupo ANAYA S.A., 2001 – **S. 101:** © Asun Balzola, Ediciones SM, 2003 – **S. 111:** © Manuel L. Alonso, Grupo ANAYA S.A., 1996 – **S. 130-133:** © Jordi Sierra i Fabra, Ediciones SM, 2006.

¡Apúntate! 2
Lehrwerk für Spanisch als zweite Fremdsprache

Im Auftrag des Verlages erarbeitet von:
Isabel Calderón Villarino, Joachim Balser, Amparo Elices Macías, Alexander Grimm, Heike Kolacki

Und der Redaktion Fremdsprachen in der Schule:
Heike Malinowski (Projektleitung), Úrsula Ávalos León, Marit Reifenstein

Assistenz:
Nadja Hantschel

Beratende Mitwirkung:
Catherine Jorißen, Ulrike Lützen, María José Gonzalo Tasis, Barbara Köberle und Frauke Wegener-Höllings

Gesamtgestaltung und technische Umsetzung: werkstatt für gebrauchsgrafik, Berlin
Karten: Dr. Volkhart Binder, Berlin
Illustrationen: Rafael Broseta y Zoografic und Joachim Balser
Umschlagfotos: © Lucentum Digital/RF

Begleitmaterial zu ¡Apúntate! 2:

Vokabeltaschenbuch	ISBN 978-3-06-020578-3
Cuaderno de ejercicios	ISBN 978-3-06-020573-8
Grammatikheft	ISBN 978-3-06-020575-2
Mi cuaderno de gramática	ISBN 978-3-06-020595-0
CD	ISBN 978-3-06-020576-9
Handreichungen für den Unterricht	ISBN 978-3-06-020577-6
Folien	ISBN 978-3-06-020603-2

www.cornelsen.de

Die Webseiten Dritter, deren Internetadressen in diesem Lehrwerk angegeben sind,
wurden vor Drucklegung sorgfältig geprüft. Der Verlag übernimmt keine Gewähr für
die Aktualität und den Inhalt dieser Seiten oder solcher, die mit ihnen verlinkt sind.

1. Auflage, 6. Druck 2016

Alle Drucke dieser Auflage sind inhaltlich unverändert
und können im Unterricht nebeneinander verwendet werden.

Druck: Firmengruppe APPL, aprinta Druck, Wemding

ISBN 978-3-06-020572-1

PEFC zertifiziert
Dieses Produkt stammt aus nachhaltig
bewirtschafteten Wäldern und kontrollierten
Quellen.
www.pefc.de
PEFC/04-32-0928